学前儿童游戏指导

鄢超云　主编

国家开放大学出版社·北京

图书在版编目（CIP）数据

学前儿童游戏指导/鄢超云主编. --北京：国家开放大学出版社，2022.7（2023.11 重印）

ISBN 978-7-304-11301-8

Ⅰ.①学… Ⅱ.①鄢… Ⅲ.①学前儿童-游戏课-开放教育-教材 Ⅳ.①G613.7

中国版本图书馆 CIP 数据核字（2022）第 078878 号

版权所有，翻印必究。

学前儿童游戏指导
XUEQIAN ERTONG YOUXI ZHIDAO

鄢超云 主编

出版·发行：国家开放大学出版社	
电话：营销中心 010-68180820	总编室 010-68182524
网址：http://www.crtvup.com.cn	
地址：北京市海淀区西四环中路 45 号	邮编：100039
经销：新华书店北京发行所	
策划编辑：陈 蕊	版式设计：何智杰
责任编辑：陈 蕊	责任校对：吕昀豁
责任印制：武 鹏 马 严	
印刷：唐山嘉德印刷有限公司	
版本：2022 年 7 月第 1 版	2023 年 11 月第 5 次印刷
开本：787mm×1092mm 1/16	印张：17.75　字数：335 千字

书号：ISBN 978-7-304-11301-8
定价：39.00 元

（如有缺页或倒装，本社负责退换）
意见及建议：OUCP_KFJY@ouchn.edu.cn

Preface 前 言

本书是国家开放大学学前教育（专科）专业的专业核心课"学前儿童游戏指导"的全国通用教材，主要为就读学前教育专业的学生所编写，同时也可以作为学前教育工作者继续教育的教材或参考书。

全书共八单元，第一单元为学前儿童游戏指导所需要的基础知识，第二单元、第三单元是对学前儿童游戏的总体性指导，第四单元到第八单元是对学前儿童具体游戏（不同类型的游戏）的指导。

学前儿童游戏的指导，其基本思路是：基于观察、解读的指导。也就是说，教师的指导应该是有针对性的、是有儿童视角的，而不是成人一厢情愿的。也唯有如此，才可能实现经验的持续不断改造。关于游戏的观察与解读，除第二单元从总体上介绍了游戏观察与解读的基本策略外，每一单元都有关于"观察与解读"的内容。

全书具有如下特点，或者说，本书编者极力在如下几个方面有所强调或突破：

1. 既强调基础性，也关注前沿性

尽可能用教师友好的语言和方式，介绍学前儿童游戏的基础知识、基本技能，反映学前儿童游戏理论研究与实践探索的基本状况。同时，尽可能体现最近关于游戏的研究成果。如，在"游戏、儿童游戏与成人游戏"一节中，讨论了游戏、动物游戏、成人游戏、幼儿游戏与幼儿园游戏等。在"学前儿童游戏的特点"一节中，加入了"儿童眼中的游戏"的内容。又如，在论述"学前儿童游戏的价值"时，从儿童、幼儿园教师专业、幼儿园等不同的维度讨论了游戏的价值。

2. 既有对热点问题的回应，也有对实践问题的关切

热点问题，如游戏与学习、游戏与教学、游戏与课程的相互关系；实践问题，如在游戏条件提供中，对儿童数量、师资、自然条件（如天气）、混龄等特点问题的讨论，环境的创设与利用之间的关系等。

3. 既考虑了学生如何学，也思考了教师如何教

学生是学习的主体，是有能力的学习者。本书在体例安排上力求利于学生自主

学习，首先从导言的"问题情境"进入"学习目标"，然后进入正文学习，中间链接了很多的"二维码""小贴士""案例"，最后有"单元小结""拓展阅读""巩固与练习"，这样的设计旨在引导学生自主阅读，利于学生提升能力和学会学习。

本书以纸质资源为主、数字资源为辅，从资料链接、二维码案例、知识点视频等多方面构建立体化的资源体系，进一步拓展与深化了纸质资源的内容，便于学生借助纸质资源与数字资源进行更为全面与深入的理解。

本书由来自全国不同高等师范院校和开放大学的教师及一线的幼儿园教师组成的编写小组共同撰写完成。主编为四川师范大学的鄢超云教授。编写人员有浙江开放大学的曲茜美，四川师范大学的魏婷、贺小琼、杨桂芬、郭姗，成都青白江巨人树幼儿园的张婉婧等。具体分工如下：鄢超云（第一单元、第二单元、第三单元、第七单元），魏婷（第四单元），张婉婧、鄢超云（第五单元），郭姗、鄢超云（第六单元），曲茜美（第八单元第一节），贺小琼（第八单元第二节），杨桂芬（第八单元第三节）。

本书在教学大纲、课程多媒体教学资源一体化设计方案、书稿的撰写和审定及出版过程中，得到了浙江开放大学的高度重视与大力支持。本书在撰写过程中参考、引用、借鉴了许多国内外学者的研究成果，在此一并感谢。

教材建设是一门高深的学问。由于编者水平有限，加上游戏的丰富性和模糊性，以及学前儿童的特殊性，疏漏之处在所难免，恳请广大同仁和读者批评指正。

《学前儿童游戏指导》编写组

2022年2月

Contents 目 录

第一单元　学前儿童游戏基础知识 ·· 1
 第一节　游戏、儿童游戏与成人游戏 ··· 4
 第二节　学前儿童游戏的特点 ··· 11
 第三节　学前儿童游戏的价值 ··· 21
 第四节　学前儿童游戏的类型 ··· 29
 第五节　关于游戏与教学、学习等其他概念关系的讨论 ······················ 34
 第六节　游戏成为幼儿园基本活动的方式 ·· 38

第二单元　教师观察与指导游戏的策略 ·· 45
 第一节　教师在儿童游戏中的作用 ··· 47
 第二节　游戏观察的策略与方法 ··· 54
 第三节　游戏指导的基本原则与基本方法 ·· 70

第三单元　游戏条件的提供 ·· 78
 第一节　游戏条件提供的基本理念 ··· 81
 第二节　游戏时间的保障 ··· 86
 第三节　游戏环境创设 ··· 91
 第四节　特殊情况下的游戏开展 ··· 100

第四单元　角色游戏的观察与指导 ·· 114
 第一节　角色游戏的基本知识 ·· 117
 第二节　角色游戏的观察与解读 ··· 124
 第三节　角色游戏的指导 ··· 133
 第四节　案例介绍：角色游戏活动案例 ··· 138

第五单元　建构游戏的观察与指导 ······ 150
第一节　建构游戏的基本知识 ······ 153
第二节　建构游戏的观察与解读 ······ 159
第三节　建构游戏的指导 ······ 165
第四节　案例介绍：建构游戏活动案例 ······ 170

第六单元　表演游戏的观察与指导 ······ 181
第一节　表演游戏的基础知识 ······ 184
第二节　表演游戏的观察与解读 ······ 192
第三节　表演游戏的指导 ······ 200
第四节　案例介绍：表演游戏活动案例 ······ 203

第七单元　规则游戏的观察与指导 ······ 209
第一节　规则游戏的基础知识 ······ 212
第二节　规则游戏的观察与解读 ······ 219
第三节　规则游戏的指导 ······ 225
第四节　案例介绍：规则游戏活动案例 ······ 232

第八单元　其他游戏的观察与指导 ······ 242
第一节　亲子游戏的观察与指导 ······ 244
第二节　手指游戏的观察与指导 ······ 250
第三节　音乐游戏的观察与指导 ······ 261

参考文献 ······ 272

数字资源目录

序号	资源名称	单元	页码
1	文本：教育游戏	1	4
2	文本：动物游戏之谜	1	7
3	视频：小猫玩游戏	1	9
4	视频：学前儿童游戏特点的一般描述	1	12
5	视频：什么一定不是儿童游戏？	1	14
6	文本：巴尼特（Barnett）儿童游戏性量表	1	15
7	视频：儿童的视角与幼儿园教育工作	1	17
8	视频：儿童简单重复的游戏行为有价值吗？	1	21
9	视频：游戏对儿童发展的价值	1	22
10	视频：游戏就是玩玩而已吗？	1	22
11	文本：幼儿园教师的专业能力	1	27
12	文本：对幼儿园游戏分类问题的思考	1	32
13	文本：学前儿童享有游戏的权利	1	39
14	文本：幼儿园教师专业标准（试行）	2	48
15	文本：和平谈判桌	2	53
16	视频：游戏观察仅仅是看吗？	2	54
17	视频：游戏观察的基本过程	2	54
18	文本：幼儿园教师游戏素养的结构模型与培养路径	2	60
19	视频：游戏观察需要有计划吗？	2	62
20	文本：观察的计划与准备	2	62
21	文本：一次关于观察计划的培训与教研	2	64
22	文本：《3—6岁儿童学习与发展指南》的模块	2	64
23	文本：教师指导游戏的多种类型	2	72

序号	资源名称	单元	页码
24	文本：看到幼儿玩"出格"的游戏，你会怎么做？	2	74
25	视频：小球下落	2	77
26	视频：刘老师打拳	3	81
27	视频：儿童友好家园	3	82
28	视频：低结构材料一定比高结构材料有价值吗？	3	83
29	文本："游戏条件提供"的成本与质量	3	85
30	文本：研究西部农村学前儿童的发展需要	3	86
31	文本：幼儿园生活环境创设及举例	3	93
32	文本：塑料儿童	3	95
33	视频：一个幼儿园的户外场地与活动	3	98
34	视频：小空间如何玩出大游戏？	3	105
35	文本：高原教育：内涵、维度、功能定位	3	107
36	视频：超市游戏	4	120
37	视频："娃娃家"游戏	4	120
38	视频：赶集游戏	4	128
39	文本：鲁汶幼儿参与度量表	4	129
40	文本：斯米兰斯基幼儿社会性假扮游戏评量表	4	130
41	文本：游戏检核表	4	131
42	文本：幼儿学习环境评量表—角色游戏	4	131
43	视频：他们在玩什么？	4	135
44	视频：搭建一座滑梯	5	153
45	文本：积木游戏中幼儿言语总体特点	5	154
46	视频：搭建有什么价值？	5	155
47	文本：积木可能的价值	5	156
48	视频：空心大积木	5	156
49	视频：PVC管建构游戏	5	157
50	文本：雪花片技能	5	159
51	文本：《基于观察与评价的建构游戏支持策略的实践研究》观察记录表	5	161
52	文本：CA－积木建构水平测评量表	5	164
53	文本：通过观察推动游戏	5	165
54	文本：中班下期建构游戏课程案例《小青瓦房诞生记》	5	165
55	视频：主题建构	5	166
56	文本：各年龄段幼儿建构游戏关键经验	5	166
57	视频：户外大积木	5	169

序号	资源名称	单元	页码
58	文本：多米诺游戏的7次探究	5	180
59	视频：表演游戏"胡宝"	6	184
60	文本：表演游戏与角色游戏、儿童戏剧	6	186
61	文本：幼儿园教师：表演游戏的价值	6	188
62	文本：学习故事：我不演小孙悟空	6	189
63	文本：幼儿园教师：好的表演游戏	6	193
64	文本：学习故事：自信让你美美哒	6	194
65	文本：各活动风格的操作性定义	6	196
66	文本：幼儿园教师：开展表演游戏的困难	6	200
67	文本：幼儿园教师：好案例	6	202
68	文本：吹球进门	7	212
69	视频：规则游戏的特点	7	213
70	文本：洞洞墙	7	216
71	视频：如何处理游戏中的输赢？	7	217
72	文本：规则游戏中，教师的看和听	7	223
73	文本：小脚丫撕报纸	7	224
74	文本：夹豆子比赛	7	226
75	文本：保龄球	7	227
76	文本：走绳索	7	228
77	文本：关于规则的规则游戏	7	229
78	文本：冰棍冻、冰棍化	7	230
79	文本：亲子游戏的各种定义	8	244
80	文本：疫情时期学前儿童家庭游戏指南	8	246
81	视频：父亲参与游戏：好玩的短棍	8	249
82	视频：炒鸡蛋	8	251
83	视频：泡泡糖	8	251
84	视频：猴子荡秋千	8	252
85	视频：小花猫上学校	8	253
86	视频：敲鼓	8	256
87	视频：手指谣	8	256
88	视频：找一个朋友碰一碰	8	262
89	视频：小老鼠上灯台	8	264
90	视频：欢乐火把节	8	266

第一单元　学前儿童游戏基础知识

导　言

　　一位幼教教研员为了使自己的教研活动更有针对性，特地向幼儿园教师进行调查，询问幼儿园教师最想搞清楚的游戏问题是什么。如下是她收集到的部分问题：

　　如何界定一个活动是游戏，或不是游戏？比如，幼儿玩沙、搭积木、画画、扫地是游戏，还是不是游戏？

　　游戏有好坏之分吗？是否有些游戏是好游戏，有些游戏是坏游戏？

　　游戏不就是玩玩而已吗？游戏只是玩玩而已吗？游戏对幼儿、老师和幼儿园，有什么样的作用、价值？

　　如何处理游戏中的输赢？比如，幼儿赢了会很高兴，输了会很沮丧，而且常常是输的人就老是输，这些老是输的幼儿不就没有成功体验了吗？

　　有自主性的游戏就是自主游戏吗？如果是，什么游戏不是自主游戏呢？如果不是，什么样的游戏是自主游戏？

　　角色游戏与表演游戏有区别吗？表演区里的游戏就是表演游戏吗？幼儿的所有表演活动（比如音乐表演、戏剧表演）都是表演游戏吗？

　　如何理解游戏与课程的关系？我们常常会听到游戏课程、游戏性课程、课程游戏化、游戏课程化等说法，游戏与课程究竟是什么样的关系？[①]

[①] 鄢超云，余琳，文贤代，等. 图解游戏：让幼儿教师轻松搞定游戏 [M]. 上海：复旦大学出版社，2021. 引用时略有修改。

你是否也有上面的这些困惑？关于游戏，你还有其他的困惑吗？你自己是如何回答上述问题的？要很好地回答上述问题，除了实践经验以外，还需要哪些知识？下面，我们就来讨论、学习学前儿童游戏中的这些基础知识。

☆ 学习目标

1. 理解学前儿童游戏的特点与价值，并能够运用这些知识对幼儿园的游戏实践进行分析、评价。

2. 知道游戏是儿童基本的学习方式，理解幼儿园"以游戏为基本活动"的必要性和意义。

3. 了解幼儿园游戏与幼儿园课程的关系，树立游戏与课程融合的观念。

4. 了解游戏分类的相关知识。

思维导图

学前儿童游戏基础知识
- 游戏、儿童游戏与成人游戏
  - 游戏
  - 动物游戏
  - 成人游戏
  - 幼儿游戏与幼儿园游戏
- 学前儿童游戏的特点
  - 学前儿童游戏特点的一般描述
  - 游戏性
  - 儿童眼中的游戏
- 学前儿童游戏的价值
  - 对儿童发展的价值
  - 对幼儿园教师专业发展的价值
  - 对幼儿园的价值
- 学前儿童游戏的类型
  - 从认知角度的游戏分类
  - 从社会性角度的游戏分类
  - 关于游戏分类的几点思考
- 关于游戏与教学、学习等其他概念关系的讨论
  - 游戏与学习
  - 游戏与教学
  - 游戏与课程
- 游戏成为幼儿园基本活动的方式
  - 牢固树立游戏权利的观念
  - 切实提供儿童自主游戏的条件
  - 充分满足儿童的游戏需要
  - 非游戏活动游戏化
  - 把游戏精神渗透到幼儿园教育之中

第一节　游戏、儿童游戏与成人游戏

一、游戏

林语堂先生说,"我们只有知道一个国家人民生活的乐趣,才会真正了解这个国家,正如我们只有知道一个人怎样利用闲暇时光,才会真正了解这个人一样。只有当一个人歇下他手头不得不干的事情,开始做他所喜欢做的事情时,他的个性才会显露出来"[①]。主张"玩学"研究的于光远先生说,"玩是人生的根本需要之一,要玩得有文化,要有玩的文化,要研究玩的学术、掌握玩的技术、发展玩的艺术"[②]。

教育游戏

游戏,是一个模糊、丰富、多样的词语。它可以是动词,也可以是名词;它可以是目的,也可以是手段;它可以是形式,也可以是内容;它可以是一个学术词语,也可以是一个生活用语;它可以是褒义词,如"没有游戏的人生是不完整的人生",也可以是贬义词,如"玩物丧志""业精于勤,荒于嬉"……对于"游戏"一词,几乎任何人都可以谈谈自己的看法,但在何种意义上使用这一词,却差异很大。当我们说"游戏成瘾"和"幼儿园以游戏为基本活动"时,当我们说"教育游戏"和"课程游戏化""游戏课程化"时,游戏有着不同的含义,有着不同的背景、边界。

当我们提及游戏时,常常与儿童、童年联系在一起。童年确实离不开游戏,但游戏并非儿童、童年的专属,成人也会游戏。当我们提及游戏时,常常与教育,尤其是学前教育联系在一起。教育,特别是学前教育确实需要研究游戏,但游戏研究不仅限于教育学,心理学、社会学、人类学、文化学也研究游戏。当我们提及游戏时,常常与人类联系在一起。人类发展离不开游戏,但游戏也不只是人类的专属,动物也会游戏。

---

① 林语堂. 中国人[M]. 郝志东,沈益洪,译. 杭州:浙江人民出版社,1988:285.
② 于光远,马惠娣. 休闲·游戏·麻将[M]. 北京:文化艺术出版社,2006.

游戏是一个生活中的日常用语，每个人都会听到"游戏"一词，也会使用"游戏"一词，每个人都有自己看到的游戏、体验到的游戏。每个人对游戏的理解，都可能有所不同。因此，要注意区分是在何种意义上使用"游戏"一词。比如，有很多家长并不赞同幼儿园开展游戏，因为他们觉得游戏有点儿消耗人的斗志，有的家长还将游戏理解为电子游戏。

（一）游戏的中文含义

游，《说文解字》中古文写作 ，是指旌旗下边或边缘上悬垂的装饰品。想象一下，在空中，这些旗子上悬垂的东西随风飘荡、轻舞飞扬，是轻松的、自由的、活动的。但这些悬垂的东西，是与旗子联系在一起的，不是断了线的风筝，飘荡出去再也不能收回。

戏，金文写作 ，右边的"戈"是武器，指俘虏、死囚、奴隶的表演工具，有角力、竞赛体力的意思，也带有嘲弄、玩笑的意思。

当"游""戏"二字连用时，其含义开始变化。当与儿童连用时，游戏较多的是指玩耍、嬉戏和娱乐[1]。当与成人连用时，游戏则可能会带有贬义，被认为是一种会妨碍学业等正经事的无益有害的行为[2]。

在中文里，跟游戏接近的词语，还有"玩""耍"等。玩，有忙碌、喜欢、玩弄、欢闹、开玩笑、嘲弄的意思，又指浅尝辄止的专注，不用于需要技能的游戏、竞赛、赌博或戏剧表演。而耍，则有杂耍、耍弄、耍把戏的意思。

从对游、戏、玩、耍四个字的考察中，我们大体能够感受到游戏的丰富性、多样性。同学们也可以谈谈自己对这四个字的理解，或者用这四个字进行组词、造句，体会其含义。

（二）游戏的英文含义

在英文里，有两个词与游戏相关，即 game 和 play。game 主要指"有规则的游戏"（games with rules），这种游戏常常有着非常明显的"规则"，通常涉及如何算输、如何算赢。那些代代相传的民间游戏大多都是规则游戏。play 当名词用时，作为一类行为的总称，包括的行为非常广泛（其中也包括 game），从小孩子的角色游戏到舞台表演、玩笑幽默等，都在它的范围之内[3]。但通常情况下，play 更指向那

---

[1] 吴航. 游戏活动与儿童教育［M］. 北京：人民教育出版社，2012：39.
[2] 刘焱. 幼儿园游戏教学论［M］. 北京：中国社会出版社，1999：26.
[3] 刘焱. 幼儿园游戏教学论［M］. 北京：中国社会出版社，1999：23-24.

些自由自主的游戏。如果我们联系"奥林匹克运动会"的英文——Olympic Games，就更能明白 game 和 play 的区别和联系。

通常情况下，人们倾向于将 game 和 play 都翻译为游戏，这就可能会混淆二者的区别。但也有的人想办法区分二者的翻译，以便更容易与国际游戏研究接轨。比如，有些研究者认为应该将 play 翻译为玩、玩耍，更强调其自由自在的特性，将 game 翻译为游戏，强调其规则性、目的性。事实上，不同语言中与游戏相关的词语考察，一直都在进行。荷兰历史学家和语言学家赫伊津哈在《游戏的人：文化中游戏成分的研究》一书中，对十几种语言中的游戏概念的表达所做的分析堪称这方面尝试的典范[1]。

（三）理解游戏的三个角度

一是与游戏有关的词语。除了"游""戏"二字之外，还有哪些与游戏有关的词，应同时进行考察？赫伊津哈在考察中文的游戏含义时，认为与游戏相关最重要的单词是"玩"。他认为"玩"除了游戏的意思外，还有"忙碌、喜欢、玩弄、欢闹、揶揄、开玩笑、嘲弄"的意思，是"戏剧的注意力摆弄""浅尝辄止的专注"，并且专门指出"玩"这个词不用于需要技能的游戏、竞赛、赌博或戏剧表演[2]。一些社会、文化领域的研究者，似乎更喜欢用"玩"来称呼游戏，如著名经济学家于光远就自称创立了"玩学"。在电子游戏、网络游戏里，游戏者常被称为"玩家"。幼儿游戏时使用的物品，通常被称为"玩具"。幼儿也更倾向于认为"玩"是自己玩、随便玩，这更接近游戏的本意。从幼儿的角度来讲，游戏是指由教师带领或组织大家一起玩的规则游戏[3]。除了"玩"之外，赫伊津哈还指出中文里与游戏有关的单词还有"争""赛""让"等。本书作者认为，还可以从"耍""玩耍"等角度考察游戏之含义。

二是"游"和"戏"的关系。从顺序看，是先考察"游"字，还是先考察"戏"字？换句话说，哪个字是词根、是源头？大多数的研究者都是延"游戏"一词的顺序，先考察"游"字，再考察"戏"字。也有研究者认为，"戏"字才是"游戏"一词的词根，在考察游戏的辞源时，应先考察"戏"，而不是"游"[4]。"游"和"戏"是并列关系，还是偏正关系？如果是并列关系，强调的是两种类型游戏的同时存在，即自由自在的玩耍和有输赢的竞赛；如果是偏正关系，"游"是

---

[1] 赫伊津哈. 游戏的人：文化中游戏成分的研究［M］. 何道宽，译. 广州：花城出版社，2007：31-46.
[2] 赫伊津哈. 游戏的人：文化中游戏成分的研究［M］. 何道宽，译. 广州：花城出版社，2007：34-35.
[3] 黄进. 关于幼儿园游戏教育化的思考［J］. 学前教育研究，1999（4）：28-31.
[4] 李屏. 中国传统游戏研究——游戏与教育关系的历史解读［M］. 太原：山西教育出版社，2012：16.

"戏"的一种状态、特点，本质是"戏"。

三是对"游"和"戏"二字的辞源探究，以及从中得到的启示。如何使那些容易被忽略的考察在随后的研究中得到应有的贯彻、执行？或者说，辞源考察如何不只是装点门面？比如，"游"字之"旌旗之流"所传递出的旗帜上的飘带之"悠闲从容，无拘无束"，飘带与旗杆、风之间的关系，并没有在随后的游戏研究中得到执行；游戏中诸如"轻松、紧张、有秩序地轮换、自由选择、冒险、挑战、机遇、英勇、琐碎、闲散放浪、不真实、幻觉的、无价值"这些体验，有的在游戏研究中得到体现，有的并没有得到体现；游戏中的轻松、自由选择讲得多，紧张、机遇谈得少；游戏中的有价值谈得多，无价值谈得少。这些看上去相互冲突的意思，应该如何理解？当研究者不是顺着游戏本意而是有所偏向地选择一些要点进行形式化的考察时，本身就弱化了辞源考察的价值。事实上，一旦抓住了其中的一些被研究、实践忽视的"小点"，游戏就会焕发出巨大的活力。比如，浙江省湖州市安吉的幼儿园教师在开展游戏时，给儿童提供了"冒险、挑战"的机会，也由此撬动了游戏的其他方面。有研究者在考察游戏含义时，指出"游是有根的动荡或飘荡，轻舞飞扬，强调其轻松和动感，但与根源不弃不离，不是断了线的风筝飘荡出去再也不能收回"[①]，对于游戏实践、对于教师引导儿童的游戏，具有很强的指导意义。

◉ 学习活动

请收集 10 个与游戏有关的字、词、句，并进行整理，分析其含义。与同学所收集的字、词、句进行比较，找找异同。

二、动物游戏

游戏是人类的专利吗？不，动物也会游戏。

一些动物学家从不同的角度，探讨了动物的游戏问题。他们研究动物的行为、表情，发现动物会有很多游戏行为，具体表现为不是真的，而是假装的。比如，两只黑猩猩会假装推来推去或用木棒敲打，但并不是真的将对方推下去、并不是真的将对方打痛或打伤。

动物游戏之谜

[①] 张新立. 教育人类学视野下的彝族儿童民间游戏研究 [D/OL]. 重庆：西南大学，2006 [2021-08-05]. https：//kns. cnki. net/kcms/detail/detail. aspx? dbcode = CDFD&dbname = CDFD9908&filename = 2006192829. nh&uniplatform = NZKPT&v = grI_ QedFBZh70hSqMqyWR48kzketyo2dhPVCHNTaYKjvc7_ MVSkm8kyW91D5VEP9.

> **案例 1-1**
>
> **小指猴的游戏**
>
> 在漫长的夜间玩耍中，我们的这只小指猴假装自己在背负着什么，在跳到我的一条腿上之前，它会连续在地上跳起好几次，并同时用四只脚着地。之后，它会在房间里蹦跳，在再一次跳到我身上之前，将毛立起来，用一种很放肆的表情看着我。所有有裂缝或者镶边的东西，比如说固定灯罩或者手表的那圈铁丝，都会吸引它的注意力，诱使它做出一些典型的"探索性"的举动：两只耳朵会很快地转向"目标物"。在靠近这个物体之后，过一会儿，它又会有相同的表现。
>
> 在这只小指猴将近5个月大的时候，我们经常在晚上将它和一只小猫放在一起。它们会在地上打滚，互相轻咬，一起玩很久。如果它（小指猴）跟不上这只小猫的节奏了，就会生气，并且气呼呼地把小猫赶走。白天的时候，若这只小猫过来找它玩，它就会不予理睬。
>
> 资料来源：彼得，德博尔德. 人类的表亲［M］. 殷丽洁，黄彩云，译. 北京：北京大学出版社，2019：100.

动物研究者们发现，不仅年幼的动物会游戏，已经成年的动物也会游戏；不仅像灵长类这种比较高级的动物会游戏，像蚂蚁这样的昆虫也会游戏。甚至有研究者还对动物游戏进行了分类，将其分为单独游戏、战斗游戏和操纵事物的游戏[1]。

单独游戏的特征是无须伙伴，动物个体可以独自进行游戏。单独游戏时，动物常常兴高采烈地独自奔跑、跳跃，在原地打圈子。例如，马驹常常欢快地连续扬起前蹄，轻盈地蹦跳。猴类动物喜欢在地上翻滚，拉着树枝荡秋千……单独游戏时动物显得自由自在，这是最基本的动物游戏行为。

战斗游戏需由两个以上的个体参加，是一种社会行为。战斗游戏时，动物互相亲密地厮打，看似战斗激烈，其实极有分寸，它们配合默契，绝不会引起伤害。研究者认为，战斗游戏可能要比真的战斗更为困难，因为这种游戏要求双方的攻击有分寸，对伙伴十分信赖，动物需严格地控制自己，使游戏不会发展成真的战斗。

---

[1] 人民教育出版社，课程研究教育所，中学语文课程教材研究开发中心，等. 普通高中课程标准实验教科书语文3 必修［M］. 2 版. 北京：人民教育出版社，2007：58-61. 高中二年级课文.

操纵事物的游戏，在一定程度上表现出动物支配环境的能力。北极熊常常玩这样的游戏：把一根棍子或石块衔上山坡，然后将其从坡上扔下来，自己跟在后面追，追上棍子或石块后，再把它们衔上去。野象喜欢把杂草老藤滚成草球，然后用象牙"踢"草球。

有研究者对川金丝猴的社会游戏进行了研究，将其社会游戏分成如下几类[①]：

追逐：一个个体开始往前跑，随即回头看其他个体，然后后者追向前者，如此反复，过程中有闪躲行为。

摔跤：双手抓住对方上臂，左右来回晃动，有时伴有脚蹬对方胸部和张嘴等动作。

接近：个体相互盯视，然后一方或双方跑向对方；双方手抓树枝来回晃动，伴有身体接触等。

撕咬：个体抓住对方的上体或揪住耳朵，一方或双方咬对方身体，如耳朵、脸、上臂等。

其他行为：一方爬向或直接跳在另一方背上；双方来回抢夺树枝等物；短暂地怀抱婴猴；比较频繁地相互拥抱等行为。

还有研究者探讨动物为什么游戏，也有研究者研究某一种具体动物的游戏行为。

在本书里，我们无意陷入动物游戏的具体细节之中，只是想指出这样一个事实：游戏不是人类的专利，动物也游戏。当我们说"躲猫猫"这一游戏时，不仅仅是父母等成年人与小婴儿在游戏，也可能是两只小猫之间在玩躲藏、消失和寻找、发现的游戏。

⊙ 学习活动

观察一个小动物，看其是否有游戏行为。比如，你可以观察小猫、小狗，也可以观看与动物有关的节目、纪录片等。

三、成人游戏

游戏是儿童的专利吗？不，成人也会游戏。

成人会玩游戏，这是一个基本常识。成人常常会直接使用"游戏"一词，比如，"游戏人生"，更不用说成人会不会玩电子游戏、网络游戏了。关于这一点，我们只要想一想自己玩不玩游戏，周围的同学、朋友玩不玩游戏，就一目了然了。

[①] 王晓卫，齐晓光，郭松涛，等. 秦岭川金丝猴1至2岁个体的社会玩耍行为 [J]. 兽类学报，2011，31（2）：141–147.

事实上，在游戏研究中，并非只有教育特别是学前教育研究游戏。其他学科，诸如哲学、社会学、人类学、美学、体育学、民俗学，都会研究游戏。这些学科对游戏的研究，会涉及儿童，但不仅限于儿童。

有研究者指出，成人的游戏可以分为消遣性游戏和职业性游戏[①]。所谓消遣性游戏，是指工作之余的娱乐活动，如很多成人下班途中在手机上玩游戏、工作之余打羽毛球等。所谓职业性游戏，是指不仅工作，而且享受工作，工作与娱乐融为一体。后者是一种很难得的境界，工作在一定程度上超越了谋生的需要，他们不是在痛苦、辛苦地工作，不是不得不工作，而是在享受工作，觉得工作是一件很有趣、好玩的事情。

> **小贴士**
>
> **儿童游戏与成人的消遣性游戏**
>
> 1. 游戏是儿童生活的主旋律，儿童把整个生活当作游戏，他们生活于游戏之中；游戏只是成人生活中的一段插曲，成人在日常生活、学习和劳动之外做游戏。
>
> 2. 儿童的游戏与工作、想象和现实是未完全分化的；成人的游戏一般来说与工作是高度分化的、泾渭分明的。
>
> 3. 儿童做游戏是"为了游戏而游戏""因为喜欢游戏而游戏"，没有任何外在目的；成人做游戏是为了求得脱离工作的解放感，成人把游戏当作从工作中解脱出来或逃离工作的"避风港"。
>
> 4. 儿童游戏客观上促进了儿童身心诸多方面的综合发展；成人游戏并没有给成人带来实质性的发展，只是"愉悦"了身心而已。
>
> 5. 儿童游戏是"纯洁"的游戏；成人游戏常常伴随着金钱的消费和功利的性质。在这个意义上可以说，成人游戏是"被污染"了的游戏。
>
> 资料来源：王小英.儿童游戏乃"无为而为"[M]//朱家雄.中国视野下的学前教育.上海：华东师范大学出版社，2007：195-196.

四、幼儿游戏与幼儿园游戏

幼儿游戏与幼儿园游戏，都在讲游戏、幼儿的游戏，但后者强调发生在幼儿园

---

① 王小英.儿童游戏乃"无为而为"[M]//朱家雄.中国视野下的学前教育.上海：华东师范大学出版社，2007.

里的游戏，二者还是有区别的。作为学前教育工作者（幼儿园教师），对此做出一定的区分，是有意义和价值的。

在前面的学习中，我们已经了解到，不仅仅是儿童会游戏，成年人、动物也都会游戏。也就是说，游戏是早于幼儿园而存在的，在幼儿园没有产生以前，幼儿就在游戏。幼儿园产生以后，幼儿也不只是在幼儿园里游戏，他们还会在家庭、社区里游戏。因此，幼儿游戏的范围更广，包括了幼儿园游戏。但是，游戏有游戏的特点，游戏这种活动一旦进入幼儿园这样的教育机构，也就会被幼儿教育工作者（幼儿园教师）利用和改造，从而发生一些变化，因此与幼儿园之外纯自然发生的游戏有所区别。

根据《中华人民共和国学前教育法草案（征求意见稿）》及相关文件的规定，幼儿园是对3~6岁儿童实施保育和教育的机构，幼儿园教育是基础教育的有机组成部分，是国民教育体系的起始阶段。也就是说，幼儿园是国家的教育机构，必须实施国家的教育方针、教育政策，必须为实现国家的教育目的服务。从这个意义上讲，幼儿园的游戏就不同于幼儿园之外的游戏。正如刘焱教授所言，"自然的"或"野性的"游戏在进入教育领域以后，必然与以"文化化"或"教化"为目的的教育发生矛盾。在教育领域中，游戏应该是什么？游戏为什么而存在？游戏进入教育领域以后所产生的一系列问题构成了教育学研究游戏的独特的"问题域"。也正是因为如此，幼儿园里的游戏，就一定面临着与教育、教学活动的关系，与幼儿园课程的关系等基本问题。

本书的随后内容，都是在讲"幼儿园游戏"，但在有些时候，也可能是"幼儿游戏"，如心理学研究成果所揭示的游戏特点、游戏分类等。这时，我们更多的是在利用有关"幼儿游戏"的研究及其成果，为"幼儿园游戏"服务。大家在学习的过程中，应注意区分。

第二节 学前儿童游戏的特点

由于游戏定义的模糊性，依据其定义进行游戏与非游戏的区分，有较大的难度，而关于游戏特点的研究，可以在相当大的程度上解决这一难题。换句话说，我们可以根据游戏的特点，来判断一个活动是游戏还是不是游戏。

关于游戏的特点，也是众说纷纭的。本书从三个维度呈现学前儿童游戏的特点，首先是在综合已有研究的基础上，指出学前儿童游戏的五个特点；其次是讨论"游戏性"问题，即学前儿童游戏最突出的特点为有游戏性、有较强的游戏性；最后，从儿童的视角来看什么是游戏、什么不是游戏。

一、学前儿童游戏特点的一般描述

（一）积极情绪

游戏总是伴随着愉悦、快乐、高兴、喜欢等积极的情绪，通过儿童的语言、表情、动作就能观察到儿童在游戏中是否具有这些积极情绪。游戏的这一特点，意味着游戏应该是好玩的、有趣的。

说游戏具有积极情绪的特点，并不意味着在所有的游戏中，儿童都在欢声笑语、手舞足蹈。相反，在有些游戏中，儿童的表现是严肃、认真、紧张的，甚至，还可能有些许害怕、担忧。比如，儿童在玩一些有挑战性的体育游戏时，就会有害怕、紧张的表现；儿童在玩下棋之类的竞赛性游戏时，就会有严肃、认真的表现。但即使如此，儿童也会继续游戏，乐此不疲。

如何理解以上这些看似矛盾的描述？"关键是不能将伴随着的外部情绪表现与内部情感体验混为一谈"，"游戏中那紧张、认真的严肃表现，是游戏者出于自我需要满足而自发的，是被愉快的后效所支持的，从而体验的是积极的情绪"[1]。在华爱华老师看来，游戏是愉快的活动，儿童在有些游戏中表现出的严肃、认真的情绪，是一种伴随愉悦体验的外部情绪表现。

（二）虚构性

游戏是假的、假装的，是游戏就不是真的。游戏的虚构性集中体现在以人代人、以物代物、情景转换三个方面。在一个"娃娃家"游戏中，"爸爸"不是真的，是一个儿童扮演的，炒菜的"锅"不是真的，是一个玩具代替的，"娃娃家"这个情景也不是真的。虚构性将游戏和日常生活区分开来。

说游戏具有虚构性，并不意味着游戏与现实、真实是没有关系的。相反，儿童的游戏常常是现实生活的反映，与现实生活是紧密联系的。"娃娃家"里的每一个

---

[1] 华爱华. 幼儿游戏理论[M]. 上海：上海教育出版社，1998：88.

角色、每一个材料、每一个动作、每一个情节，都可能是与这些儿童的现实生活相联系的。儿童的生活经验越丰富，游戏的内容往往就越充实；儿童对现实的体验越深刻，游戏行为往往就越逼真。那些生活经验贫乏的儿童，他们玩的游戏也可能情节单一、水平不高。

如何理解以上看似矛盾的描述？一方面，儿童游戏的虚构是来于现实、基于现实的，有点类似于文学作品来于生活但高于生活。儿童的游戏，来自生活但不完全等同于生活。另一方面，儿童可以用假想影响、改造现实生活。以打针等医院或医疗游戏为例，儿童在玩打针的假想游戏过程中，情绪得以宣泄、认知得到调整，下次真的打针时，会变得更加勇敢一些，这就是儿童在假想的游戏中，改造了现实。再有，儿童在某一时间段内，可能会出现在假想和真实之间穿梭的情况。比如，在一个"娃娃家"游戏里，儿童有时是在说真实的事情（如分配角色，你演什么、我演什么、怎么演等），有时是在说假的事情（如假装哄宝宝睡觉）。儿童对游戏中的真真假假、何时真何时假，是了如指掌的，也是心照不宣的，可以随时开始也可以随时结束。

（三）内在动机

内在动机指主体自身想要这样做，而外在动机，则意味着主体活动的目的来自外部，成人的要求往往具有外在动机，比如，"这样做了可以得到好处"等。游戏具有内在动机这一特点，意味着儿童游戏是因为儿童自己想要游戏，意味着游戏是一种没有外部强制性目的的活动。

说游戏是具有内在动机、没有强制性的外在目的的，是否意味着游戏是一种无目的的活动，或者说是一种盲目的活动呢？答案是否定的。首先，我们强调的是游戏没有外在的、外部的目的，但有内在的、内部的目的。其次，我们还强调游戏中的目的不是"强制性"的，意味着不是教师要求的、不是必须做的、不是活动结束时必须完成的任务。事实上，当我们观察儿童的游戏时，能很明显地看到儿童游戏行为的目的，比如，儿童想搭出一座人能站上去的桥。

（四）过程导向

过程导向意味着儿童在游戏时，更关注的是游戏的过程，而不是游戏的结果。比如，儿童在用积木进行搭建时，他们更关注搭建的这些过程，而不是最后搭出了什么。最后搭出的成果，或许只存在很短的时间，但只要搭建了，即使最后没有搭出什么东西，也不能否定儿童这是在游戏。

游戏的过程导向这一特点，是否意味着儿童完全不注重游戏的结果呢？答案是否定的。要说儿童在游戏时一点儿也不关注结果，这是不符合实际情况的。比如，当儿童在进行搭建游戏时，他们也渴望搭建出自己满意的作品，甚至有的儿童还会请老师来看自己的作品，向老师提出保留作品的要求。再者，对一些规则游戏来说，常常是有输赢的，游戏者当然也是希望自己能够赢而不是输，这也是儿童注重游戏结果的表现。

（五）自由选择

自由选择意味着儿童在游戏时，拥有玩什么、怎么玩、和谁玩、什么时间玩、在哪里玩的自由，还拥有不玩、什么时候结束玩的自由。在谈论游戏的自由选择这一特点时，可能会用到自主、自愿、自发等不同的词语，其含义未必完全一样，但大体都表达游戏的自由特性。

什么一定不是儿童游戏？

游戏的自由选择这一特点，是否意味着儿童的游戏，是绝对自由、不受限制和约束的呢？显然，答案也是否定的。首先，如果我们讨论的是幼儿园里的儿童游戏，一定会受到幼儿园这种教育机构的规定和限制。比如，通常情况下儿童不能选择到幼儿园之外去游戏，不能在全班要进餐、午休时"自由选择"进行游戏。其次，游戏本身是有规则的，游戏的规则会约束限制儿童的游戏。比如，规则游戏的"规则"，是所有儿童都必须遵守的，不遵守规则就是"犯规"，犯规是不被允许的，是会被暂停的。即使像角色游戏这样的非规则游戏，也是有规则的，如应该如何扮演爸爸、医生，现实生活中的爸爸、医生也要遵循一定的规则。

⊙ 学习活动

每一个关于学前儿童游戏特点的描述，都有看似矛盾的两面性。你是如何理解的？与你的同学、室友讨论，还可以与不同专业的同学交流讨论。

二、游戏性

我们还可以从一个活动是否具有游戏性，或者游戏性的强弱，来讨论儿童游戏的特点，或者说，来判定一个活动是游戏，还是不是游戏。

游戏性（playful，playfulness），不是一个有无的问题，更多的是一个强弱的问题。有的人也称为（译作）玩性。在儿童游戏研究中，还有游戏精神这一概念。游戏精神相对更抽象一些，游戏性、玩性更具体一些。比如，一些研究者研发出相应的量表，测查一个活动、一个儿童、一个组织的游戏性（玩性）。

（一）关于游戏性的一般知识

"游戏性"这个概念早在20世纪30年代的儿童游戏研究中就已出现，20世纪60年代以后，出现了关于"游戏性"较为系统的研究。迄今为止，人们主要从两个相互联系的方面来理解其含义。一是把游戏性视为游戏活动的一种客观属性，赫伊津哈在《游戏的人：文化中游戏成分的研究》一书中，就将游戏性作为游戏的独有特征加以阐释，他认为在不同的游戏活动中，游戏性有强有弱。利伯曼则认为，"游戏性"是判断一种活动是否是游戏的标准，游戏性是所有游戏活动的重要特征。二是将游戏性视为儿童的一种个性品质。大多数学者普遍认为，游戏是童年期特有的活动类型。"在这种活动中，儿童会形成对于周围环境的态度。这种以游戏活动为中介形成的态度会逐渐转变为个体的一种个性特征或品质，即'游戏性'"。游戏性作为一种个性品质，涵盖了个体认知、情感、社会性等各方面的内容，是一种以主体性为核心的积极主动的发展状态[1]。

总体而言，游戏性既是活动的一种客观特征，又是主体的一种个性品质，作为个性品质的游戏性是在幼儿的游戏活动中生成和发展的。游戏性程度不同的幼儿，其游戏的方式方法、游戏的外在表现也是不同的[2]。playfulness这一词在引进中国的时候，被译为"游戏性"或"玩性"，在中国大陆的学前教育阶段，主要是以"游戏性"来表达这一单词，而成人的"游戏性"则用"玩性"表示。在中国台湾的研究中，无论是对幼儿还是成人，都是用"玩性"来表达"游戏性"。随之引进的还有利伯曼和巴尼特关于"游戏性"的特质（游戏性包括身体的自发性、社会的自发性、认知的自发性、明显的愉悦性和幽默感五个特质）[3]和"儿童游戏性量表"（Children's Playfulness Scale）[4]等研究。

巴尼特（Barnett）儿童游戏性量表

（二）游戏性的具体特征

下面，我们主要从儿童个性（特性）的角度，来探讨游戏性。也就是说，描述

---

[1] 吴航. 游戏与教育——兼论教育的游戏性 [D/OL]. 武汉：华中师范大学, 2001 [2021-08-06]. https://kns.cnki.net/kcms/detail/detail.aspx?dbcode=CDFD&dbname=CDFD9908&filename=2001007185.nh&uniplatform=NZKPT&v=h2mkW846V1bSenklbGkNiM7km1hQLag4FRVWKg3C41MUOvHm_JTSFkFSmLzvOiIr.

[2] 何梦焱, 刘焱. 面向21世纪 培养儿童的游戏性 [J]. 学前教育研究, 1999 (1)：21-24.

[3] LIEBERMAN J. Playfulness and Divergent Thinking：An Investigation of their Relationship at the Kindergarten Level [J]. The Journal of Genetic Psychology, 1965, 107 (2)：219-224.

[4] BARNETT L A. The playful child：Measurement of a disposition to play [J]. Play &Culture, 1991, 4 (1)：51-74.

一个有游戏性的儿童是什么样的。

1. 身体的自发性

身体的自发性，是指儿童自己发起各种身体活动，能够自主地控制自己的身体。除此之外，从游戏性的角度来看，身体的自发性还指儿童喜欢运动、身体运动比较协调、在身体运动上表现良好等特征。换句话说，那些不喜欢身体运动、不擅长身体运动的儿童，在身体的自发性上就相对较低一些，游戏性也就弱一些。

2. 社会的自发性

社会的自发性，是指儿童在活动时，能作为游戏的一员参与到他人的游戏中，也能够作为游戏的发起者吸引、组织其他人一起游戏。也就是说，那些能够跟别人很好地玩得起来（不管是跟随者还是发起者）的儿童，其社会的自发性就高一些，游戏性也就强一些。

3. 认知的自发性

认知的自发性，是指儿童在活动的过程中，其认知是积极、主动的，很有创意。比如，儿童自己发明、创造出自己的玩法，能用非常规的方法玩常见的材料，或是能够使用一些非常规、非常用的材料等。也就是说，那些能够很有创意地玩的儿童，其认知的自发性就高一些，游戏性也就强一些。

4. 明显的愉悦性

明显的愉悦性，是指儿童在活动的过程中，明显地表现出愉悦、开心、高兴等积极和正面的情绪。比如，儿童表现出很有热情、很有活力、很投入，甚至出现一些类似唱歌，跟他人（如老师、同伴）分享、交流自己的喜悦等言行。也就是说，那些能够感受和表现出愉悦、快乐的儿童，游戏性也就更强一些。

5. 幽默感

幽默感，是指儿童在游戏中表现出一种幽默的感觉、倾向。比如，儿童比较搞笑、爱玩、爱开玩笑，甚至喜欢打闹、胡闹、戏弄等。幽默感既指儿童自己具有这种幽默感，也指儿童能够感受、体验到他人的幽默感。幽默感高的儿童，游戏性也更强一些。

案例 1-2

为什么周老师的眼睛那么大，郭子李的眼睛这么小？

在关于"爱护眼睛"的活动中，小朋友提出了"为什么周老师的眼睛那么大，郭子李的眼睛这么小？"的问题。老师没有自己来回答这个问题，而是让小朋友来回答这些问题。如下是小朋友的一些回答：

因为周老师高，郭子李矮。

因为郭子李的眼睛没长好（注：起初老师误认为指眼睛长得不好看，后经追问明白儿童意指眼睛还没完全长成熟，就像苹果没长成熟就很小一样）。

因为郭子李爱哭，周老师爱笑（注：指眼睛被哭小了）。

因为郭子李不爱吃鸡蛋，周老师爱吃鸡蛋（注：既可能指鸡蛋有营养，也可能指鸡蛋是圆的，有吃什么补什么之意。但因未追问儿童，不知其真意）。

因为周老师爱喝牛奶，郭子李不爱喝牛奶。

因为周老师大，郭子李小。大人身上的所有东西都大，小朋友身上的所有东西都小。小朋友的头那么小，如果眼睛、鼻子大了，装都装不下。

因为郭子李睡觉睡得太晚了，第二天起床眼睛是肿的，然后眼睛就变小了。

因为周老师化了妆，所以眼睛大，我妈妈没化妆的时候眼睛要小些，化了妆眼睛就变大了。

因为郭子李耳朵小，所以眼睛小。

因为郭子李身体小，所以眼睛小。

因为周老师是双眼皮，郭子李是单眼皮。

因为郭子李长大的过程才开始，还没有长到底，周老师长到底了。

因为周老师鼻子高，我在美国看见那些高鼻子外国人眼睛都大，比周老师的眼睛还大！

因为周老师睫毛长，所以眼睛大。

老师没有肯定或否定这些回答，而是提出"我怎么知道谁说的是对的呢？"来回应小朋友。

请分析这一幼儿园的教育活动是否具有游戏性，指出具体的表现及理由。

三、儿童眼中的游戏

当我们讨论儿童游戏的特点时，有一个视角是不能缺乏的，那就是儿童的视角。作为游戏主体的儿童，他们是如何看待游戏的呢？他们眼中的游戏是什么样的？同学们不妨沿着这样的思路，去做一些具体的观察、访谈，探讨儿童眼中的游戏。

儿童的视角与幼儿园教育工作

（一）儿童眼中的游戏定义

对成人而言，游戏的定义是有争议的。但对于幼儿园的游戏，成人常常关注的是那些被称作"游戏时间"（一日生活作息制度中的一个时间段、环节）中的活动。比如，上午的9:00～10:00是一日生活作息制度上规定的"游戏时间"，幼儿教育工作者更多地关注的就是这段时间里的"游戏活动"。

在儿童眼中，幼儿园的游戏活动绝不仅限于作息制度中规定的"游戏时间"中的活动。那些不在"游戏时间"里发生的活动，也完全可能是游戏。比如，在集体教学活动中，在吃饭、午休、上厕所中，在排队中，在活动与活动的转换之间，在任何时刻，都有可能发生游戏。这些游戏通常时间并不长甚至很短，常常是老师没看到就开始、老师看到就结束。同伴间一个眼神、一个表情、一个动作，心照不宣，游戏开始、游戏结束。

对成人而言，游戏的定义是有争议的，但对同一个成人来说，对游戏的定义又是相对确定的。根据这个人的游戏定义，某种活动，只要看其名称，就能据此判断是游戏，还是不是游戏。比如，积木搭建是游戏，玩沙是游戏，画画不是游戏（是上课、学习）。

在儿童眼中，同一个名称的活动，可能是游戏也可能不是游戏。比如，如果必须照着厂家提供的图纸进行积木搭建；或者必须挖一个多大的、多深的水洞，没有完成就要挨批评，那就不是游戏，而是上课、学习。再比如，画画可能是上课、学习，特别是在传统的桌子上（教室里的书桌、课桌）用传统的画纸、画画的工具进行画画时。但是，当儿童是在地上画画、在墙上画画、爬到树上画画、在一辆报废汽车上画画，或是用不太一样的工具画画（如用拖把在墙上画画）时，儿童就更可能会觉得是在游戏，而不是在上课、学习。现在有不少幼儿园都给儿童提供了涂鸦墙，或者美术玩色的机会等，同学们可以观察这些画画活动中儿童的状态。

（二）儿童眼中的游戏分类

在幼儿园教师、幼儿游戏研究者看来，游戏是分类的（见本单元第四节）。根据不同的标准，游戏被分成了不同的类型。在幼儿园游戏的具体实践中，游戏又常常是被分门别类地开展和推进。比如，这里是角色游戏、那里是建构游戏，这里是表演游戏、那里是规则游戏。这样的好处之一是每个游戏都开展了，不至于落下哪个游戏。就像看中小学生的课程表，就能清楚地看到什么课上了多少节，是否有应该开的课没有开一样。

儿童或许能从老师的言行中知道各种不同类型的游戏，甚至能够对其做出区分。

比如，他们知道"玩区角"跟"玩游戏"的区别。但是儿童真正在玩游戏的时候，他们是不管这是哪种类型的游戏的。儿童在游戏过程中，可能在同一个地点与同一些人，用完全相同的材料，一会儿在玩建构，一会儿又在玩角色或者表演，甚至自己创造出一个规则游戏，比赛输赢。可以说，儿童游戏时更倾向于综合游戏。而成人在面对游戏分类、分类游戏这些问题时，多多少少都有"分科游戏"的逻辑。

儿童也会对游戏进行分类，只是跟老师们的分类有所不同。比如，他们更倾向于将游戏分为：好玩的游戏和不好玩的游戏；有老师在场的游戏和没有老师在场的游戏；偷偷摸摸地玩的游戏和可以大张旗鼓地玩的游戏；和喜欢的人一起玩的游戏以及和不喜欢的人一起玩的游戏……

（三）儿童眼中的游戏环境和材料

在幼儿园教师等成人看来，幼儿园的游戏环境与材料，应该具备很多特点，也是体现幼儿园教师游戏支持与引导能力的重要方面。很多幼儿园都会非常重视环境和材料，甚至会开展相关的评比、比赛。有人对当前幼儿园教师培训的内容进行统计，发现"游戏环境和材料"的创设是被培训得最多，同时又是幼儿园教师最想培训的内容[①]。学前教育专业的学生到幼儿园实习、见习，也常常被指导教师安排做"环创"。那些善于做"环创"的实习生，也就有可能更快或更容易得到好评。游戏环境和材料要丰富、要有年龄层次，要多提供低结构材料等，是常被提及的要求和原则。

在儿童眼中，游戏环境和材料当然是非常重要的。但如果有好的游戏伙伴，有时环境和材料也没有那么重要。我们经常可以看到，两个或几个儿童，在没有任何游戏材料的情况下，也玩得有滋有味。

关于年龄层次问题，当前确实存在有的班级没有考虑到儿童的年龄特点，但是也应注意到，有些材料是可以跨年龄的，不仅仅是小班、中班、大班可以共用，甚至小学都可以用。有一种叫"抽积木"的商用玩具，适用年龄处就写着"0~100岁"。类似玩沙、玩水这样的活动，岂止儿童，即使是成人，到了海边的金沙滩、银沙滩，不也玩得不亦乐乎吗？在有些时候，儿童自己是可以玩出层次的。

关于低结构材料问题，也应注意到，只就材料本身难以完全确定其价值，还要看材料是如何被使用的。显然，一个低结构的材料，可能被高结构地使用；一个高

---

① 对此，不同的人有不同的解读。比如，有的人认为，这或许说明虽然有很多培训，但培训效果还是不能满足教师的需求，所以教师还是需要这方面的培训。也有人认为，或许园长、教师觉得这些培训重要，教师越是接受这些培训，也就越能达到园长的要求，并不一定是因为培训效果差。

结构的材料，也可能被玩出低结构材料的丰富、多元、开放。对儿童来说，关键不在于这种材料，而在于处在一个什么样的氛围之中。难怪有幼教工作者发出这样的感叹，有的幼儿园、班级，空气中都充斥着"高结构"。

（四）儿童眼中教师在游戏中的角色

在幼儿园教师等成人眼里，教师应该是游戏的观察者、支持者，这也符合《幼儿园教师专业标准（试行）》中关于游戏活动的支持与引导能力的要求。幼儿园教师应该观察儿童，并基于观察为儿童的游戏提供支持。

在儿童眼中，他们也有对游戏中幼儿教师角色的判断。当直接询问幼儿园儿童，"你们玩游戏时，老师都做什么？"时，儿童常常直接回答说"老师就是看游戏的人""看我们是不是在游戏，游戏玩得好不好"。有的儿童甚至很懂，知道老师要记录，有时他们甚至很关心老师都记录了什么。笔者就曾经碰到有小朋友来看一下记录的本子，并说"还不错，没有叉"。这是实然的儿童眼中的老师。

当成人不断强调观察、支持的重要性时，儿童其实更期盼教师不要在游戏现场。对不少儿童而言，他们更倾向于将教师在场的活动称为上课、学习，而将教师不在场的活动称为游戏。儿童有时甚至很想挑战一个成人的权威、游戏的规则。那些不被允许的游戏行为，常常对儿童极富魅力。这并不是说教师要离开儿童、离开教室，鼓励儿童去破坏规则，而是说成人需要理解儿童的这些特点，有时需要故意"睁一只眼、闭一只眼"，假装没看到、假装视而不见。

在儿童眼中，他们期望在他们游戏时，作为成人的我们当好机器人的角色[①]。这就意味着成人应时刻观察着、准备着，在儿童发出需求指令时，要能迅速出手、提供帮助。作为机器人（就像你家里的"小雅""小爱"同学），不能在主人没有发出指令的时候，就开始行动，那是乱动；也不能在主人发出指令时，却没有准备好，只能说"抱歉……""等你长大了就知道了……"之类的肤浅的回应。

（五）儿童眼中一些被成人称作"低水平"的游戏行为

在幼儿园教师等成人眼中，儿童在游戏中的很多行为，体现了儿童的游戏水平不高，是需要介入、指导的，或者说应该避免、尽快度过的。比如，游戏中的发呆、做白日梦，独自游戏，游戏中的游荡、闲逛，游戏中的简单重复等。

在儿童眼中，这些行为都可能是有原因的、有差异的，未必是水平低。比如，

---

① 塔利，施皮格勒. 让孩子做50件危险的事儿［M］. 胡婧，译. 杭州：浙江人民出版社，2018.

发呆只是他们想休息一下而已，做白日梦是他们在想象游戏、在做思想实验，独自游戏也并非他们不能加入别人的游戏当中，而是他们主动选择了独自，而游戏中的游荡、闲逛都是成人贴上的标签，他们只是在观察、比较、分析、判断罢了。当然，这样说，并不是要将这些行为都说成是"高水平"的表现，而是要提醒作为成人的我们，儿童有可能与我们想象的不一样。

以重复为例，确实有一些儿童在游戏中，只是简单地、被动地、机械地重复，这表面上看起来确实是一种低水平的表现。但不能一看到重复，就断定为低水平。因为我们都知道，儿童喜欢重复、主动重复，在重复中学习、成长。一个他自己听得都能讲得出的故事，就是要让家长讲，即使有一页没讲、一句话没讲，都会被他发现、找出来。儿童在重复倾听故事的过程中，他们就在学习、就在成长。作为成人的我们，还应注意到，成人看似完全重复的行为，其中可能有细微的区分。所谓"小步递进"式的学习，描述的就是这样的现象。即使是成人，也会有这样的特点，当学习一项新技能时，快要学会时常常是瘾特别大，特别期望自己可以操作、实践、练习。每一次重复，都有其价值，而非低水平。

儿童简单重复的游戏行为有价值吗？

◉ 学习活动

回忆自己小的时候特别喜欢玩但家长不喜欢的游戏，分析这些游戏有什么特点。将 10 个同学的"回忆"汇集在一起，沿着"儿童眼中的游戏"的思路，整理、分析儿童游戏的特点。

第三节 学前儿童游戏的价值

价值是指客体满足主体需要的程度。学前儿童游戏，对儿童、幼儿园教师、幼儿园都是有价值的。我们分别进行简要的论述。

一、对儿童发展的价值

我们沿着《3—6岁儿童学习与发展指南》的框架，来介绍游戏对儿童发展的价值。对此，做两点简要说明：

第一，儿童的学习发展是整合的、综合的，游戏对儿童的发展价值也是整合的、综合的。一个游戏，其价值通常是多方面的、综合性的，而不是单一的。为了便于论述，我们根据《3—6岁儿童学习与发展指南》的框架，分领域进行讨论。

第二，游戏的这些价值，常常不被认可、被窄化、被误解。幼儿园教师能否真正认识到游戏的价值，能否认识到游戏既具有促进认知、身体发展的价值，也有育人，特别是立德的价值，能否帮助家长认识到游戏的价值，影响甚至决定着幼儿园以游戏为基本活动是否能够真正得到落实。从这个意义上讲，本部分的内容非常重要。

（一）对儿童健康领域发展的价值

《3—6岁儿童学习与发展指南》在健康领域一共有3个子领域，共9条目标。分别如下：

身心状况：具有健康的体态；情绪安定愉快；具有一定的适应能力。

动作发展：具有一定的平衡能力，动作协调、灵敏；具有一定的力量和耐力；手的动作灵活协调。

生活习惯与生活能力：具有良好的生活与卫生习惯；具有基本的生活自理能力；具备基本的安全知识和自我保护能力。

我们可以逐一分析，儿童的游戏具有实现上述大多数目标的价值。当然，我们应该注意到，一个游戏未必能同时实现上述所有的目标。

在分析游戏对儿童健康领域发展的价值时，有如下一些可以值得关注的线索：

第一，有些游戏，其名称就叫体育游戏、运动游戏。这些游戏在发展儿童动作、改善儿童身心状况方面的价值是显而易见的。

第二，大多数的游戏，都具有很强的活动性，如锻炼小肌肉等全身各个系统、各个器官的活动，这些活动有益于儿童的身心健康。

第三，游戏中儿童所产生的愉悦、快乐、高兴等积极情绪，有助于"身心状况"中的"心"、有助于儿童"情绪安定愉快"、有助于儿童的心理健康。这一价值常常被成人所忽略。

第四，游戏常常需要一定的场地、玩具、材料，这就意味着收拾、整理，有益于儿童良好习惯的养成、生活处理能力的培养。

第五，一些游戏可能还具有帮助儿童获得安全体验、自护能力的价值。特别是一些运动性的、挑战性的游戏，尤其具有这种价值。

⊙学习活动

同学们可以以自己在幼儿园看到的一个具体游戏为例，或者自己组织、参与一个游戏，来分析这个游戏所具有的"健康"方面的价值。如果有视频，大家可以一起观看视频，并对其进行分析。如果有条件，也可以现场参与一个游戏，再分析。

（二）对儿童语言领域发展的价值

《3—6岁儿童学习与发展指南》在语言领域一共有2个子领域，共6条目标。分别如下：

倾听与表达：认真听并能听懂常用语言；愿意讲话并能清楚地表达；具有文明的语言习惯。

阅读与书写准备：喜欢听故事，看图书；具有初步的阅读理解能力；具有书面表达的愿望和初步技能。

在分析游戏对儿童语言领域发展的价值时，有如下一些可以值得关注的线索：

第一，儿童在游戏过程中，常常需要与游戏伙伴一起进行，这就得到了大量的"倾听与表达"的机会。

第二，游戏中的"倾听与表达"，与传统的语言课（集体教育活动）有一些区别。游戏中的"倾听与表达"，是情景化的，是儿童可以理解的、有意义的。游戏，就是在为儿童语言发展创设一个能使他们想说、敢说、喜欢说、有机会说，并能得到积极应答的环境。即使是在积木游戏里，儿童的语言发展机会也是非常丰富的。

第三，如果老师能够基于游戏活动的过程，在游戏前和游戏后提供机会、提出要求、开展活动，可能会使游戏具有"阅读与书写准备"的价值。比如，在游戏之后让儿童自己画自己的游戏故事，向老师、同伴讲述自己的游戏故事。再比如，如果老师在游戏前引导儿童规划自己的游戏，让儿童画出自己的游戏计划，这也有利于儿童"具有书面表达的愿望和初步技能"。又比如，当儿童用积木搭建一座城堡时，他们需要了解城堡的结构，因此需要看图书、阅读资料。

第四，具体到某些类型的游戏，其对儿童语言领域发展的价值会更加清晰。比如，猜谜之类的游戏，本身就是语言游戏。再比如，表演游戏开展的前提是对作品的理解，对作品的理解本身也就蕴含着语言发展机会。

◉ **学习活动**

同学们可以到幼儿园,任意拍摄一段 5 分钟的游戏视频。对应《3—6 岁儿童学习与发展指南》的语言领域,统计、分析其中的语言发展机会及其具体的表现。如果不方便到幼儿园拍摄,可以在网上搜索一段游戏视频,或是关注一个幼儿园的微信公众号获取视频。

(三) 对儿童社会领域发展的价值

《3—6 岁儿童学习与发展指南》在社会领域一共有 2 个子领域,共 7 条目标。分别如下:

人际交往:愿意与人交往;能与同伴友好相处;具有自尊、自信、自主的表现;关心尊重他人。

社会适应:喜欢并适应群体生活;遵守基本的行为规范;具有初步的归属感。

在分析游戏对儿童社会领域发展的价值时,有如下一些可以值得关注的线索:

第一,幼儿园的游戏,是在幼儿园、班级内进行的游戏,有着大量的人际交往机会。即使是幼儿园里的独自游戏、平行游戏,因为发生在幼儿园、教室里,旁边有其他的小朋友,因此也意味着一定程度的人际交往。

第二,游戏特别是自主游戏中,常常会产生一些不同意见、纠纷甚至矛盾、冲突,这也就意味着游戏为儿童提供了获取了解他人意图、解决人际交往的技能与方法的机会,使儿童逐步形成与同伴友好相处的能力。

第三,儿童在与同伴游戏的过程中,在了解他人、与他人互动的过程中,能够逐渐认识自我。

第四,游戏是有规则的,这非常有利于儿童理解规则、体验规则、遵守规则。

第五,游戏需要伙伴,会形成小组、集体、群体,这会有利于儿童具备"初步的归属感"。比如,一起搭公园的五个人、玩"娃娃家"的三个人,这就构成了一个集体。搭的公园怎么样、家庭生活进行得怎么样,就跟这"五个人""三个人"有了关系,集体生活、归属感由此而生。

(四) 对儿童科学领域发展的价值

《3—6 岁儿童学习与发展指南》在科学领域一共有 2 个子领域,共 6 条目标。分别如下:

科学探究:亲近自然,喜欢探究;具有初步的探究能力;在探究中认识周围事物和现象。

数学认知：初步感知生活中数学的有用和有趣；感知和理解数、量及数量关系；感知形状与空间关系。

在分析游戏对儿童科学领域发展的价值时，有如下一些可以值得关注的线索：

第一，大多数的游戏，都可以对着上述6条科学目标，进行分析，发现游戏的价值。

第二，类似玩沙、玩水、建构之类的游戏，尤其具有科学的价值。比如，在玩沙、玩水这样的游戏中，儿童是需要操作、摆弄"沙""水"的，这就是探究。再比如，在搭建积木的过程中，儿童就有"感知和理解数、量及数量关系"的机会，以及"感知形状与空间关系"的机会。

第三，游戏中常常会用到各种材料、玩具，而且常常需要儿童对这些材料、玩具的属性非常了解，这本身就是探究，就是在认识周围的事物和现象。

第四，游戏中大多会涉及各种数量、空间关系。一个简单的捉迷藏游戏，就会涉及空间关系；一次游戏需要分组，就会涉及数量关系。

（五）对儿童艺术领域发展的价值

《3—6岁儿童学习与发展指南》在艺术领域一共有2个子领域，共4条目标。分别如下：

感受与欣赏：喜欢自然界与生活中美的事物；喜欢欣赏多种多样的艺术形式和作品。

表现与创造：喜欢进行艺术活动并大胆表现；具有初步的艺术表现与创造能力。

在分析游戏对儿童艺术领域发展的价值时，有如下一些可以值得关注的线索：

第一，游戏本身就是儿童的表现与创造。比如，当一个儿童在玩"娃娃家"游戏时、在用积木搭建一座桥梁时、在表演一个故事时，就是儿童在进行表现和创造。

第二，有些游戏活动，比如，玩色、涂鸦等，从另外一个角度来看，其实也是艺术活动。

第三，一些游戏活动要有水平、有质量，是需要儿童有丰富的现实感受、体验为基础的，这也间接地提高了儿童的审美能力。比如，儿童要用积木搭建一座建筑，需要儿童对建筑本身的欣赏、感受。

⊙学习活动

随机将同学分成两组，一组扮演不认可游戏的家长，一组扮演幼儿园园长、老师，采用辩论、情景表演的方式，家长和幼儿园园长、老师围绕游戏问题展开对话。

比如，家长可以说，"一天到晚都玩游戏，有什么用？"或者可以说，"游戏好倒是好，就是学得太慢了！"

随机将同学分成三组，一组扮演到幼儿园咨询的家长，一组扮演坚持开展游戏的幼儿园园长、老师，一组扮演强调读、写、算、学知识的幼儿园园长和老师，进行情景表演。

二、对幼儿园教师专业发展的价值

游戏对幼儿园教师的价值，最集中地体现在促进幼儿园教师的专业发展上。可以说，幼儿园教师在组织开展儿童的游戏过程中，实现了专业发展，而专业的发展，又进一步使教师能更好地组织开展游戏。

（一）游戏活动的支持与引导能力，是幼儿园教师的专业能力之一

《幼儿园教师专业标准（试行）》指出幼儿园教师具有七大专业能力，即环境的创设与利用能力；一日生活的组织与保育能力；游戏活动的支持与引导能力；教育活动的计划与实施能力；激励与评价能力；沟通与合作能力；反思与发展能力。"游戏活动的支持与引导能力"是这七大能力中的一种。

在"游戏活动的支持与引导能力"这个部分，《幼儿园教师专业标准（试行）》具体指出了如下内容：

（1）提供符合幼儿兴趣需要、年龄特点和发展目标的游戏条件。

（2）充分利用与合理设计游戏活动空间，提供丰富、适宜的游戏材料，支持、引发和促进幼儿的游戏。

（3）鼓励幼儿自主选择游戏内容、伙伴和材料，支持幼儿主动地、创造性地开展游戏，充分体验游戏的快乐和满足。

（4）引导幼儿在游戏活动中获得身体、认知、语言和社会性等多方面的发展。

与中小学教师相比，"游戏活动的支持与引导能力"是幼儿园教师的特殊能力之一，也是最能体现幼儿园教师专业性的能力。不具备游戏活动的支持与引导能力，可以是一个好教师（如好的大学教师、中学教师、小学教师），但不会是一个好的幼儿园教师。

（二）"游戏能力"不仅仅是一种专业能力

游戏活动的支持与引导能力（简称"游戏能力"），不仅仅是幼儿园教师的一种

专业能力，同时也是幼儿园教师的专业理念与师德，以及专业知识的重要内容。

《幼儿园教师专业标准（试行）》中的"专业理念与师德"这一部分指出，幼儿园教师应"重视环境和游戏对幼儿发展的独特作用，创设富有教育意义的环境氛围，将游戏作为幼儿的主要活动"。支持与引导儿童游戏活动应该成为幼儿园教师的重要理念。同时，还要将支持与引导儿童游戏活动上升为"师德"、上升到立德树人的高度来认识。游戏是儿童的权利，是符合儿童学习与发展的方式。幼儿园教师必须站在更高的高度，充分认识幼儿园教师开展游戏或不开展游戏意味着什么。支持与引导儿童游戏活动不是一种简单的技能，更是理念与师德、立德与树人。

《幼儿园教师专业标准（试行）》中的"专业知识"这一部分指出，幼儿园教师应"掌握幼儿园环境创设、一日生活安排、游戏与教育活动、保育和班级管理的知识与方法"。由此可以看出，幼儿园教师必须掌握与游戏相关的知识和方法，这是专业的基础知识、基本技能。

（三）"游戏能力"可以撬动其他能力

游戏活动的支持与引导能力不仅仅是幼儿园教师的专业能力之一，还可以撬动幼儿园教师的其他能力。"游戏能力"的提升，常常可以快速地带动环境的创设与利用、一日生活的组织与保育、教育活动的计划与实施、激励与评价、沟通与合作、反思与发展能力的发展。

幼儿园教师的专业能力

为什么幼儿园教师的"游戏能力"能够撬动、带动其他专业能力？最为主要的原因是，当幼儿园教师支持与引导儿童的游戏时，需要观察、解读与支持儿童，而观察、解读与支持是《幼儿园教师专业标准（试行）》中提到的七大能力都共同需要的。事实上，新近的研究者，更倾向于将"观察、解读与支持"儿童的能力，作为幼儿园教师的专业能力，甚至作为其第一个专业能力。

那么，"游戏能力"为什么能够促进幼儿园教师观察、解读儿童的能力呢？一是因为游戏的支持与引导，必须以观察、解读儿童为前提。二是因为游戏是儿童的生活方式，教师在游戏中可以看到更真实的儿童。三是因为游戏是儿童的学习方式，有助于教师看到儿童的学习规律与特点。四是因为游戏是整合性活动，能够让教师看到儿童全面的学习与发展。

"游戏能力"又为什么能够促进幼儿园教师支持儿童的能力呢？总的来说，是因为游戏具有复杂性、不确定性，幼儿园教师能够支持具有复杂性和不确定性的活动，因此也就应该能够支持其他活动。具体来说，一是因为游戏指导主要是间接指导。间接指导的这种方法和技术，可以大量运用于教育儿童以及与儿童的沟通互动之中。二是因为回应游戏时机的丰富性、多样性，这是教育的艺术。回应儿童的游戏不仅仅可以在游戏活动的过程之中，还可以在游戏活动之前、活动之后。即使是在游戏活动过程之中，什么时候回应、如何回应，也确实是一门艺术。三是因为基于游戏可以引发其他活动，这是教育智慧。比如，可以基于儿童的游戏，引发和产生教学（绘画、讲述、讨论等）活动。

三、对幼儿园的价值

幼儿园应该以游戏为基本活动，游戏与幼儿园的课程、教学是紧密联系在一起的，这些基本命题、理论，已经充分地展示出游戏对幼儿园的价值。这两部分内容，正是本单元最后两节的内容，在此不再细述。

（一）游戏是办园之根

幼儿园是我国基础教育的有机组成部分，是国民教育体系的起始阶段。要办好一个幼儿园，必须全面贯彻党的教育方针，落实立德树人根本任务，必须坚持正确的办园方向。如何把握好方向，具体落实党和国家的政策、方针？最为核心的就是要把游戏开展好。

就中国当前的幼儿园发展现状来看，突出的问题就是幼儿园"小学化"倾向问题、幼儿园与小学的衔接问题。本质上，这两个问题是一个问题，那就是如何按照儿童身心发展阶段的规律来办幼儿园。幼儿园不应"小学化"、幼儿园应该去"小学化"都是否定式的表达，而说幼儿园应该把游戏开展好，则是正面的表达。当一个幼儿园把游戏开展好了，在很大程度上就是符合幼儿身心发展规律的，而不是"小学化"的。

（二）游戏是质量之道

对一所幼儿园来说，办园质量至关重要。特别是进入新时代之后，广大家长对高质量幼儿园教育的需求越来越强烈。家长们已经不满足于孩子能够上园，还强烈要求上好园。开展好一个幼儿园的游戏，是一所幼儿园提升办园质量、办好人民满意教育之道。

首先，游戏是幼儿园的基本活动。基本活动意味着活动的时间长、次数多，游戏活动本身的质量，是幼儿园办园质量的重要组成部分。

其次，幼儿园游戏活动的质量，也可以带动其他活动的质量。很擅长开展游戏活动的幼儿园，常常其他活动也是开展得不错的。这里的其他活动，包括但不限于集体教学活动、生活活动、节日活动等。

（三）游戏是特色之术

一个幼儿园要有自己的特色，似乎越来越重要，越来越成为一所幼儿园的"紧箍咒"。虽然有不少专家、园长甚至行政人员，都反对所谓"一园一特色"，甚至并不主张过于追求办园的特色，但事实情况是，大多数的幼儿园都不得不考虑自己的"特色"问题。

不少幼儿园都从"别人所没有"的这个角度来寻求特色，所以为了有特色，盲目求新、求异，追逐各种新名词、新概念，甚至造名、造概念，将不同的概念组合在一起，在不同的概念之间加上"·"，有时还要两个或三个"·"才够，甚至用英文首字母如 ECE、5C……

一个幼儿园最有特色的是什么？是这个幼儿园所拥有的这些儿童。他们有一个共同的特点——喜欢游戏。当一个幼儿园真正把游戏搞好了，这个幼儿园的特色就不是问题了。一所新幼儿园往往苦苦追求办园特色，找各种文化人、专家为幼儿园的特色出谋划策，但又常常百思不得其解，或是众说纷纭，越说越乱。那何不回到根本、回到儿童、回到儿童喜欢的活动呢？

一个幼儿园，如果还在为找不到办园特色而苦恼，那就以游戏为特色。

第四节 学前儿童游戏的类型

对于任何学科、知识或概念而言，进一步分类是必要的，也是非常有意义的。分类，意味着深入、更进一步。一旦分类，就有分类的依据，也可以说是分类的标准、分类的角度。

一、从认知角度的游戏分类

从游戏所反映出游戏主体的认知情况（水平）的角度，对游戏进行分类，需要注意的是，这样的分类更强调游戏所反映出的儿童的认知情况，并不意味着儿童的认知一定只处于这个水平。比如，一个机能性游戏反映出的儿童的认知水平较低，这并不意味着儿童的认知只达到这种程度，因而不能进行建构、象征或规则游戏。

1. 练习性游戏

练习性游戏也称功能性游戏、机能性游戏、感觉运动游戏等。这种游戏由简单、重复的动作构成，在练习性游戏中，儿童常常因感觉和运动器官的不断重复而获得快感。在练习性游戏中，儿童可以操作物体，如拿着拨浪鼓不断摇动，也可以不操作物体，如在地上爬来爬去、在楼梯上上下下等。

练习性游戏是最早发生的游戏类型。随着年龄的增加，儿童的练习性游戏会逐渐减少。根据有关学者的研究，儿童在14~30个月时，练习性游戏占全部活动的53%；在3~4岁时，占36%~44%；在4~5岁时，占17%~33%；在5~6岁时，约占14%[①]。练习性游戏会随年龄增加而减少，但不会消失。即使成人，也还会有练习性游戏（活动），特别是当学习一项新技能时，在"将会不会"的阶段，常常就会出现练习性游戏（活动）。比如，学习一种舞蹈、一种棋牌，骑自行车，开车。

2. 象征性游戏

象征性游戏也称想象游戏、假装游戏、扮演游戏。这种游戏的突出特点是"假装"，即儿童用游戏来反映现实生活。其"假"主要体现在三个方面：一是以人代人，即角色扮演，用一个人假装（扮演）一个生活中的人，如一个儿童假装是爸爸、医生、交通警察。二是以物代物，用一个物品假装成另外一个生活中的物品，如用沙子做成蛋糕、用细细的纸条当面条。三是情景转换，即儿童用动作、表情、语言等营造出一个假想的情景、氛围，如假装这是医院，有人要生小孩等。

象征性游戏是学前儿童非常典型的一种游戏类型。

3. 结构性游戏

结构性游戏也称建构性游戏、搭建性游戏。这种游戏是指儿童按照一定的计划或目的来组织物体或游戏材料，使之呈现出一定结构的活动。结构性游戏的一个突出特点是，游戏一定需要相应的结构材料。根据材料的不同，可以将结构性游戏进一步分类，如其中有一类是积木游戏，而积木游戏又可以进一步分类，可以分成小型积木游戏、中型积木游戏、大型积木游戏，或者空心积木游戏、单元积木游戏。

有些研究者提到的结构性游戏比较狭义，主要是指基于积木、积塑、拼插类材

---

① 刘焱. 儿童游戏通论[M]. 2版. 北京：北京师范大学出版社，2008：181.

料所开展工作的游戏活动；而有些研究者提到的结构性游戏比较广义，包括但不限于玩沙、玩水、玩雪、玩泥、木工等游戏活动。

4. 规则游戏

规则游戏是指两个及两个以上的游戏者参与，以游戏规则裁判胜负，具有竞争性质的游戏。规则游戏突出的特点是具有明确的外部游戏参与者认可的游戏规则。规则游戏可以进一步分类，如智力性的、动作性的、运动性的，或是其他维度的分类。打牌、下棋、跳房子、丢手绢、抢椅子、打弹珠、老鹰抓小鸡等游戏，都是典型的规则游戏。

规则游戏中的"游戏"一词，对应的英文是 game，而非 play。中小学生直至成人，都会玩游戏，这些游戏大多都是 game，是规则游戏。民间游戏中的大多数，都是规则游戏。

二、从社会性角度的游戏分类

我们也可以根据儿童在游戏中所体现出的社会性状况，对游戏进行分类。以下介绍美国学者帕顿，从社会性的角度对游戏的分类。虽然这一分类很有历史，几近百年，但确实比较经典。同学们可以根据其名称，大体推测这一类游戏的含义。

1. 偶然的行为或无所事事的行为

儿童没有在进行特定的游戏（至少成人看不出来），只是无目的地走动、闲逛、游荡，或者东摸一下、西摸一下（无目的的随便摸摸而已）。

2. 旁观行为

儿童在其他正在游戏的儿童旁边，观看他人的游戏。偶尔和游戏中的儿童有交谈，但内容常常与正在发生的游戏关系不大。儿童有时可能会提出问题或提供建议，但行为上并不介入、参与这些正在进行的游戏。

3. 独自游戏

儿童专注地玩着自己的游戏，即使有离自己很近的同龄人，也不和他们一起玩。儿童似乎并没有注意到周围的同龄人，即使注意到，其他人的游戏行为似乎也并没有影响到自己。

4. 平行游戏

儿童与附近的儿童玩着相同的玩具、游戏，各玩各的，相互之间不交流、不合作。但儿童实际上是看到对方的，对方的游戏行为也可能影响到自己。

5. 联合游戏

儿童与儿童在一起玩，但相互之间没有明确的分工、合作，这种"联合"不是真正的合作，只是形式上一起玩。

6. 合作游戏

儿童围绕共同的游戏主题，分工合作，共同推进游戏。儿童在游戏过程中，有着共同的游戏目的，游戏者之间达成了一定的默契，心照不宣。但这并不意味着合作游戏中，没有纠纷、争执、矛盾、冲突，而是说明儿童在合作地进行游戏。

三、关于游戏分类的几点思考

（1）对游戏进行分类，是为了更清楚地讲清楚游戏，更深入地认识游戏。但儿童的游戏本身是综合的、整合的，而不是分割的、分裂的。

（2）当对游戏进行分类时，我们更容易强调、夸大不同类型游戏之间的区别，而忽略了不同类型游戏之间的联系。事实上，不同的游戏之间，是一个连续体。

对幼儿园游戏分类问题的思考

（3）当对游戏进行分类时，我们更容易从学术逻辑、思辨逻辑的角度进行分类，强调分类本身的严密性，而忽略从游戏实践的角度进行分类。比如，大班额背景下的儿童游戏和小班额背景下的儿童游戏，混龄儿童游戏和不混龄儿童游戏，真游戏和假游戏，室内游戏和户外游戏，天气不好情况下的游戏和天气好情况下的游戏，条件有限情况下的游戏和条件适当情况下的游戏，空间有限情况下的游戏和空间足够情况下的游戏，室内游戏户外化和户外游戏室内化，需要材料的游戏和不需要材料的游戏等。

（4）当对游戏进行分类时，我们可能会关注那些能够明显分成两类或三类的游戏，而那些只有一类、没有明确针对性的游戏，可能会被我们忽视。如民间游戏、打闹游戏等，就可能很容易被忽视。

（5）我们还可以从很多维度对游戏进行分类。比如，根据教师在游戏中的角色与地位，可以将游戏分成自主性游戏与教学性游戏；根据游戏发起的动机，可以将游戏分为目的性游戏和手段性游戏；根据游戏的发起主体，可以将游戏分为儿童发起的游戏和教师发起的游戏等。

（6）游戏分类是儿童游戏分类，还是幼儿园游戏分类？从目前游戏研究者所提供的分类来看，更多的是儿童游戏分类，而不是幼儿园游戏分类。前面提到的从游戏实践的角度进行的分类，更倾向于是幼儿园游戏分类。

简单地从某个维度对幼儿园游戏进行分类，无法满足幼儿园游戏实践的需求，也无法反映幼儿园游戏的丰富性与多样性。如果能够将游戏与教学看作一个连续体，不是去指出两个极端，而是指出中间的各种过渡状态，或许更是幼儿园游戏分类应有的。有研究者根据活动结构化程度的高低，尝试构建如图 1-1 这样的活动性质向度图。

儿童的自然发展　　　　　　　　　　　　　教师预定的教育任务
儿童的一般能力　　　　　　　　　　　　　学业知识和技能

无结构　　　低结构　　　　　高结构　　　　完全结构
游戏　　　　低结构化教学　　高结构化教学　完全结构化教学

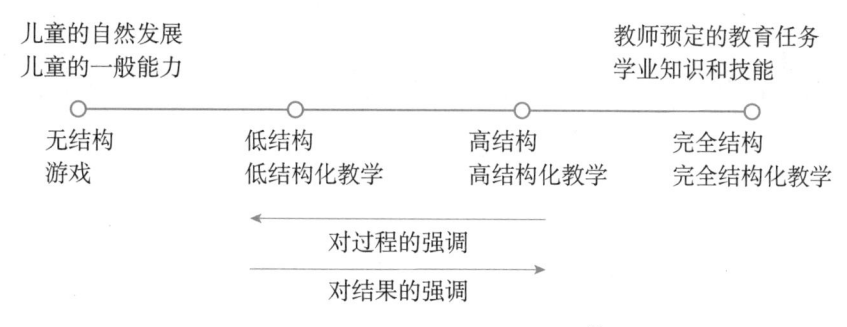

← 对过程的强调
对结果的强调 →

图 1-1　幼儿园活动性质向度图[①]

从左到右，随着活动结构化程度从无结构到低结构、高结构、完全结构，活动类型也从游戏到低结构化教学、高结构化教学、完全结构化教学。研究者强调，这是纯游戏与纯教学两个极端之间的连续体，各种活动，都能在这"两点一线"的连续体上找到相应的位置。然而，图 1-1 虽然相对较好地解释了纯游戏与纯教学的结合，并且更多地强调了教学，但是所展示的游戏类型不够丰富。

西方的一些研究者，从游戏与教师的教、学生的学的关系出发，更详细地讨论了不同类型游戏之间的关系，以期为游戏下一个更加丰富、多样的定义。在这种情况下的游戏，不再是一个单一的概念，而是一个由多种类型构成的一个系统，一个游戏的图谱[②]，如图 1-2 所示。

	自由游戏	引导的游戏	规则游戏	指派的游戏	游戏性教学	直接教学
发起	幼儿	成人	成人	幼儿	成人	成人
主导	幼儿	幼儿	幼儿	幼儿	成人	成人
外显目标	无	有	有	有	有	有

图 1-2　游戏图谱

构建游戏图谱的目的，不是要比较哪种游戏好、哪种游戏不好，而是要指出不同游戏之间的关系，幼儿园应该充分发挥不同游戏的价值与功能，发挥出"组合"优势。

[①] 朱家雄. 幼儿园课程 [M]. 2 版. 上海：华东师范大学出版社，2011：58.

[②] ZOSH J M, HIRSII-PASEK K, HOPKINS E J, et al. Accessing the Inaccessible: Redefining Play as a Spectrum [J]. Frontiers in Psychology, 2018 (9): 1-12.

第五节 关于游戏与教学、学习等其他概念关系的讨论

"游戏成为幼儿园基本活动的方式（本单元第六节）"，指出了游戏与幼儿园的关系。从发生学的角度来看，游戏早于幼儿园产生。幼儿园诞生之后，已有的各种经验被充分地利用，为幼儿园服务，也可以说，游戏进入了幼儿园之中。

那么，游戏进入幼儿园之后，就势必存在着游戏与幼儿园教育相关的诸概念的关系问题。本节将对这些问题做简要的分析与讨论。需要指出的是，这些概念，常常都有广义和狭义之分，这就增加了讨论这些关系时的复杂性。

为此，本单元在讨论这些关系时，更多的是指出各种观点，而不是给出答案。我们希望这是思考的开始，而不是结束。

一、游戏与学习

关于游戏与学习的关系，有如下三种观点，值得同学们关注、讨论。

观点一：游戏不是学习

这种观点认为，是游戏就不是学习，是学习就不是游戏，游戏与学习是对立的。持这种观点的人认为，游戏与学习是两种本质上不同的活动，游戏是一种消耗、浪费时间的活动，而学习是增长知识、能力的活动。中国传统文化是比较支持这种观点的。我们可以从很多日常用语中找到一些词语，不同程度地支持"游戏不是学习"的观点。比如，业精于勤荒于嬉，行成于思毁于随；君子无戏言；玩物丧志；莫当儿戏；游手好闲；耍把戏；游荡；戏弄；戏耍……

对于绝大多数的教育工作者和家长来说，很少有人会宣称自己完全持这种观点。但这种观点却以非常坚强的方式"活"在很多人的心中。不少人会首先承认游戏中有学习，但接着会加上"严格意义上讲……"这表明他们内心可能是将游戏和学习做出了严格的区分。"要学就学个踏实，要玩就玩个痛快"，成为不少人激励自己、

要求孩子的座右铭。

持这种观点的人，对学习的理解是比较狭义的，认为学习更多指的是获得一些既定的知识、技能的活动，是被规划好了的，且有意义和价值的活动，儿童应该去实践。而游戏会对学习产生负面影响，会消解学习、不利于学习。比如，当幼教工作者向小教工作者提出，小学低段应该有一个过渡期，小学低年级孩子应该适度采用游戏化的教学方式。一些小教工作者就不认同，他们坚持认为，教学中怎么可能还有游戏呢？游戏不影响孩子们的学习吗？

观点二：游戏就是学习

这种观点认为，游戏就是学习，特别是对儿童来说，游戏就是学习，甚至一定是学习。对儿童而言，游戏就是他们的学习方式，"玩中学"是显然的真理。

持这种观点的人认为，游戏中的学习具有非常突出的特点：一是学习目标是隐含的，隐含于游戏活动的过程之中。只要儿童积极、主动地投入游戏，这些目标就会得到实现。二是学习方式是潜移默化、不知不觉的。儿童常常是在没有压力、没有紧张、没有焦虑的过程中进行着学习。三是学习动力是内在的，是出于兴趣、爱好，是"我要做"，而非"要我做"。

持这种观点的人，对学习的理解是相对比较广义的。

观点三：有的游戏是学习

这种观点认为，有的游戏是学习，有的游戏不是学习；或者说，这样游戏是学习，那样游戏就不是学习；或者说，有的游戏学习多，有的游戏学习少；或者说，有的游戏学习效果好，有的游戏学习效果不好……有的游戏是学习，但并不是所有的游戏都是学习。

持这种观点的人认为，类似下棋、玩积木等游戏，更倾向于是学习，而玩沙、玩水等游戏，就不倾向于是学习；类似数学、语言、美工这样的学习性区角中的游戏是学习，而类似医院、商店、"娃娃家"这样的游戏性区角中的游戏，就不是学习；老师适时、适度介入得多，学习就多；老师介入得少、不介入，学习就少……

同学们，对于以上三种观点，你赞同哪一种？与跟你观点不同的人展开辩论。作为幼儿园教师，如果你班上有家长的观点与你的观点是不同的，你如何说服他们？你觉得还有第四种观点、第五种观点吗？是什么呢？

二、游戏与教学

关于游戏与教学的关系，有如下三种观点，值得同学们关注、讨论。

观点一：游戏是游戏，教学是教学

这种观点认为，游戏与教学是性质完全不相同的两类活动。游戏是儿童自主、自发展的活动，而教学则是教师组织、计划的活动。二者的发起者是不一样的，活动主体也是不一样的。如果一个活动是教学活动，那么这个活动不可能是游戏；如果一个活动是游戏，那么这个活动不可能是教学活动。游戏与教学分别处于两点一线的两个端点。

对于绝大多数的幼教工作者来说，很少有人会宣称自己完全持这种观点。但这种观点以及由这种观点产生的行为、做法，却是客观存在的。比如，将游戏作为与语言、数学并列的一门"课"安排进入课程表，或者将"游戏"作为教师休息、备课的时间。大多数的中小学教师、家长，事实上也可能持这种观点。

观点二：教学游戏化

这种观点认为，游戏与教学确实是不同的活动，但教学是可以利用游戏这种形式、手段的，或者说，游戏是教学的众多手段中的一种。教学游戏化，本质上是教学，只是这种教学不同于传统的教学，是游戏化了的教学。这种观点非常普遍地存在。人们常说的"寓教于乐"，就有教学游戏化之意。"教学游戏化"一词，常常容易与具体的学科领域相结合，如音乐教学游戏化、数学教学游戏化等。

教学游戏化不完全同于教学游戏，前者的本质是教学，后者的本质是游戏。教学游戏化，其同义词或近义词是游戏化教学、游戏性教学、游戏教学。

观点三：游戏教学化

这种观点认为，游戏应该教学化，以更充分地实现游戏的教学价值、对儿童发展的价值。游戏教学化，本质上是游戏，但教师会将游戏引向教学。游戏教学化至少有三种表现形式：一是在游戏过程中"教学化"。教师抓住游戏中出现的各种机会，及时对儿童进行教学（教育），类似于生活中的随机教育。这种情况可能存在教师过度介入游戏的问题，导致儿童并不认为这是游戏。二是教师将教学目的隐藏于游戏之中。这种活动，从儿童的角度看是游戏，从教师的角度看是教学。这种情况常常被称作教学游戏。教师在游戏过程中，并不过多介入游戏。三是在游戏结束之后，教师根据游戏中出现的一些问题、儿童感兴趣的话题等，开展相应的教学工作。这种教学是一种延迟的介入，从时间来看，游戏与教学发生在两个不同的时间段，但从内容和经验来看，游戏与教学是连续的。这也可以称为游戏生成教学。

游戏教学化不完全等同于游戏教学，前者本质是游戏，后者本质是教学。游戏教学化，其同义词或近义词是教学化游戏、教学性游戏、教学游戏。

中小学教育中特别是一些教育技术领域中的研究者，专门研究教学游戏。这些研究者关注的游戏更多的是"电子游戏""网络游戏"，这些游戏是具有教育潜能的，教学游戏就是要充分发挥这些学生非常喜欢的游戏的教育功能。

三、游戏与课程

关于游戏与课程的关系，有如下三种观点，值得同学们关注、讨论。

观点一：游戏就是课程

这种观点认为，游戏就是课程，游戏属于课程的内容。持这种观点的人持广义的课程观，将课程定义为各种活动或经验的总和。既然课程是各种活动或经验的总和，发生在幼儿园的游戏，当然是儿童所经历的活动、经验，那也就当然是幼儿园的课程。如果认为游戏不是幼儿园的课程，同理推断，如果认为生活（如吃喝拉撒睡等）不是课程，那么幼儿园的课程还余下什么呢？那就只有集体教学活动、上课。当将课程狭义地理解为一门课、一节课时，常常会不认为游戏、生活是课程。如，一所中小学不会将课间休息列入学校的课程建设、一所大学也不会建设自己的"厕所金课"。

每天给孩子10分钟、20分钟的游戏时间，与"游戏就是课程"并不矛盾。实际上，持"游戏就是课程"观点的人，在教育实践中的差异可能是非常大的。他们在对"游戏就是课程"的理解上，可能存在两种极端情况，即游戏是幼儿园的课程内容之一，但只占幼儿园课程内容的很小一部分；游戏就是幼儿园课程的全部，甚至幼儿园的课程就叫"游戏课程"。

除了从课程的内容之外，还可以从课程的实施角度来理解"游戏就是课程"。大多数的幼儿园，都会将游戏作为实施幼儿园课程的一种途径、方式。从这个意义上讲，游戏就是课程，游戏就是在实施课程。

观点二：游戏课程化

这种观点认为，游戏是幼儿园的基本活动。为了更好地保证游戏真正成为基本活动，不至于使重视游戏成为一个空洞的口号，怎么来落实、保障儿童的游戏权利呢？那就是将游戏课程化。游戏课程化可能有不同的表现形式。如，将游戏作为一门课程，列入幼儿园的课程计划。也可以通过课程化的方式，不断促进游戏的产生、发展。

游戏课程化的出发点是游戏，课程化是开展游戏的途径、方法。

观点三：课程游戏化

这种观点认为，幼儿园的课程是丰富多彩的。为了更好地保证课程的实施，不至于使课程落空或不符合幼儿的学习与发展的规律和特点，就将课程游戏化。课程游戏化有多种方式，如以游戏精神实施幼儿园课程、保证自主游戏、在课程实施的各环节渗透游戏等。

课程游戏化的出发点是课程，游戏化是幼儿园落实课程的途径和方法。

关于游戏与幼儿园教育相关概念的关系问题，有很多不同的甚至相反的观点，这些观点很容易让人陷入到概念丛林之中，甚至可能将同学们自认为清晰的思想搞糊涂。从根本上讲，这与游戏的丰富性、多样性、复杂性有关。当早于幼儿园而存在的游戏进入幼儿园这个教育机构之后，游戏会以多种方式存在于幼儿园。不同的研究者、不同的幼儿园、幼儿园教育的不同利益相关者，会从自己的角度，盲人摸象般地做出自己的观察、思考，也就出现了类似的情况、现象。

第六节 游戏成为幼儿园基本活动的方式

"幼儿园以游戏为基本活动"，是幼儿园教育的基本理念、基本原则。《幼儿园工作规程》《幼儿园教育指导纲要（试行）》《3—6岁儿童学习与发展指南》都对此有明确的规定。《中华人民共和国学前教育法草案（征求意见稿）》将游戏界定为儿童的一项权利。

如何理解"幼儿园以游戏为基本活动"这个命题？"基本活动"意味着什么？有研究者指出，基本活动包含着两个方面的含义：第一，是在一日生活中除满足基本生存需要的活动，如吃、喝、睡、排泄等之外，发生次数和所占时间最多的活动；第二，对人的生活或生长发展具有重要影响的活动[①]。

对基本活动的理解，不少人只关注第一个方面，即活动的发生次数和所占时间，并以此计算看某幼儿园是否做到以游戏为基本活动。"基本"有根本、主要的含义。比如，我们会说基本工资、基本矛盾、基本功。这些"基本"的含义，就是在强调根本、基础、重要，未必是多、长。"基本工资"未必是一个人工资中最多的那一部分。

幼儿园以游戏为基本活动，除了应该从游戏次数、时间角度来理解，更应该从

---

① 陈帼眉，刘焱. 学前教育新论 [M]. 北京：北京师范大学出版社，1996：156.

游戏在幼儿园教育工作的根本性、基础性、重要性的角度来理解。

那么，怎样使游戏活动成为幼儿园的基本活动呢？

一、牢固树立游戏权利的观念

游戏不仅仅是儿童的学习方式、儿童最喜欢的活动，更是儿童的基本权利。《儿童权利公约》的第 31 条具体指出，"缔约国确认儿童有权享有休息和闲暇，从事与儿童年龄相宜的游戏和娱乐活动，以及自由参加文化生活和艺术活动"。《中华人民共和国学前教育法草案（征求意见稿）》第 13 条指出，"国家保障学前儿童的受教育权"，且进一步指出，"对学前儿童的教育应当坚持儿童优先和儿童利益最大化原则，尊重儿童人格，保障学前儿童享有游戏、受到平等对待的权利"。

学前儿童享有游戏的权利

从权利的角度来理解游戏、理解幼儿园游戏，有着更高的站位、更深的根基。游戏不是幼儿园可有可无的活动，而是儿童应该享有的权利。作为成人的我们，不给儿童提供游戏的机会和条件，就是在侵犯儿童的权利。

幼儿园的所有工作人员，不仅仅是园长、老师，也包括保育员、保健医生、门卫、厨师等，都应该具有保护儿童游戏权利的意识和能力，共同营造一个对儿童友好、捍卫儿童童年的园所文化。"建立尊重幼儿游戏及其游戏权利的幼儿园文化，是抵制小学化倾向的最根本、最彻底的保证。只有在这样的幼儿园文化中，幼儿才能真正像幼儿一样地学习、成长，而不是在小学化、成人化的环境下学习、成长。"[①]

二、切实提供儿童自主游戏的条件

理论上、口头上重视游戏，实践上、行动上轻视和忽视游戏，已经成为一种在幼儿教育领域中普遍存在的"游戏困境"[②]。即使有以"安吉游戏"为代表，强调"放手游戏，发现儿童"的实践探索，但从总体上来看，我国幼教实践领域要真正做到以游戏为基本活动，仍必须增加儿童视角，给儿童自愿、自主、自由、自发的游戏机会。儿童拥有自主游戏机会，是游戏能够成为基本活动的基本。这不只是中国的问题，也是全世界儿童工作者都面临的问题。比如，美国学者也指出，"我们要避免使成人成为游戏的核心，我们必须努力从儿童的角度看待游戏"[③]。

---

① 李季湄. 幼儿教育学基础 [M]. 2 版. 北京：北京师范大学出版社，2017：298.
② 刘焱. 儿童游戏通论 [M]. 2 版. 北京：北京师范大学出版社，2008.
③ 约翰森，克里斯蒂，华德. 游戏、儿童发展与早期教育 [M]. 马柯，译. 南京：南京师范大学出版社，2013.

幼儿园应该尽一切可能，每天为儿童提供不少于一个小时的完全自主游戏的时间。没有时间的保证，一切都是空谈。在日复一日的幼儿园日程中，要做到每天都保证自主游戏时间，并不容易，这需要有坚定的信念，真正相信游戏、自主游戏的价值。特别是当遭遇一定的困难时，如家长不支持甚至反对开展游戏，或者天气原因无法开展户外活动，又或者六一儿童节来临要排演节目，还能不能保证这一小时的自主游戏时间？当因特殊的情况，今天一小时的自主游戏时间被占用，没有实现，明天是否会"补"上这一小时，就像中小学、大学的补课一样？

幼儿园应该尽一切可能，为儿童提供自主游戏的场地。如果没有相应的空间、场地，自主游戏就会受到影响。当然，每个幼儿园游戏场地都有差异，但尽可能为儿童提供游戏场地、提供方便儿童游戏的场地，首先是一种意识、态度、立场。有些幼儿园的空间规划，是以方便教师、管理为目的的，而不是以方便儿童的活动、儿童的游戏为目的的。

幼儿园应该尽一切可能，为儿童提供自主游戏的材料。虽然没有游戏材料，也可以有游戏，但材料毕竟极大程度地影响甚至制约着游戏的开展。这里的游戏材料，并非一定是向商家购买的玩具。这些材料如果可以移动、组合，并且具有多种功能，能够更好地支持儿童的自主游戏。

儿童有时间玩、有地方玩、有东西玩，这是幼儿园应该做到的，也是可以做到的。

三、充分满足儿童的游戏需要

儿童的游戏需要是多种多样的。幼儿园教师应该通过充分观察，读懂儿童的需求，满足、支持儿童的游戏需求。

儿童有玩不同类型游戏的需要。本单元第四节提到的以及没有提到的各种类型的游戏，儿童可能都是需要的。虽然在前文中，我们强调了自主游戏的重要性，要保证其时间、场地、材料，但这并不意味着幼儿园只有自主游戏这样一种类型。即使是自主游戏，我们也还可以继续将其划分出不同的类型。儿童既需要运动性的、认知性的游戏，也需要情感性的、交往性的游戏；既需要合作游戏，也需要独自游戏；既需要角色扮演游戏，也需要建筑游戏……

不同的儿童，常常有不同的游戏需要。从年龄来看，每个阶段的学前儿童，都有其不同的游戏需要。比如，2～3岁的儿童对规则游戏不太感兴趣，但5～6岁的儿童则对规则游戏的兴趣逐渐增加。从性别来看，男孩、女孩的游戏需要也是有差异的。大多数的男孩对运动类的游戏更感兴趣，女孩对装扮类的游戏更感兴趣。但这也并非绝对，甚至可能正好相反。不管是男孩还是女孩喜欢运动游戏或者装扮游戏，这都是某一个儿童的游戏需要。

即使是同一儿童，在不同的时候，其游戏需要也是有所不同的。比如，同一名儿童，因为生病连续住院一段时间，可能表现出扮演"医生""护士""病人"等角色的需要，以宣泄、处理负面情绪。一段时间之后，这种需要可能会减弱，而另外的游戏需要又会增加。

充分满足儿童的游戏需要，前提是了解儿童的游戏需要，了解每一儿童的游戏需要。这并不是一件容易的事情，但却是我们应该追逐、值得努力的事情。

四、非游戏活动游戏化

虽然游戏是幼儿园的基本活动，但在幼儿园里，是有很多非游戏活动的。这些非游戏活动，是可以在不同程度上游戏化的。

在幼儿园里，健康、语言、社会、科学、艺术五大领域，都存在着集体教学活动。这些集体教学活动，就不属于游戏，属于非游戏。而这些集体教学活动，是可以采用游戏化的方式来进行的。游戏教学，就具有将教学活动游戏化的特点。但游戏教学并不是非游戏活动游戏化的全部。

除了教学活动，幼儿园儿童的来园、离园、进餐、如厕、午休、散步、参观、看电影、过节日等活动，都不是典型的游戏活动，但都可以游戏化。比如，有的幼儿园就将"六一儿童节"转变为"六一游戏节"，将节日活动游戏化。

非游戏活动游戏化，有着不同的呈现形态。有的是整个活动都游戏化，有的是部分游戏化，有的则可能是在某一具体点上游戏化。比如，在活动开始时用游戏吸引儿童兴趣，在活动结束后用游戏进行巩固练习，在活动过程中用游戏突破难点，就属于在某一具体点上游戏化。

五、把游戏精神渗透到幼儿园教育之中

从可观察指标的角度来看，被称作游戏的活动在幼儿园作息制度中被制度化地列出，时间在加长、次数在增多，各种被称作优秀的游戏活动案例、故事层出不穷。在游戏繁荣的现象背后，却是游戏精神的衰落。幼儿园教育中存在反游戏精神现象和游戏精神衰落现象。知识和规范教学将游戏驱逐出了教育的领域，商业利益殖民了游戏的乐园，电子玩具控制了儿童的身体和心灵[①]。幼儿园教育中存在着"教育

---

① 黄进. 论儿童游戏中游戏精神的衰落 [J]. 中国教育学刊, 2003 (9)：28-31.

目的的外在性""教育中幼儿的被动性""教育的重复性和封闭性"以及"教育中体验的虚假性"等反游戏精神的现象[1]。

游戏精神是一种思想、理念，是幼儿园教育工作者应该去体验、体悟的。那些充分体现游戏特点的活动、人、单位，就是具有游戏精神的。更进一步，我们可以用游戏性的指标，反观游戏精神。比如，自由、有趣、好玩、幽默等。游戏精神是对儿童主体性的强调。

幼儿园教育的方方面面，都应该有游戏精神。不仅仅是幼儿园的课程、教学、生活，幼儿园的环境、场地，还包括幼儿园的管理、科研、教研、后勤、家长工作、同事关系等。当一所幼儿园教育工作中处处渗透着游戏精神，游戏、游戏精神成为幼儿园的特色、文化，那么，这所幼儿园就是在很好地践行着幼儿园以游戏为基本活动的理念。

幼儿园教育充满游戏精神，与非游戏活动游戏化，有所不同。后者倾向于局部性、方法性的，而前者倾向于全面性、思想性的。

⊙ 单元小结

本单元主要介绍了学前儿童游戏的基础知识，为接下来单元的学习奠定知识基础。相对而言，本单元知识点较多，涉及的理论也比较多，同学们应该不断梳理这些知识点，逐渐形成自己关于游戏的知识框架。

本单元的六节内容，可以沿着"是什么""为什么""怎么做""要注意什么"这样的思路来做一个大致的梳理。

"是什么"。游戏、学前儿童游戏是什么（第一节）？哪些符合游戏特点的活动才可以称作游戏（第二节）？其中应特别关注"一个儿童眼中的游戏"这个话题，除了因为这个话题新之外，更重要的是儿童才是游戏的主体。

"为什么"。即为什么要如此强调游戏？游戏究竟有什么意义、有什么作用？这是第三节的内容。

"怎么做"。即幼儿园怎么才能做到以游戏为基本活动？这是第六节的内容。

"要注意什么"。即在学习学前儿童游戏的基础知识、在贯彻幼儿园以游戏为基本活动的理念过程中，要注意处理好游戏与其他概念、活动之间的关系。要对游戏进行分类，以便我们更好理解游戏，但也不能将游戏分割成不相关联的一些游戏。

---

[1] 黄进. 游戏精神的缺失：幼儿园教育中的反游戏精神批判［J］. 南京师大学报（社会科学版），2003（6）：76－83.

⊙ 拓展阅读

［1］刘焱．儿童游戏通论［M］．2版．北京：北京师范大学出版社，2008．（第三章第一节、第三节，第四章，第七章第一节）

［2］刘焱．儿童游戏的当代理论与研究［M］．成都：四川教育出版社，1988．（第二章，第四章，第六章，第七章第一节、第二节）

［3］华爱华．幼儿游戏理论［M］．上海：上海教育出版社，1998．

［4］约翰森，克里斯蒂，华德．游戏、儿童发展与早期教育［M］．马柯，译．南京：南京师范大学出版社，2013．（序言、前言、第一章）

⊙ 巩固与练习

一、名词解释

1. 游戏
2. 游戏性

二、简答题

1. 简述学前儿童游戏的特点有哪些。
2. 简述游戏对学前儿童发展有哪些价值。

三、论述题

1. 论述幼儿园为什么要以游戏为基本活动。
2. 论述幼儿园如何实现以游戏为基本活动。

四、案例分析

PB幼儿园是一所由教育局新建的公办幼儿园，地处县城的城乡接合部。在充分分析了全县幼儿园的实际情况之后，幼儿园决定以积木游戏为幼儿园的办园特色，并成功申报了市级课题。市级游戏教研现场也放在了PB幼儿园，办园成效初显。但是，园长感觉到有两个方面的问题非常棘手：一是老师比较年轻。老师也相信游戏对儿童是有意义和价值的，但是总感觉游戏中的学习太慢了，不如直接教的效果好。而且，在集体教学中老师做什么、不做什么相对比较明确，但在游戏中，老师有点儿不知道自己该做什么、怎么做。比如，老师都知道要观察儿童，但怎么观察呢？常常有点儿没有抓手。二是家长不认可。家长没有直接表达不满意，然而能看得出来他们对幼儿园的硬件很满意，但对幼儿园的教育内容，特别是常常搞游戏，他们是有意见的。园长通过调研，了解了家长的想法，家长没有直接表达，是因为他们进这个幼儿园很不容易。家长觉得，幼儿园什么都好，就是一天到晚都在玩，儿童学的知识太少了。

如果你是这所幼儿园的园长，你会怎么办？

五、实践题

1. 从多角度调研一个幼儿园实践"幼儿园以游戏为基本活动"的实际情况，指出两点做得最好的、两点有待改进的。

2. 观察、访谈 5 名幼儿，了解他们眼中的游戏是什么样的。

第二单元 教师观察与指导游戏的策略

导 言

在同一个幼儿园、同一个班级、同一个时段的不同游戏场地上，幼儿在自主开展游戏。

A幼儿，手拿一块长条形积木，在随后的20分钟里这块积木一直未离开他的手。他一直是一个人在玩耍，没有固定的地点、伙伴，至少5次想加入其他同伴的游戏之中，但都被拒绝。他自己一个人采用很有创意的办法，将一些玩具从一个地方运到另一个地方。可能是感觉无聊，他开始去抢别人的玩具。

B幼儿，采用将空筒套在手臂上的方式，将这些空筒从一个地方运到另一个地方，并将它们不断垒高，小空筒放在里边，大空筒放在外边。幼儿取空筒的时间比搭建的时间可能会略微多一些，因为B幼儿只考虑用自己的手臂进行运输，没有考虑其他方式（如使用筐子运送空筒）。B幼儿曾经尝试采用多种方法把这些空筒"串"过去，包括采用不同的排列组合，交替使用左右手臂等。

当儿童在游戏的时候，教师应该扮演什么样的角色？儿童在游戏过程中需要教师指导吗？如果教师进行了指导，那么活动还是游戏吗？如果教师不指导，那么幼儿园的游戏与幼儿园之外的游戏有什么区别？幼儿园、幼儿园教师的独特价值如何体现？这些棘手的问题，正是本单元极力想要解决的。

☆ 学习目标

1. 了解《幼儿园教师专业标准（试行）》等政策、文件中对游戏中幼儿园教师的角色的规定。

2. 树立基于观察、指导游戏的基本理念，并能在遇到一定的困难、挑战时也能较好地贯彻执行。

3. 掌握观察游戏、指导游戏的基本策略与方法，并能在实践中加以运用。

思维导图

教师观察与指导游戏的策略
- 教师在儿童游戏中的作用
  - 《幼儿园教师专业标准（试行）》中相关规定解读
  - 幼儿园教师在游戏中的三种角色
- 游戏观察的策略与方法
  - 游戏观察的基本过程
  - 游戏观察素养
  - 游戏观察素养提升路径
  - 案例："安吉游戏"与发现儿童
- 游戏指导的基本原则与基本方法
  - 游戏指导的基本原则
  - 游戏指导的基本方法

儿童的游戏需要指导吗？如果是考试，同学们可能会毫不犹豫地回答"需要"。对这个问题的回答，远远不止于"需要""不需要""有时需要、有时不需要""该需要的时候需要"这些答案本身，还关乎我们究竟如何理解游戏、幼儿园游戏。

如前所述，幼教工作者常常用自愿、自主、自由、自发、自选等以"自"开头的词语描述儿童游戏的特征。在游戏中，完全由儿童"自己"游戏，我们当然要思考教师的作用问题。"儿童是游戏高手""儿童在游戏中高出平时一头""儿童在游戏中自己创造了自己的最近发展区"，我们当然要思考教师能否指导、儿童是否需要成人的指导等问题。

著名教育心理学家奥苏贝尔曾说，"如果我不得不把教育心理学的所有内容简约成一条原理的话，我会说：影响学习的最重要的因素是学生已知的内容。弄清了这一点后，进行相应的教学"[1]。在本单元，笔者正是要与各位同学一起来讨论这样一个问题：弄清楚儿童的游戏，在此基础上对游戏进行指导。关于游戏指导，我们面临以下几个突出问题：一是教师只管指导，根本没去"弄清楚"儿童的游戏，甚至不愿意弄清楚，没有做出这样的努力。二是教师"弄了"，但没有"弄清楚"，不管随后指导还是不指导，其出发点就有问题。三是教师"弄清楚"了，但指导不是相应的。

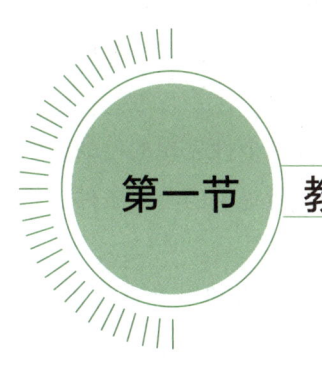

第一节　教师在儿童游戏中的作用

一、《幼儿园教师专业标准（试行）》中相关规定解读

《幼儿园教师专业标准（试行）》是国家对幼儿园教师规格和质量要求的集中体现。《幼儿园教师专业标准（试行）》从专业理念与师德、专业知识、专业能力三个

---

[1]　施良方. 学习论——学习心理学的理论与原理［M］. 北京：人民教育出版社，1994：232.

方面，对幼儿园教师应该达到的要求进行了规定。在"专业能力"中，有一条是专门针对幼儿园教师在儿童游戏中的作用的，那就是"游戏活动的支持与引导"能力。

幼儿园教师专业标准（试行）

（一）提供游戏条件

《幼儿园教师专业标准（试行）》指出，幼儿园教师应"提供符合幼儿兴趣需要、年龄特点和发展目标的游戏条件"。游戏条件是游戏开展的前提。不具有条件，游戏就不能或难以发生。时间、空间、材料等就是游戏条件。

1. 提供的游戏条件应符合幼儿的兴趣、需要

幼儿园教师提供的时间、空间、材料等游戏条件，是否符合幼儿的兴趣、需要，是可以通过观察幼儿的言行进行判断的。比如，如果某个幼儿总是选择这个空间、这种材料，那么教师所提供的游戏条件就符合幼儿的兴趣、需要。在某个区域或使用某种材料的幼儿总是比较多，需要排队，这也说明游戏条件符合幼儿的兴趣、需要。

总体而言，幼儿更需要相对长一点儿的游戏时间。有些幼儿园一天中的游戏时间不少，但每次游戏的时间比较短，幼儿开展游戏不久就要结束，总是玩得不尽兴。幼儿更需要空间、场地，材料是可变的、可控的。有些幼儿园游戏的区角限制得非常严格（如这里只能玩建构），材料不能跨区域使用，这也不符合幼儿游戏的兴趣、需要。幼儿园常见的"小吃一条街"、沙池等区域好玩儿但不能去，这些都属于幼儿园教师提供的游戏条件不符合幼儿的兴趣、需要的表现。

幼儿的兴趣、需要，可能存在一些共性特征，但也是具有个性表现的。幼儿园教师应该结合本地区、本班、本班幼儿的具体情况，来分析所提供的游戏条件是否符合幼儿的兴趣、需要。

判断的办法，不只是简单地询问幼儿"你喜欢……吗？"或机械地计算次数、人数。比如，有教师在幼儿游戏的现场，问某幼儿"你喜欢这个（角色）吗？""那明天你还是玩这个（角色），好吗？"幼儿急忙回答"不不不……"你能从这些对话中判断出幼儿的兴趣、需要吗？再比如，有教师提供了一些新材料，在游戏快结束时，教师说"我要把这些材料拿走，以后你们不能玩"，幼儿强烈反对。你能从幼儿的反应中，判断出幼儿的兴趣、需要吗？

2. 提供的游戏条件应符合幼儿的年龄特点

低年龄的幼儿都非常喜欢游戏，这种行为有共性，但也有一定的年龄特点，体现出一定的年龄规律。较小的婴幼儿（3岁以下），更喜欢亲子游戏。随着年龄的增

长，幼儿所喜欢的游戏开始从以父母为伙伴的亲子游戏，发展为以同龄人为伙伴的游戏。从独自游戏、平行游戏转变为联合游戏、合作游戏。在幼儿阶段，角色扮演游戏、建构游戏是主要形式，但在 5~6 岁，幼儿对规则游戏的兴趣变得浓厚起来。

幼儿园提供的游戏条件应符合幼儿的年龄特点，其实质是要掌握幼儿游戏发展变化的规律和特点。

3. 提供的游戏条件应符合发展目标

幼儿园提供的游戏条件应符合发展目标，是指要符合国家颁发的《3—6 岁儿童学习与发展指南》《幼儿园教育指导纲要（试行）》等政策、文件中提出的对儿童发展的期待、目标。比如，《3—6 岁儿童学习与发展指南》指出要重视学习品质的培养，幼儿园所提供的游戏条件就应尽可能地帮助儿童在游戏中养成积极主动、认真专注等良好的学习品质。

幼儿园所提供的游戏条件，有可能不符合此点。比如，幼儿只是消极、被动地按教师的要求、规定进行游戏，就不利于幼儿积极主动品质的培养。幼儿园设置的一些图书阅读区的座位，就不利于幼儿认真、专注品质的形成。一些幼儿园选择区角的规则是"谁先坐好，谁就先选"，玩玩具、材料的规则是"谁先拿到，谁就先玩"。幼儿园教师的这些做法，是否符合幼儿的发展目标，都值得我们讨论、思考。更有甚者，一些幼儿园游戏中出现行贿、受贿、抢劫、赌博（如幼儿用扑克牌玩斗地主）、封建迷信（如"哭死人"游戏）等现象，这与国家倡导的幼儿的发展目标是背道而驰的。

（二）支持、引发和促进幼儿的游戏

《幼儿园教师专业标准（试行）》指出，幼儿园教师应该"充分利用与合理设计游戏活动空间，提供丰富、适宜的游戏材料，支持、引发和促进幼儿的游戏"。支持、引发和促进幼儿的游戏，是幼儿园教师在游戏方面的专业能力的重要内容。

1. 对"支持、引发和促进幼儿的游戏"的理解

幼儿园教师在发现幼儿已经在进行游戏，或发现幼儿的游戏愿望、游戏兴趣时，应为幼儿提供支持。游戏中的想法、点子完全是幼儿的，教师只是提供支持。比如，幼儿想将水管里的水引到沙池里，教师的任务是允许、支持这一想法。

幼儿园教师也可以根据班级的实际情况，引发幼儿的游戏。教师可以通过平行游戏、建议、示范等多种方式，引发幼儿的游戏。教师引发游戏，既可能是教师发起游戏，幼儿参与或进而接管游戏，也可能是幼儿发起游戏，教师进而引导游戏。

幼儿园教师可以在游戏难以开展或幼儿面临不同的选择时，给予支持，从而促

进游戏的发展。如果教师不给予支持，那么游戏就可能终结或走向一个不好的价值取向。比如，前面提到的"哭死人"游戏，幼儿确实是在反映他前几天经历的农村丧礼的经验，但教师如果以"全国最有名的医生"的身份加入游戏，将"哭死人"的行为转为抢救病人、救死扶伤，那么就改变了游戏的价值取向。

2. 支持、引发和促进幼儿游戏的办法之一：空间的利用和设计

幼儿园教师是通过对空间的利用和设计，实现支持、引发和促进幼儿游戏的。空间是游戏的条件之一，教师通过对空间的利用和设计，能够间接地实现教育目的。

对于幼儿园的空间，重要的是充分利用的问题。有些幼儿园教师过于强调设计，却没有利用已有的空间、资源。幼儿园教师应做一个有心人，充分利用幼儿园已有的空间，包括室内、户外，也包括一些过渡性的空间。幼儿园教师一旦有这种意识，创造力就是无穷的。

对于幼儿园的空间，教师当然需要合理地设计、规划。好的空间，本身就能支持、引发和促进幼儿游戏，本身就具有教育性。

3. 支持、引发和促进幼儿游戏的办法之二：材料的提供

幼儿园教师也可以通过材料的提供，实现支持、引发和促进幼儿游戏的目的。但是在提供材料时，教师应该注意以下两点。

一是要提供丰富的材料。如果没有材料，那么显然不利于幼儿的游戏；如果材料不丰富，也会对游戏产生消极影响。比如，如果积木数量不够，那么幼儿想搭一座很大、很高的积木塔，就无法实现。

二是要提供适宜的材料。如果材料只是丰富，但不适宜，那么就不能很好地支持、引发和促进幼儿的游戏。材料的适宜，主要体现在材料与儿童的适宜、环境的适宜、游戏的适宜等。

（三）帮助幼儿充分体验游戏的快乐和满足

《幼儿园教师专业标准（试行）》指出，幼儿园教师应该"鼓励幼儿自主选择游戏内容、伙伴和材料，支持幼儿主动地、创造性地开展游戏，充分体验游戏的快乐和满足"。其核心是幼儿园教师应帮助幼儿充分体验游戏的快乐和满足。《幼儿园教师专业标准（试行）》将此目标放在身体、认知等发展性目标之前，极力引导幼儿园教师更全面地看待游戏的价值，而不是功利地将"发展"作为追求的目标。

1. 幼儿在游戏中的真正体验极大地影响着游戏价值的实现

只有当幼儿首先体验到游戏的快乐、满足，体验到游戏的有趣时，其他的价值才是有根基的。正如有关研究者所指出的，游戏是"无为而为""无用之用"。表面

上看游戏只是娱乐、有趣，实则是其"用"之基础。

2. 幼儿体验快乐和满足的办法之一：自主

当幼儿能够在游戏中有越多的自主时，就能更多地体验到快乐和满足。从幼儿的视角来看，他们更倾向于希望教师不在游戏的现场，因为这样他们就能够自主地进行游戏。自主，意味着幼儿能够自己做主、自己选择，既包括自主选择游戏的内容、伙伴、材料，还包括自主选择游戏的时间、地点，以及游戏的开始、进行与结束。

3. 幼儿体验快乐和满足的办法之二：主动

与自主相比，主动更强调主体的态度、倾向。幼儿未必能够把游戏开展得很好（特别是成人眼中的好），但他们有参与游戏的态度、倾向，愿意开展游戏。当幼儿有很强的主动性时，其快乐和满足的体验也是强烈的。

4. 幼儿体验快乐和满足的办法之三：创造

当幼儿能够创造性地开展游戏时，其体验到的快乐和满足是非常强烈的。从幼儿的视角来看，他们常常会出其不意地开展他们的游戏。在游戏中，他们非常活跃，时常琢磨出很多好主意，诞生精彩的观念。这些好主意、精彩的观念对其他人（特别是成人）来说，或许并不够完美、创新，但对幼儿个人来说是创新的。

（四）引导幼儿在游戏活动中获得身体、认知、语言和社会性等多方面的发展

这里所讲的游戏，毕竟是发生在幼儿园里的游戏；这里所讲的教师，毕竟是幼儿园的教师。幼儿园是一个教育机构，是国民教育体系的起始阶段，是基础教育的重要组成部分。幼儿园承担着促进幼儿身体、认知、语言和社会性等多全面、协调发展的任务。因此，幼儿园教师理应承担责任，引导幼儿在游戏活动中获得生动、主动的发展。

二、幼儿园教师在游戏中的三种角色

面对幼儿的游戏，教师一方面必须尊重幼儿的游戏意愿与兴趣，尊重幼儿的自主性和自由选择、想象、创造的权利，保证不干涉、不干扰、不破坏幼儿的自主游戏，另一方面又必须提高幼儿游戏的质量，引导幼儿在游戏中更好地学习与发展。为了在二者之间保持平衡，教师必须正确定位自己的角色。幼儿园教师不应该是主宰者、控制者、指挥者、命令者，而应当是幼儿游戏的支持者、合作者、引导者[①]。

---

① 李季湄. 幼儿教育学基础[M]. 2版. 北京：北京师范大学出版社，2017：301.

（一）支持者

以积极态度对待幼儿提出的游戏想法、意图（比如，想玩什么、怎么玩、在哪里玩、和谁玩、什么时间玩）等。以积极的态度对待幼儿，意味着教师更多地肯定幼儿的想法，而不是否定幼儿的想法。

创设有吸引力的游戏环境。比如，教师创设出好玩儿、可玩、有挑战性的环境。有些幼儿园的滑梯非常低矮，对儿童完全没有挑战性，甚至让人感觉有点儿幼稚，这对儿童就没有吸引力。对儿童来说，他们总是想去"玩一玩""试一试"的环境就是有吸引力的。

提供丰富的游戏材料。游戏材料的类型应该是丰富的，不应该只有一种类型，比如，只有角色游戏类材料，或只有锻炼幼儿小肌肉的游戏材料。游戏材料的难易程度也应是丰富的，不应该只有一种难易程度。游戏材料的玩法也应该是丰富的、多种多样的。游戏材料应该是低结构的、未完成的。

以多种方式吸引儿童加入游戏、维持游戏。有些游戏一开始并不吸引儿童，儿童需要加入游戏之中才能感受到游戏的乐趣，越玩越好玩儿。这就需要教师以示范、展示游戏的过程等多种方式，吸引儿童的参与。同时，游戏过程中，儿童可能会面临各种问题、困难、失败，从而选择放弃游戏，这也需要教师调整规则、增加新的元素等，以维持游戏的进行。

（二）合作者

以游戏伙伴的身份参加幼儿游戏。这是常见的一种方式，也就是幼儿园教师扮演其中的一个角色，参加游戏，促进游戏向深度发展。比如，幼儿园教师扮演顾客到"理发店"理发，扮演病人到"医院"看病，扮演顾客到"商店"买东西等。教师在扮演的过程中，可以提出一些合理的要求，促进游戏发展。

与幼儿共同商议、沟通游戏的有关事宜。如教师与幼儿商量、沟通游戏的主题、内容、形式、方式等。

与幼儿一起分享游戏。游戏结束后，教师应与幼儿一起分享游戏，可以是在游戏现场进行分享，也可以回到教室后进行分享，可以在幼儿绘画（画自己玩了什么）的基础上进行分享，也可以通过让幼儿观看教师拍摄的照片、视频等进行分享。

（三）引导者

观察游戏、捕捉信息、判断介入时机与方式。引导，常常意味着直接或间接的介入。为了使介入成为一种真正的互动，而不是干扰，教师应该基于观察做出适宜的判断。

以适宜的方式引导游戏的持续、扩展与深入。教师对游戏的引导，可以是在游戏过程之中，也可以是在游戏之后，或者在游戏之前。比如，教师可以在游戏之后，与幼儿进行交流、讨论、小结，起到引导的作用；教师也可以在游戏之前，提前做一些介绍、讲解，这同样也可以起到引导的作用；当然，教师还可以在游戏过程之中进行引导，不过，这时教师就应特别注意不要让引导成为干扰。

通过多种方式帮助幼儿学习与发展。这些学习与发展包括但不限于形成概念、发展思维、升华经验、提高认知、促进交往、丰富表现等。多种方式包括但不限于有目的地提供材料、在游戏中进行点拨、进行个别对话、游戏结束后进行总结等。

参与调解游戏中发生的问题。当游戏中发生问题，特别是幼儿与幼儿之间发生了纠纷，幼儿无法独立解决时，教师可参与调解，协助解决问题，保障游戏的顺利进行。

为幼儿自己解决问题搭建平台、建立沟通渠道、提供技能与方法。当幼儿出现问题时，教师不要首先想着自己直接解决，而是提供给幼儿自己解决问题的机会。比如，有的幼儿园教师在教室里设置了一张"和平谈判桌"，幼儿之间若发生纠纷，就到这里进行"和平谈判"。

提升、丰富幼儿的游戏技能与方法（如角色的商议与分配、材料的使用、角色扮演等）。玩游戏是有方法、策略的，教师可以组织大家来讨论这些策略和方法，让幼儿意识到方法与策略的存在，进而反思，使他们越玩越会玩、越玩越聪明。

和平谈判桌

丹麦幼教工作者利用幼儿园教师与幼儿的位置关系，即在幼儿的后面、旁边、前面，来形象地比喻幼儿园教师的作用。

支持者，表示教师站在幼儿的后面。这时的教师，更多的是默默无闻地看着幼儿游戏，提供一些隐性的，幼儿可能不知道、没有看到的帮助、支持，就像是一个幕后工作者。

合作者，表示教师站在幼儿的旁边。这时的教师，更多的是幼儿游戏的伙伴，是与幼儿完全平等的游戏中的一员，是游戏的参与者。请注意，这时的教师是真正的平等的参与者，而不是高高在上的假装的参与者。

引导者，表示教师站在幼儿的前面。这时的教师，更多的是在引导幼儿，甚至是在教幼儿。

幼儿园教师的这三种角色，各有侧重、相关联系。教师如何扮演好自己的这三种角色，既是技术，更是艺术，充满着教育的智慧。在游戏发展的不同阶段，对不同的幼儿，甚至可能是同一天、同一幼儿在游戏中的不同时间段，教师都可能扮演不同的角色。最终的目的，都是为了幼儿更好地学习与发展。

第二节 游戏观察的策略与方法

教师充分发挥在游戏中的支持者、合作者、引导者的作用，必须基于对儿童游戏的充分了解。了解儿童的游戏，需要观察儿童的游戏。

观察是每个人甚至其他动物都会有的行为，在日常生活中大量存在。观察也是一种非常专业的行为，不管是自然科学研究还是人文社会科学研究，都很大地依赖于观察这种研究方法。日常观察与专业观察，既有差异，也有联系。

观察常与评价相联系。人们对"评价"一词的不同理解，也会在一定程度上影响对观察的理解。比如，有人常常会将"评价"理解为评出优劣、高低、好坏等测量行为，因而与评价相连的观察就常常成为量表、工具的代名词。也有研究者认为，评价应"着眼于教师通过儿童外在表现去推断其内部的所感所思、遭遇的困难和解困的直觉智慧，发现他们探索周遭世界的成长力量及取得的点滴进展。进行这种评价的目的，是发现儿童相对于过去的成长，思考教师自己适合以什么方式发挥作用，协助儿童继续成长"[1]。与这种评价相连的观察，常常更强调用心体验儿童、发现儿童。

游戏观察仅仅是看吗？

一、游戏观察的基本过程

教师对儿童的游戏进行观察，其基本过程是：观察儿童，在观察期间或稍后采用多种方法对观察到的内容进行记录，然后对观察、记录的内容进行整理、分析（评价），将观察记录的结果（评价的结果）运用

游戏观察的基本过程

---

[1] 郭良菁. 社会认知视野中的儿童观察评价[M]. 南京：南京师范大学出版社，2020.

到游戏活动之中,并在游戏活动中再次开启观察、记录,由此形成一个游戏观察的不断循环过程。如图2-1所示。

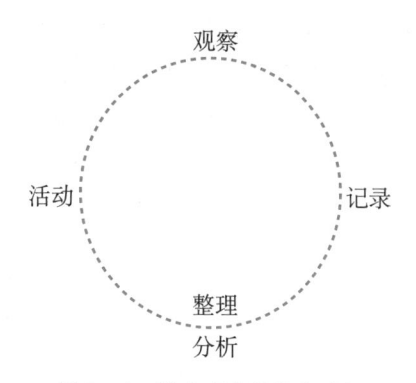

图 2-1　游戏观察的基本过程

下面逐一对此过程进行简要介绍。由于观察和记录常常是一个同时进行、密切配合的环节,所以二者合并进行介绍。

(一) 观察与记录

这里的观察,是指有意识地观看和倾听儿童,以了解儿童的游戏。观察不只是"看",还包括其他获得信息的感知觉形式。观察是有意识的,意味着对儿童游戏的观察,不是随便地看看,而是幼儿园教师有目的、有计划的专业行为。观察的目的是了解儿童、了解儿童的游戏,而不只是评判儿童游戏的优劣、高低。

记录是对儿童游戏的观察进行记录,记录的方式多种多样,既有定量取向的,也有定性取向的。常见的记录方式有逸事记录、检核表登记、作品取样、视频录制等,对于这些方式我们很容易在其他与儿童有关的课程中学到、看到,这里不做具体阐释。

在对儿童游戏进行观察、记录时,有如下一些内容特别值得强调。

1. 观察与记录是相互影响的

观察与记录是密切关联的两个过程,有时这两个过程是分开的,而有时这两个过程是交叉甚至完全重复的。记录是对观察的记录,没有观察到的内容,也就意味着无法被记录。但记录又常常不是对观察的内容全部记录,记录本身就有一定的选择性。记录什么、怎么记录等与记录有关的要求,也会反过来影响、要求观察。

2. 记录应及时

如果不及时进行记录,那么常常可能出现没有记录、错误记录或漏记的问题。

我们都有这样的经验,通过回忆进行的补记,常常掺杂着记录者部分的主观感受。

如何理解及时?是边看边记吗?看多久、记多久呢?比如,如果一个游戏活动的时间是60分钟,如何操作算是边看边记?是每看10分钟或1分钟或1秒钟,就进行记录吗?频繁地进行记录(如每看5秒钟就进行记录),是否会影响观察?教师为了及时记录,而无法完整地观察儿童的游戏,不能整体地理解儿童的游戏,会出现这样的情况吗?

看后即记,也就是在观察了一个较为完整的事件之后,立即进行记录。这个完整的事件,可能是一个完整的游戏,也可能是一个游戏片段,也可能是游戏中的一次行为、一个情节、一次互动。

补记。在有些时候,幼儿园教师并不具备边看边记、看后即记的条件,只能事后补记。如果补记,也应及时补记。补记的时间越晚,其客观性越弱。

3. 理论知识会影响记录

在儿童游戏观察中,常常会出现这样的情形,即两个教师,观察同一游戏,结果两人"看到"和"记录"的内容有很大的差异。这与观察者头脑中已有的知识、经验相关。观察者往往根据他们头脑中已有的知识、经验,记录那些他们认为重要的、有价值的东西。由此可以看出,幼儿园教师进行理论学习多么重要。如果一位幼儿教师认为,幼儿之间发生冲突是没有价值的,是应该避免的,那么,就很难看到游戏中的纠纷、冲突及其意义和价值。

4. 记录应尽可能客观

教师对儿童游戏进行观察、记录时,应尽可能客观。客观,意味着观察、记录指向儿童所发生的实际言行,而不是主观推断。对记录的客观性的理解,要注意把握如下几点。

第一,不是说观察者不能判断,而是强调在观察、记录时不要过快进行判断。因为过快的判断,反过来会影响观察、记录。比如,当教师对这个儿童做出"多动"的判断之后,往往看不到这个儿童是什么时候或在什么情景下活动、活动了多少次、活动了多久、"不动"的情况是如何的等。

第二,不是说不能判断,而是说要区分客观记录和主观判断,不应该用主观判断代替客观记录。如果游戏观察与记录里充斥着主观判断,而且主观判断占较大的比例,这就不是游戏观察与记录,而是游戏随想录。

第三,对于新手或者作为一种专业训练,观察者尤其应该将客观记录与主观判断做出区分。当这样的练习次数增多了,他们就完全可以将观察、记录、分析、评价等综合在一起,在同一时间段内(如10秒钟)完成客观记录和主观判断。事实上，我们也无法让一位观察者没有任何主观性地进行观察和记录。

⊙ 学习活动

下面我们列举一些记录案例，请判断在同一组案例中，哪一个更倾向于是客观记录、哪一个更倾向于是主观判断？请用记录中的文字作为证据来加以解释。

第一组：

A：阳阳模仿"娃娃家"里的爸爸。她在玩具炉子上搅拌锅里的豆子，然后假装用奶瓶喂娃娃，用毯子盖住摇篮里的娃娃。这样的活动一共进行了8分钟。

B：阳阳喜欢模仿"娃娃家"里忙忙碌碌的爸爸。阳阳的性格随和，似乎对学习新事物很有耐心。她可以长时间地活动。

第二组：

A：小芳是个慢性子。家长志愿者来到教室里，为孩子们读书，和孩子们一起坐在地板上。小芳不想靠近这位家长志愿者。

B：小芳对不熟悉的成人（家长志愿者）到教室为孩子们读书的反应如下：她通常坐在距离图书和读书的人很近的地方（前三天都是如此），但是今天她坐在距离读书的人很远的地方，是所有儿童中距离读书的人最远的，这个地方距离我（观察者）很近。

第三组：

A：园园、琼琼、婷婷在表演区，三个人非常活跃，都喜欢探索他们的环境。他们乐于合作，喜欢游戏和探索，但最喜欢的是用衣服进行装扮、表演。

B：表演区：园园、琼琼、婷婷在尝试琢磨表演区的各种道具，特别是装扮用的衣服。大部分时间里他们都在表演区，反复尝试如何穿上那些服装。他们谈论怎样穿衣服去参加宴会，他们还尝试穿上裙子、高跟鞋、背心，戴上领结，然后三个人轮流照了照镜子。在这个过程中他们没有发生冲突。他们一共玩了15分钟。

（二）整理与分析

对观察、记录到的资料进行整理与分析，是赋予资料意义的过程。如果不进行整理与分析，这些资料很快就会堆积如山，并成为幼儿园教师沉重的负担。

从本质上讲，整理与分析是具有主观性的，是在做出判断，是在进行评价。但这些判断、评价，必须是基于观察、记录所得到的证据。这也正是前面提到的"观察—记录—整理与分析—活动"圆环的精髓所在。

整理与分析意味着对观察、记录所得到的资料进行归类、解释，就像质性研究中所讲的编码。分门别类是整理资料、推进认识的一个重要手段。当我们说"我要整理一下我的房间"时，意味着要把房间里的东西进行归类，把那些没有用的东西扔了，把经常用的东西归在一起，诸如此类。当我们说要对从观察、记录到的儿童游戏中得到的观察、记录资料进行分类时，是可以从不同的维度进行的。比如，将同一儿童开展的游戏归在一起，甚至对同一儿童的不同类型的游戏进行归类，如分为独自游戏、平行游戏、合作游戏。再比如，教师将班级里同一游戏区域的游戏、材料等归在一起，看看是否能够找得出规律，如什么区域、材料最受欢迎？又比如，教师将同一游戏行为在不同时间上的表现归在一起，尝试发现儿童在游戏中的变与不变。

整理与分析绝不能只停留在分类上，还需要更进一步。从这些资料中，能得出一些结论、假设吗？为什么会这样？如何解释这一现象或困难、问题？儿童的这些游戏行为意味着什么？儿童在游戏中是否有发展、变化？是否应该有发展、变化但实际上没有？

关于整理与分析，有如下要点值得讨论。

第一，整理与分析就是在评价，在做价值判断。这种价值判断是基于证据（观察、记录）之上的判断、决定。

第二，整理与分析所得结论是暂时性的。整理与分析的过程，实际上是做出假设，是基于观察、记录、猜测，提出可能性的过程。结论是暂时性的，而非终结性的。这也体现出观察、记录、整理、分析是一个持续性的活动，而非一次性的、偶然性的活动。

（三）活动

观察儿童游戏的目的是什么？目的是教师能够更好地理解儿童的游戏行为，更好地促进儿童的游戏活动。因此，观察、记录、整理、分析所得到的结果（假设），最终都应该运用到活动之中，进一步证实或证伪这些假设，或者做出一定的调整，或者坚持原来的做法、方向。"游戏活动"在儿童游戏观察中是一个非常重要的、承上启下的环节。

从本质上讲，"游戏活动"是指儿童游戏对观察与评价结果的运用。如果观察与评价的结果无法运用、不被运用，那么这样的观察与评价，目的是什么呢？在当前的幼儿园实践中，存在着要求教师每天做多少次记录、写多少页纸的现象，就可能存在形式主义、加重教师工作负担的问题。

对儿童游戏进行"观察—记录—整理与分析—活动"的这一循环往复过程，可以用医生给病人看病做类比。医生给病人看病，首先要向病人了解一些信息、对病人做一些检查，不管是中医的望闻问切，还是西医的查血、验尿、拍片，都是在通过"观察"获得信息。这些信息及其过程，当然是被记录下来了的，可能是被记录在纸上，现今也可能是被记录在计算机里。那些出自检验科的各种化验报告，既是一些记录，也具有一定的结果性质。医生在这些信息、证据的基础上，会综合判断病人的身体是哪个部位出了问题，是什么病，这相当于"整理""分析"。在此基础上，医生会开出药方，指出下一步如何行动，病人会接受治疗，这相当于"活动"。一段时间之后，病人会再次到医院，重复以上过程。如果病情好转，说明医生的判断是正确的，病人要继续坚持治疗，直至痊愈；如果病情没有好转甚至进一步恶化，那么医生就要判断是否要做出调整。

（四）其他

以上是对儿童游戏进行观察的基本过程。在这一过程的基础上，还有其他需要注意、坚持的方面。

第一，观察的持续性。从上面介绍的观察的循环过程就可以看出，对儿童的游戏进行观察，绝非进行一次、两次就可以的，而是一个不会结束，应该持续进行的活动。观察也不是在某个特殊的时间进行的（比如开学观察一次、学期结束观察一次），而应该伴随教育的全过程。儿童是不断发展变化的，儿童的游戏也总是处在不断发展之中，观察也应该用发展的眼光。持续性的观察，还有利于随着时间的推移进行对比，由此看到儿童游戏的发展变化。教师可以有目的地在一些时间点观察儿童游戏的进展，比如，儿童用积木搭高楼，一开始是怎么样的，过程中经历了哪些阶段，等等。

第二，同事合作。一个班级、一个幼儿园是一个整体；儿童的游戏，也是一个整体。同事之间只有进行合作，才会形成合力，这就像拉车一样，需要形成合力而非力量之间相互抵消。实际上，不同的人，会看到儿童游戏的不同侧面，可以提供不同的信息，从而帮助我们更加全面地认识、理解儿童的游戏。不同的人，可能会对同一游戏材料、同一游戏行为、同一儿童的游戏，进行不同的理解、分析，这对我们来说也是非常有启发的。这里的同事，并不只是指一个班的教师，还包括班级的保育员，以及幼儿园的保安、厨师、医生、行政人员等。

第三，家长参与。家长是幼儿园的同盟、"友军"，而不是"敌军"，家长应该参与到对儿童游戏的观察当中来。一方面，家长可以提供诸多幼儿园无法关注、不太注意的各种信息。比如，刚进小班的幼儿，常常被教师认为游戏水平不高，不太会玩儿，但这些孩子进入幼儿园之前在家里可能已经展现出各种高水平的游戏过程，他们是会玩儿的。另一方面，家长参与观察—记录—整理与分析—活动的过程，本身就是家长成长的过程。家长参与观察、评价，与学期末短时间集中向家长展示孩子的成长相比，在帮助家长了解孩子上显然有着更佳的效果。

二、游戏观察素养

幼儿园教师对游戏进行观察，并不是一件简单、容易的事情。幼儿园教师的游戏观察涉及幼儿园教师的素养。这种素养是指幼儿园教师在幼儿园里开展游戏活动、支持引导儿童游戏时所需要的态度、知识、方法、能力的集合。为便于理解和实践，借鉴 PCK（Pedagogical Content Knowledge，学科教学知识）研究的框架，将幼儿园教师的游戏观察素养具体界定为，幼儿园教师关于游戏的知识（what），关于游戏中儿童的知识（who）和关于指导儿童游戏的方法的知识（how）的交集部分。

对于幼儿园教师的游戏观察素养的理解和实践，我们应该注意以下几点。

（一）游戏观察素养是一种综合素养

根据人们对游戏观察素养的理解，可以画出幼儿园教师的游戏观察素养图（见图 2-2）。在图 2-2 中，我们可以清楚地看到，游戏观察素养不是其中某一部分，只有三个部分的交集才是真正的游戏观察素养。单独某一部分的增加，并不构成游戏观察素养的提升。

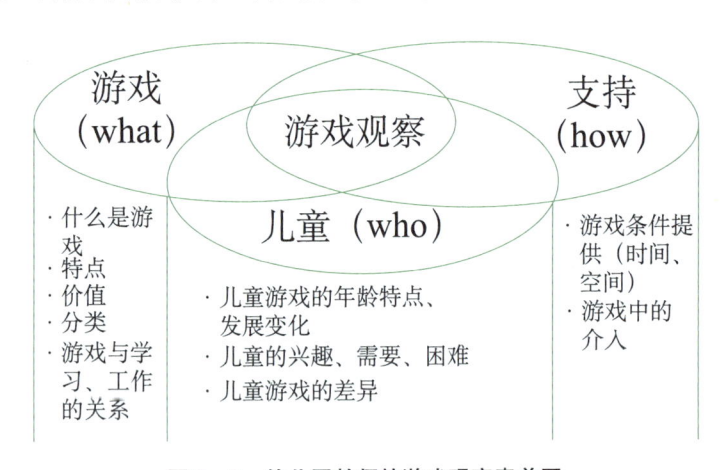

幼儿园教师游戏素养的结构模型与培养路径

图 2-2　幼儿园教师的游戏观察素养图

下面我们对游戏观察素养图中的一些情况加以解释说明。

游戏素养很高的人。这类人有着非常丰富的游戏知识，可能阅读了非常多的游戏方面的文献。比如，对游戏知识学习非常认真的本科生、研究生，或者在大学里讲授游戏课程的教师，他们的游戏理论知识丰富，但对儿童具体怎么游戏、具体如何指导游戏不甚了解。这样的人可能很会做纸笔考试，也能写出不错的与游戏相关的文章，但不太会"看"游戏或者不会"看"具体的某一游戏。如果参与教研，他们仍然只讲游戏知识，而不是结合实际案例讲游戏。

儿童素养和支持素养都比较高的人。这样的人很懂游戏中的儿童和儿童的游戏，在具体如何支持儿童游戏方面也有经验，但所具备的游戏知识欠缺，不能用专业语言对儿童游戏进行解释与说明。比如，一些经验很丰富、很懂儿童的教师，他们可能学历不高，不太能够写出能获奖的或者能在杂志上发表的所谓"好文章"。但他们具有实践智慧，在一些具体实践问题出现时，有一套行之有效的办法。

儿童素养和游戏素养都比较高的人。这样的人具备充足的游戏理论知识，对游戏中儿童的心理也很了解，但在具体如何开展游戏、如何为儿童提供帮助方面，不太有办法。比如，一些经常到游戏现场观摩、参与游戏教研的研究生、大学教师，他们能够写出质量非常好的文章，所讲述的案例分析也都很吸引人，但在具体怎么做上，虽然能够罗列出各种可能，对各种可能都进行分析，却似乎常常是"马后炮"或"见风使舵"。

这里只是尝试性地列举出一些情况，同学们可以自己去分析。比如，"儿童素养""支持素养"单独一方面比较强的具体表现是什么？能举出实际生活中一个这样的幼儿园教师的例子吗？"游戏素养＋支持素养""儿童素养＋支持素养"都比较强的人，又有何具体表现？能举出一个这样的幼儿园教师的例子吗？

当然，最理想的是"游戏素养""儿童素养""支持素养"三者都比较强，严格意义上说，这是指三者的交集比较大的人。这样的幼儿园教师，具有极高的游戏观察素养，能够真正看懂儿童，看懂儿童的游戏和儿童的游戏需求。

（二）游戏观察素养与其他素养是紧密交织在一起的

游戏观察素养是幼儿园教师众多素养中的一种，与其他素养有区别，但更是紧密关联的，是相互影响的。

首先，游戏观察素养是游戏素养的一部分。游戏素养是幼儿园教师的核心专业素养之一，是教师关于游戏的态度、知识、能力相互联系与作用而形成的一种高级、复杂、综合的心理结构。幼儿园教师的游戏素养，可以进一步划分为游戏观察素养、游戏支持素养等。在本单元的第一节中，我们讨论了幼儿园教师游戏指导的基本思想，也应基于对游戏的观察进行指导。

其次，游戏观察素养是观察素养的一部分。幼儿园教师的观察素养，也可以称作理解儿童、评价儿童、读懂儿童的素养。游戏是幼儿园的基本活动，除了自主、自发的游戏之外，其他活动常常也是游戏化的，或者是通过游戏的方式进行的。显然，游戏观察素养，是观察素养的重要组成部分。

《幼儿园教师专业标准（试行）》指出了环境创设与利用、一日生活的组织与保育、教育活动的计划与实施、激励与评价、沟通与合作、反思与发展等专业能力，这些专业能力也可理解为幼儿园教师的基本素养。游戏观察素养，与这些素养（能力）无一不是相互联系在一起的。比如，环境创设需要观察、了解儿童，创设出来的环境效果如何、是否受欢迎、多大程度被利用等，也需要对儿童进行观察。而这些"环境"，大多是幼儿园对各种游戏材料的提供。幼儿园教师所要做的，首先就是"弄懂"，而幼儿园又以游戏为基本活动，因此幼儿园教师具有游戏观察这种基本素养非常必要。

三、游戏观察素养提升路径

（一）做好观察计划

对游戏观察进行计划、准备，有利于学前教育工作者更加有目的地工作。强调计划，并不意味着没有计划，就不能进行观察。幼儿园教师对游戏的观察，既包括根据计划进行的观察，即预设的观察，也包括无计划的、偶发的观察，即生成的、随机性的观察。通过提前做好关于定期和非定期收集信息的相关安排，幼儿园教师可以完成像游戏观察这样看似非常艰巨的任务。在做自己不太熟悉、不太擅长的任务时，常常需要制订详细的计划，并且尽可能落到纸上。这样做，一开始相对比较耗时，但熟练之后往往比较轻松。这就是在提升自己的素养。

做好游戏观察计划，需要回答如下一些问题。

观察谁？一个班里的所有游戏中的儿童，都应该是被观察的对象。但在一个具体的时间里，教师不可能观察所有的儿童。这就需要有一定的计划，以便在一定时间范围内（一周或者一个月），观察完所有的儿童，应避免出现只观察部分儿童的现象。

游戏观察需要有计划吗？

观察什么游戏？幼儿园的游戏有多种类型，不同类型的游戏都应该观察。这也就需要做好计划，避免出现有的游戏被观察得多、有的游戏被观察得少，甚至有的游戏没有被观察的现象。

通过什么样的方式进行观察？这通常是与记录方式联系在一起的。比如，是采用逸事记录的方式，还是使用登记检核表的方式？是采用拍照片的方式，还是采用录视频的方式？是采用定量的方式，还是采用定性的方式？对不同的方式，观察者都应提前做好准备。

观察的计划与准备

何时观察？儿童在一天中不同的时间都可以游戏，观察者要计划好在什么时间进行观察。上午的游戏、下午的游戏，甚至一些不被称作游戏时间里的（如在过渡环节的、卫生间里的、午睡时的）游戏，是有差异的。

谁观察？ 班里两个教师之间如何分工、合作？保育员可以在游戏观察中有所贡献吗？实习教师可以做些什么？幼儿园里的其他工作人员可以进行游戏观察吗？

◎ 学习活动

假设明天上午有半天时间，观察者要对一个班级的游戏进行观察。请制订一个观察计划。如果这个班级是自己的班级，那么根据自己前期已有的经验，制订计划；如果不是自己的班级，那么尝试向这个班级的教师进行询问，以使自己制订的计划更有针对性。

如果有可能，实施自己的观察计划，然后反思自己的观察计划是否可行？计划哪些地方制订得好？哪些地方制订得不好，需要改进？

（二）实践、反思

要提升学前教育工作者的游戏观察素养，实践是重要的途径。很难想象，一位幼儿园教师不实实在在地对游戏进行观察，就能提升游戏观察素养。只有在大量的实践中，才有提升游戏观察素养的可能。

如果只是不断实践，但缺乏对实践的有效反思，其素养提升就会非常慢，甚至没有提升。反思意味着教师在观察结束之后，有机会反过来思考，思考自己的得与失、经验与教训。我们常常很容易讲出"反思"一词，将"反思"挂在嘴边，但真正要进行反思，特别是高质量地反思，并不是一件容易的事情。

要进行反思，条件之一是反思者要对发生过的事情有着清楚的记忆，否则反思就可能会出现偏差。将自己进行游戏观察的实践过程通过视频的方式记录下来，然后重温视频，是促进自己反思的非常重要的一个手段。随着智能手机拍录视频功能越来越强大，利用人人都有的智能手机，帮助教师进行游戏观察，帮助教师对游戏观察实践进行反思，就变得越来越便利、有效。

要进行反思，另外一个方法就是同学之间可以对游戏观察进行对话、交流、质疑。A 同学可以对 B 同学的游戏观察提出自己的意见和建议，这些意见和建议，既可以促进 B 同学对游戏观察的反思，也有利于 A 同学对游戏观察的理解。

◎ 学习活动

将手机等录像设备安放在一个合适的位置，可以录下自己的大多数的观察行为，或请同学拍摄自己的观察行为。观看录像，反思自己的观察行为。

（三）教研中成长

教研是提升教师游戏观察素养的一个重要途径。作为幼儿园教师，应积极参加教研活动，在教研中认真、积极地进行游戏观察，发表自己的意见和看法，倾听他人的观点。幼儿园应该精心设计一些指向游戏观察的教研活动，提升教研的质量。

教研质量提升的一个非常重要的方面是要聚焦，而非各说各的。在游戏观察中，常常会出现 A 教师观察的游戏与 B 教师观察的游戏是不一样的。因此，当 B 教师在介绍自己的游戏观察记录时，对 A 教师的启发意义就不够大。作为教师，可以有目的地选择一些在游戏观察上比较有经验、水平比较高的教师，与她（他）观察同一游戏、同一儿童，或同一游戏材料、同一游戏场所。从幼儿园行政管理的角度，教师也可以设计一些可以聚焦、相互有启发的教研活动。比如，可以是同一组（两人或多人）观察同一游戏，甚至是观察同一区域、同一材料或同一儿童，观察之后相互交流、讨论。

⊙ 学习活动

两位同学一组，观察同一名儿童的游戏。如果是实地观察，两位同学在进班 5 分钟之内要确定观察哪一名儿童。确定观察对象之后，两位同学自主观察，不做交流。观察结束之后，两位同学先整理自己的笔记，然后分别讲述自己的观察与记录，听讲述的人尽量不打断别人、不发表评论。两位同学分别找出自己和对方观察与记录的相同之处和不同之处，各自阐明自己的想法。

（四）学习知识（游戏知识、儿童知识）

素养的提升，离不开知识的学习。只有用理论知识武装自己，各种具体的"术"才是有根基的，才是长远的。

幼儿园教师应该利用各种机会，丰富自己关于游戏、幼儿园游戏的各种知识。这些知识的丰富，会使自己的观察更有目的性、更加深刻。比如，有个幼儿园在开展积木游戏的过程中，给教师提供了很多观察积木游戏的机会，教师愿意观察但观察不到具体的内容。后来幼儿园通过鼓励教师读书、开展讲座等多种方式，丰富了教师的积木知识（比如，积木的类型，针对不同类型积木可以有的积木行为、价值、阶段等），这样教师就能"看到"更多内容。

幼儿园教师应该利用各种机会，丰富自己关于儿童的知识。只有当教师关于儿童的知识、儿童发展的知识丰富了，才能够更好地看到学前儿童的学习与发展；否则，就可能出现即使儿童在游戏中有了学习和发展，教师也会出现"视而不见"的现象。对于幼儿园教师来说，学习《3—6岁儿童学习与发展指南》是丰富自己儿童知识的一种快捷手段。

⊙ 学习活动

你能"背"出《3—6岁儿童学习与发展指南》中描述幼儿学习与发展的五大领域、每个领域的子领域以及每个子领域的具体目标吗？两个同学之间相互考一考。

四、案例："安吉游戏"与发现儿童[①]

"安吉游戏"以其独特的魅力，从不同的角度、层面影响着中国乃至世界的学前教育。在"安吉游戏"中，幼儿园教师对游戏的观察是其中的一个方面。

反映"安吉游戏"的《放手游戏 发现儿童》[②]一书，书名就向我们展示其主要思想之一：通过放手游戏，我们可以发现儿童。此书的第三章，题目为"放手、观察与发现"，就是在集中阐述"安吉游戏"中的老师们在儿童游戏观察上的思想与做法。

> **小贴士**
>
> ◆ 放手与介入
>
> 最大程度地放手。教师将游戏权利完全归还给儿童，由儿童决定游戏。这就需要教师理解儿童行为背后的真实意图，避免教师的主观意志干扰儿童游戏。
>
> 最小程度地介入。放手并非放任、放纵，并非完全不介入，而是最小程度地介入。当儿童在冒险和面对挑战时，教师应靠近儿童。注意，是靠近而不是立即介入。当有明确的危险即将发生、难度大的游戏难以持续进行、儿童主动询问、有矛盾与冲突时，教师是可以介入的，但应一直遵循"最小程度"地介入的原则。
>
> ◆ 观察与发现
>
> 观察的三种样态：定区域观察，定个人或小组观察，定材料观察。

[①] 鄢超云. "安吉游戏"与发现儿童 [J]. 幼儿教育，2021（28）：29-31.
[②] 程学琴. 放手游戏 发现儿童 [M]. 上海：华东师范大学出版社，2017.

> 发现儿童会做什么：儿童会在游戏中处于喜悦与投入的状态，儿童会自如地转换游戏类型，儿童会创造性地使用材料，儿童会进行自我保护，儿童会自我调整游戏难度，儿童会对游戏进行表征和反思。
> 资料来源：程学琴. 放手游戏 发现儿童［M］. 上海：华东师范大学出版社，2017.（第三章）

在了解、学习"安吉游戏"的过程中，不少教师都对"闭上嘴、管住手"印象深刻，却常常忽略在"闭上嘴、管住手"的后面还有"睁大眼、竖起耳"。"闭上嘴、管住手"是放手让儿童游戏、让游戏成为游戏（真游戏），"睁大眼、竖起耳"是对儿童进行观察与解读，是发现儿童。只"放手游戏"而不发现儿童，就不是真正的放手，而是放任。只有"放手游戏"和发现儿童，才能更好地支持儿童。笔者认为，发现儿童是"安吉游戏"的精髓之一，是"安吉游戏"贡献的实践智慧。

（一）为什么要发现儿童

儿童是幼儿园一切教育工作的逻辑起点。幼儿园的一切工作，都应基于儿童、指向儿童、为了儿童。教师对儿童、对儿童是怎么学习的、对自己应该怎么去为儿童的学习提供支持了解得越多，儿童就会发展得越好。任何工作都是以了解工作对象为前提的，就像农民必须熟悉、了解自己所种的庄稼（其实还包括土地、气候等），了解它们的生长规律、特点和喜好。

"安吉游戏"中的发现儿童，至少有两个方面的意义：一是发现游戏中的儿童和儿童的游戏，有利于进一步开展好游戏。这是"发现儿童"对于游戏开展的意义。二是游戏的特殊性，"安吉游戏"非常有利于教师在游戏中发现儿童学习与发展的规律、特点，有利于教师做好幼儿园的所有工作。这是"发现儿童"对于办好幼儿园教育的意义。

"安吉游戏"中的发现儿童，不是为了完成上级规定的每周写几个案例的任务，而是为了随后活动的开展、为了儿童更好地发展。在儿童开展"安吉游戏"的过程中，教师最重要的任务是做好观察和倾听工作（用眼睛看、用耳朵听，即"睁大眼、竖起耳"）。"安吉游戏"中的教师充分利用手机拍照片、视频的方式进行记录，在不同的时间对观察、记录的资料进行整理、分析。这三个环节，可能是分开的（特别是对新教师、初学者），也可能是整合的、同时进行的。这三个环节，都是在发现儿童。随后，教师会运用这些发现，或者说，教师会在发现过程中进行同步思考：儿童的这些言行意味着什么？在随后的活动中，教师可以做点儿什么？应该做点儿什么？所以，我们可以看到，教师所拍的照片或视频出现在儿童的交流、讨论之中，而不是只出现在各种上交的案例、对外宣传手册中。

在当前的幼儿园教育领域，"儿童观察与评价"是一个常常被提及但又常常被误解、异化的话题，比如，教师极力回避评价，或以建立完整的指标体系、以科学地掌握量表和工具为目的。"安吉游戏"中的教师不是在各种量表中打钩，而是要读懂儿童，走进儿童的内心世界。"着眼于教师通过儿童外在表现去推断其内部的所感所思、遭遇的困难和解困的直觉智慧，发现他们探索周遭世界的成长力量及取得的点滴进展。进行这种评价的目的是发现儿童相对于过去的成长，思考教师自己适合以什么方式发挥作用，协助儿童继续成长。"①

（二）为什么能够发现儿童

发现儿童并不是一件容易的事情。"安吉游戏"中的教师能够发现儿童，秘诀在于"放手游戏"，而"放手游戏"的背后，是对儿童的信任，是正确的儿童观。

"放手游戏"能够"发现儿童"，主要表现在以下两个方面。

一是因为"放手游戏"让儿童有机会展现他们的世界，提供给成人充分发现儿童的机会。成人在与儿童打交道的过程中，常常出现低估儿童能力的现象。而低估的原因就是作为成人的我们没有提供给儿童表现的机会，而且判断他们不具有某种能力。有的幼儿园常常把孩子禁锢在教室里，却抱怨孩子的上肢力量不足；有的教师常常用"请管好自己的小嘴巴"要求孩子，却抱怨孩子的语言表达能力不强；有的教师不提供给孩子自由、自主活动的机会，却抱怨孩子的想象力、创造力不足……笔者曾多次参与和体验"安吉游戏"，既更好地理解了"安吉游戏"、"安吉游戏"的五个关键词（爱、冒险、喜悦、投入、反思），"安吉游戏"中的儿童，也更好地发现了自己。

二是因为"放手游戏"让教师有了更多的时间和精力来观察、解读儿童，使得"发现儿童"成为可能。由于工作任务重，幼儿园教师常常忽视了最重要、最应该做的事情。"安吉游戏"倡导"放手游戏"，不仅解放了儿童，让儿童可以真正地游戏，而且解放了教师，将教师从繁重的材料制作、计划撰写中解放出来，将教师从各种指导压力中解放出来。制作材料、创设环境的压力自不必说，单是游戏中"介入还是不介入""什么时候介入""以什么方式介入"等问题，就可以让教师左右为难。接待参观者时，有的教师甚至形成自己的、不合理的游戏"介入理论"，如根据专家的风格、观点而调整自己的"介入"策略……幼儿园教师若是想着去迎合专

---

① 郭良菁. 社会认知视野中的儿童观察评价［M］. 南京：南京师范大学出版社，2020.

家和领导的喜好，是不可能真正发现儿童的。

（三）怎样发现儿童

"安吉游戏"中的教师讲，他们就像人类学家一样观察儿童。人类学家精于开展田野调查、参与式观察，他们常常"混迹"于所要研究的对象群体之中，将自己作为研究工具，全身心地体验与观察，与研究对象充分接触。人类学家的观察与心理学家的观察有所不同，后者常常是设计好表格、下好操作性定义的，儿童的每个言行都被观察者快速地评出等级，被分好类别、贴上标签，他们是"客观的观察者"。而人类学家更倾向于将观察视作一个与被观察者相互理解的过程，他们往往不急于做出判断，或者将自己的分析、解读视作暂时性的有待进一步验证的假设。他们理解被观察者的感受、需要，常常设身处地、移情式地观察对方，是"动情的观察者"。与人类学家依赖自己的观察，发现他所处的部落、社会一样，幼儿园教师依赖自己的观察，发现儿童的世界。

世界上并不存在一种灵丹妙药可以帮助我们一下子就发现儿童。"发现儿童"是一个持续不断的过程，是没有终点的。"安吉游戏"至少从两个方面展现出这种持续性：一是一天活动的持续性，比如，室外游戏之后，儿童回到室内开展的活动是与室外活动相关的，儿童绘画自己这一天玩了什么，讨论游戏中的问题，等等；二是一段时间活动的持续性，同一个班级的儿童在同一个游戏区域持续玩一段时间（如一个月），今天的游戏与昨天的游戏是有联系的。正是这种活动的持续性，给了教师持续观察儿童、了解儿童、发现儿童的机会。在"安吉游戏"的分享环节，我们常常听到儿童、教师说"昨天""上次""以前"，这就是这种持续性的有力证明。每个儿童都有其思想、知识、技能发展的成长史，因此，在"安吉游戏"中，教师还像一个历史学家一样发现儿童。

幼儿园里的"发现儿童"，并不是教师单打独斗的过程，而是需要幼儿园所有教育工作者分工合作、紧密配合，大家一起发现儿童。这里的"一起"，不仅指教师在观察儿童游戏、指导儿童记录游戏故事时需要分工（比如，你指导这些孩子，我指导那些孩子），而且指大家一起研究儿童、解读儿童。"安吉游戏"中的教师围绕如"游戏材料需要按年龄段投放吗？"等问题，在每周五下午进行幼儿园集体教研或进行地区性的游戏解读、点评等，这些都是大家一起"发现儿童"的很好经验。

"安吉游戏"中的教师是在观察、记录儿童游戏的过程中发现儿童的。很多大学教师、幼教教研员在讲"儿童观察与评价"这一内容时，都会强调客观性，避免教师的主观性，强调不要因为自身的前见、偏见影响了观察本身，这是有道理的，特别是对于新教师、初学者而言。在练习观察时，我们确实应该严格区分我看

（听）到的和我想到的，区分客观事实和主观判断。但是，如果机械地将观察、记录的客观性理解为当幼儿游戏时教师只能看和听，不能思考、分析，似乎如果边看边想就犯了错误，这就值得讨论了。将观察、记录、分析割裂，也会加重教师的工作负担。"安吉游戏"中教师的观察经过了初级阶段，他们很好地运用自己对儿童已有经验的了解，观察儿童可能获得什么新经验，他们不仅在观察的同时进行图像记录（拍照片、视频），而且会思考：儿童可能在经历着什么？今天收获的经验与昨天有何关系？明天可能会怎么样？他们不只是客观地拍下照片、视频，也在思考：自己可能会怎么使用这些照片、视频？儿童看到这些照片和视频时可能会有什么反应？

"安吉游戏"中的教师头脑中都有三张地图：第一张是儿童发展地图，具体体现为如《3—6岁儿童学习与发展指南》中的儿童发展知识、对儿童发展的期待；第二张是班级儿童发展地图，意味着教师对班级中每个儿童都了如指掌；第三张是资源地图，意味着教师对儿童游戏的区域以及整个幼儿园范围内哪里有什么、会发生什么、可以发生什么、可能发生什么，心中有数。这些地图不是由某位专家画好送到教师手里的，而是教师自己画且不断完善的，既是一个从粗略到精准、从局部到整体的过程，也是一个"发现儿童"的过程。

（四）发现了什么样的儿童

"安吉游戏"中的教师发现，"放手游戏"后，儿童会在游戏中呈现出喜悦与投入的状态，会自如地转换游戏类型，会创造性地使用材料，会进行自我保护，会自我调整游戏难度，会对游戏进行表征和反思等，这些都非常精彩。在本书中，笔者想从另外的角度谈一些看法。

发现了儿童的能力。在学前教育中，存在着既高估儿童又低估儿童的现象。"高估"集中表现为迫切的"小学化"、各种提前和超前现象，这不是本书要讨论的内容。而"低估"集中表现为成人对儿童的不信任、包办代替。当我们真正了解儿童自己的视角时，我们就会发现儿童的朴素理论、精彩观念，就会发现儿童的能力。我们一边说"游戏是儿童的天性"，另一边却又常常提出"如何培养儿童游戏的兴趣"这样的问题。在"安吉游戏"中，我们听到、看到的更多的是"儿童是游戏高手"，他们自己在创造游戏、推进游戏，也在改变游戏、终止游戏。如果出现"儿童对游戏不感兴趣"这样的问题，我们首先应该反思"为什么儿童对游戏不感兴趣"。

发现了儿童的差异。儿童有共性，也有个性。教师不能固守一个笼统的、书本上的、别人嘴里的、他人笔下的儿童。在我们今天的幼教实践中，儿童常常被模式化、模糊化，这非常不好。每个生成活动（课程）都是从"有一天，一个儿童……"

开始的，教师对自己"这样做"的解释常常是"因为儿童感兴趣"，对自己"不这样做"的解释常常是出于安全考虑或听从家长的要求。成功的案例常常是因为教师的一句话、一个眼神、一个动作或向家长询问、上网查资料，而失败的案例常常是因为家长不配合、父母离异、隔代教养……而在"安吉游戏"中，我们看到了具体的儿童，每个儿童都有着他自己的动作、玩法、思想。

"安吉游戏"中教师与儿童的"一对一"非常多。除了在游戏过程中教师对每个儿童进行观察之外，教师还有非常多的与每个儿童"一对一"地相处的时间。单就教师对儿童语言的记录而言，每天就至少有两次，第一次是儿童早上来幼儿园后在观察、绘画之后的讲述，教师会记录下来；第二次是儿童游戏之后对自己所画的游戏故事的讲述，教师会记录下来。这样的"一对一"，有利于教师发现每个儿童的特点、发现每个儿童的不一样，这是非常了不起的。上海的特级教师赵赫在20世纪80年代就要求自己每天必须跟班上的每个孩子一对一地说上一句话。今天，我亲眼看到，"安吉游戏"中的教师每天都与每个孩子互动，中、大班的每位教师在一个星期内至少消耗一支签字笔。有人曾建议，为什么不用现代化手段对儿童讲的话进行语音识别？在实际教学中，教师飞快地记下儿童讲的每句话、每个词时，那期待的眼神、会心的微笑和一句"然后呢"所带给儿童心灵成长的力量，是人机对话永远无法代替的。

看到大家一眼就能看到的、看到大家都能看到的，这是基本的、合格的，而看到那些不太容易看到的、看到那些大多数人看不到的，这是优秀的、超越的。

第三节 游戏指导的基本原则与基本方法

一、游戏指导的基本原则

（一）基于观察

在游戏中，教师进行指导是必要的。但指导必须基于对儿童游戏的观察、分析、解读，而不是完全按教师自己的想法进行指导。

基于观察的指导，才可能是具体的、有针对性的，是儿童在游戏进程中所需要的，这样也才可能使得指导与儿童的游戏经验之间是连续的。但是在游戏实践中，幼儿园教师对游戏的指导，常常是违背这一原则的。教师更倾向于从成人的角度，根据自己的理解甚至教育目标、发展期望，直接地进行"告诉式"的指导。这样的指导，效果并不好，甚至有时会适得其反，好心办坏事。

幼儿园教师在指导儿童游戏前，首先应该想办法搞清楚儿童在干什么。这是一种意识，应深深地流淌于我们的血液当中。

（二）不干扰

在游戏中，教师的指导是必要的。但指导必须以不干扰儿童的游戏进行为基本原则。教师是在指导儿童的游戏，而不是干扰、替代、接管儿童的游戏。

由于儿童视角与成人视角之间存在不一致，一些成人自认为很有道理的指导，对儿童而言可能是实实在在的干扰。在幼儿园实践中经常可以看到，一个游戏没有成人指导，仍然进行得比较顺利，一旦成人开始指导，游戏可能就终止了。这就像大学生聊天聊得很起劲儿，教师刚一过来想要加入聊天，学生们就结束了聊天。

实际上，幼儿园教师的指导、介入本身，对儿童的游戏就在产生影响。游戏指导中的不干扰原则，强调的是指导、介入的方式和时机应不干扰儿童游戏的正常进行，而不是强调不指导、不介入。不干扰，意味着尽可能将游戏的权利交给儿童，由他们自己决定游戏。

（三）指导方式的多样性

以本单元第一节提到的教师在游戏中的角色为例，在同一游戏的指导中，教师的支持者、合作者、引导者三种角色是可以并存且相互转化的。比如，教师以游戏伙伴的方式参与儿童的游戏，扮演着合作者的角色。教师在此过程中，发现儿童是完全可以自己独立开展游戏的，就逐渐退出游戏，成为游戏的观察者、隐性的支持者；若发现儿童的游戏存在突出的、严重的问题，比如，游戏中存在不公平、不友善等问题，教师则可以直接引领、转变儿童的游戏。教师站在儿童"后面""旁边""前面"的三种角色，也是可以灵活转化的。

教师对儿童游戏的指导，并不只限于用"嘴"（语言）进行指导，教师所创设的环境、提供的材料是指导，教师的表情、动作也可以是指导。比如，儿童在用积木搭建"公园"时，教师站在旁边看，看得很认真，但只是看，什么也没有说、什么也没有做。这也可能在"指导"儿童。儿童可能注意到教师在看，也可能从教师的"看"中，看到了教师的态度。

教师对游戏的指导方式，可能有赞同、身教、促进、支持、搭建鹰架、共同建构、示范、指导等。

（四）指导时间的灵活性

在游戏中，幼儿园教师的指导是必要的。但指导是可以在游戏行为之后的一段时间内进行的，是可以延后的，并不一定要在某一游戏进行之中或刚结束的时候进行。

对于很多幼儿园教师而言，他们非常喜欢进行即时的指导。教师担心如果延后指导，儿童可能已经忘记自己刚才的行为，而无法理解教师指导与自己言行的意义。不管是批评还是表扬都应该及时，这是很多教师坚持的原则。

游戏指导，当然可以是即时的，也可以是在游戏活动结束之后的游戏反思、游戏总结、游戏故事记录的时刻，还可以是在游戏开始之前的规划、计划时刻。游戏过程中过多、过长的教师指导，本身可能是对游戏的干扰，可能会中断游戏，可能会破坏游戏的完整性、儿童情绪的连续性。

二、游戏指导的基本方法

（一）丰富儿童的生活经验是游戏指导的根本方法

1. 游戏是儿童生活经验的反映

儿童的生活经验越丰富、细致、深刻，他们在游戏中就越有可能体现出较高的游戏水平。生活经验的贫乏，特别是直接感知、实际操作、亲身体验类生活经验的贫乏，很可能会造成游戏水平的低下、游戏类型的简单。不少幼儿园教师在游戏指导时，将重点放在教师如何提供材料、游戏过程中说些什么上，而忽略了生活经验是儿童游戏的来源与基础，也就没有抓住最为主要的游戏指导方法。

儿童每天都在生活，但有些儿童只是被动地生活，没有充分地观察、感受、体验生活，其经历的生活是不丰富的、单调的。比如，每个在幼儿园的儿童每天都在幼儿园里来来去去，但有的儿童并未关注幼儿园的各个角落，甚至幼儿园的很多地方都没有去过，或者从来没有跟保安打过一次招呼，或者没有去过其他班级的教室，或者没有去过园长办公室。对这些儿童来说，他们只是在幼儿园待过，谈不上经历、经验。

教师指导游戏的多种类型

关注儿童的经验、体验，不仅可以促进儿童游戏的开展，而且是所有学前教育者都应该追求的。

2. 儿童的生活经验在变化

在这个快速变化的时代里，儿童生活经验的变化是非常大的。数字时代的来临，使得大多数儿童成为网络的"原著民"，他们对屏幕的体验与依赖，与我们的童年时代相比，变化非常大。幼儿园在变化，儿童居住的环境在变化，儿童来园、离园的方式都在变化。学前教育工作者必须关注儿童的这些变化。比如，今天的儿童已经较少看到邮递员，也较少有邮寄信件的经验，但在实际生活中，儿童跟随家长有大量收取和邮寄快递包裹的经验；一些儿童在家庭中较少有在厨房里做饭的经验，但有大量点外卖和催单、在饭店吃饭点菜的经验……关注儿童的这些经验变化，以及这些变化可能对儿童游戏带来的影响，有助于教师更好地理解儿童的游戏、指导儿童的游戏。

3. 儿童生活经验是有很大的个体差异的

儿童的生活经验有着非常大的差异，这种差异，很有可能是区域性的差异。比如，城乡的差异、南方和北方的差异等。相对而言，农村儿童关于种植和饲养的经验会比城市儿童丰富，北方儿童关于雪、冰的经验会比南方儿童丰富。不过，即使是来自同一个地区的儿童，其生活经验也可能会有很大的差异。比如，同是来自农村，也有一些儿童不太具备种植、饲养的经验；而同是来自城市，也有一些儿童种植、饲养的经验很丰富。儿童是否具有经验、经验的丰富程度等，都会影响到游戏。比如，在一个没有消防车、红绿灯的地方，儿童就不太可能发起与消防车、红绿灯有关的游戏。

儿童的不同生活经验，可能会指向不同类型的游戏。比如，儿童对幼儿园、医院、超市里各种人际关系的体验，可能会使各种角色游戏、表演游戏更加丰富；而对幼儿园、医院、超市里各种物品、建筑关系的体验，可能会使建构游戏更加丰富。可以说，当儿童到幼儿园、医院、超市这样的地方时，各种体验都是有价值的。

（二）以间接指导为主

直接指导与间接指导是相对而言的。直接指导是指以讲解、告诉、演示等方式，以直接帮助学生掌握正确的知识、技能、能力、方法为目的所进行的指导；而间接指导则是通过环境创设、氛围营造等方式，间接地影响儿童，从而达到目的所进行的指导。游戏指导通常以间接指导为主，而教学指导，特别是中小学的教学指导，则以直接指导为主。

在学前儿童的游戏开展中，通过对游戏环境的利用、创设、调整，或者对材料的投放与提供等手段（见本书第三单元），以支持或改变儿童的游戏，就是一种比较典型的间接指导方法。

在游戏指导中，教师扮演游戏中的某一角色，通过角色的言行间接地指导、推进儿童的游戏，是最为常见的一种间接指导方法。比如，教师以顾客的身份，进入"理发店"，提出自己要理发，要剪什么样的发型，没有现金而需要手机扫码支付等要求，以促进游戏发展以及游戏情节的丰富。教师在扮演游戏中利用扮演某一角色而采取的间接指导方法，能在多大程度上起到作用，与教师和儿童的关系是有关的。当教师扮演某一角色时，如果儿童主要感受到紧张和有压力，甚至害怕、担心、恐惧，那么这种形式上的间接指导，实则干扰、阻碍了游戏的发展。

教师在扮演游戏中通过扮演某一角色来进行间接指导，也有两种介入的方式：平行游戏和共同游戏。

（1）平行游戏，是指教师尽量接近儿童，并与他们玩同一种玩具，但不与游戏中的儿童产生互动，不干扰儿童的游戏，目的是为儿童的游戏提供行为的样例。儿童可以模仿教师的行为，也可以不模仿。如果教师要求必须按"我"的这种行为来游戏，那么就不是间接指导，而是直接指导。

看到幼儿玩"出格"的游戏，你会怎么做？

（2）共同游戏，是指教师参与到儿童的游戏当中，但总体上还是由儿童主导游戏。在有些时候，也可能是教师主宰了游戏的进行方向，但教师会迅速退出。比如，当教师发现游戏中有一些非常不好的价值导向或完全不适宜的言行时，可以采用直接指导（如直接制止），但也可以采用间接指导加以引导。原上海幼儿师范高等专科学校的林茅教师，就讲过一个这样的案例：教师听到"娃娃家"传来阵阵哭声，过去一看，是在"哭死人"，家里的一个成员去世了，小朋友哭得很伤心。后来得知，这个小朋友此前随家长参加了农村的葬礼，对"哭死人"的场景印象深刻。教师觉得这个小朋友继续哭下去不妥，也不希望等到游戏结束之后在总结、反思环节再施加引导，于是就以医生的身份加入了游戏，说："我是全上海最有名的'医生'。我来看看'病人'能不能救治？""医生"做了一番检查之后，说："这个'病人'还能抢救！赶快叫救护车，把他送到医院去。"一个"哭死人"的游戏，演变成一个救死扶伤的游戏，教师没有简单地压制儿童"哭"的行为，而是转变成抢救"病人"的行为。教师看到她的引导成功了，便迅速退出儿童的游戏。

（三）在游戏小结中指导

在儿童的游戏行为结束之后，常常会有一个小结（总结）环节。这个环节有很大的价值，当然在教师不同理念指导下的游戏小结，会有不同的形态，时间长短也会不一样。有的幼儿园可能有游戏小结，也可能没有。有的幼儿园的游戏小结是短暂的；有的幼儿园的游戏小结，时间很长。有的幼儿园的游戏小结是教师总结，教师把总结和点评相结合，有时完全是批评；而有的幼儿园主要是小朋友在总结，在反思。

从游戏指导的角度来看，幼儿园教师在游戏小结时进行指导，是非常有必要的。这时教师的指导，常常可以起到画龙点睛的作用。就像成人参加一些参与式培训，如果只是一味地参与、体验，在活动结束时没有一些讨论、提炼、升华，参与式培训就会演变成逛街一样的活动。但游戏小结也面临以下问题：一是儿童可能会忘记游戏中的一些事件；二是可能大家讲的并不是同一件事情，使得讨论、对话并不聚焦。因此，一些幼儿园教师会在儿童游戏的过程中，拍下照片、录制视频，在游戏小结时将这些照片、视频呈现给儿童，这样做常常会收到不错的效果。

游戏小结的指导作用，常常取决于教师是否真的理解了儿童的游戏，理解了儿童在游戏中获得的成功、喜悦，以及面临的问题、困难，等等。正如前面所提到的，游戏指导的一个基本原则是基于观察。只有当游戏活动本身与游戏结束之后的小结之间是真正相互衔接的、是连续性的，这种游戏小结的指导力量才是巨大的。

在前面"哭死人"游戏中，教师也可以等到游戏结束时，在游戏小结中进行干预、指导。当儿童的游戏存在价值取向上的问题时，不管是游戏中的干预，还是小结中的引导，不管是间接指导还是直接指导，都应该有，否则，游戏的育人之"魂"，恐怕就散尽了。

⊙ 单元小结

本单元的主要内容是教师在儿童游戏中的角色问题。从道理上看，这一角色是非常清晰的，那就是在观察的基础上指导儿童。但从实践上看，这又常常是非常困难、出现问题最多的地方。《幼儿园教师专业标准（试行）》将教师在儿童游戏中的这种作用描述为"游戏活动的支持与引导"能力，即支持者、合作者、引导者的三种角色。

游戏观察的基本过程包括观察、记录、整理与分析、活动四个部分。其中，"活动"相对不好理解。这里的"活动"是指游戏活动，是一个承上启下的关键环节。只有在游戏活动中才能观察，而观察的结果又必须运用于游戏活动之中。

游戏观察是幼儿园教师应该具备的一种素养，这种素养是游戏素养与观察素养的结合，是游戏素养、儿童素养、支持素养三者的交集部分。这种素养是可以通过做好观察计划，以及进行实践与反思、教研、学习知识等多种方式提升的。而"安吉游戏"，则是给我们提供的一个具体的实践案例。

游戏指导应坚持基于观察、不干扰、指导方式的多样性、指导时间的灵活性等原则，以丰富儿童生活经验为根本方法，以间接指导为主要方法，善于在游戏小结中进行指导。

本单元是本书的原则部分，对随后的单元内容具有统领作用。

⊙ 拓展阅读

［1］程学琴．放手游戏 发现儿童［M］．上海：华东师范大学出版社，2017．（第三章）

［2］教育部基础教育司．游戏·学习·发展——全国幼儿园优秀游戏活动案例选编［M］．北京：人民教育出版社，2020．

［3］约翰森，克里斯蒂，华德．游戏、儿童发展与早期教育［M］．马柯，译．南京：南京师范大学出版社，2013．（第三章）

⊙ 巩固与练习

一、名词解释

1. 幼儿游戏的支持者
2. 幼儿游戏的合作者
3. 幼儿游戏的引导者

二、简答题

1. 简述游戏观察的基本过程。
2. 简述《幼儿园教师专业标准（试行）》中关于"游戏活动的支持与引导"能力的相关规定。

三、案例分析

如何击倒"保龄球"[1]

小马搬来四块长条形积木，将之竖放在斜坡末端，当作四个保龄球，然后让圆形积木从斜坡上滚下，想以此击倒"保龄球"，结果"保龄球"没有倒下。

小马看到小西手里有一块半圆形积木，便将它拿来放在斜坡的一端，又将圆形积木放到半圆环形积木的上面，让其从最高处滚下，他想击倒竖放的"保龄球"。这次，他成功了。

小马又将长条形积木横放。小西说："该我了，该我了，这点儿难度怎么难得倒我呢？"小轩说："这是难度增加才对。"小西说："不对，不对，这不叫难度增加，这叫难度降低。"说完，小西就让圆形积木滚下，这次"保龄球"没动。小轩和小马都来尝试，都不行。

---

[1] 教育部基础教育司．游戏·学习·发展——全国幼儿园优秀游戏活动案例选编［M］．北京：人民教育出版社，2020．

游戏结束，我利用视频引导孩子们观察和思考。

我："小马一开始没有击倒'保龄球'，他想出了什么办法？"

小米："他加高了斜坡，圆形积木从越高的地方滚下，速度越快，力气越大。"

我："将长条形积木竖放和横放，哪种摆放方式更容易被击倒？为什么？"

小轩："将积木横放的时候，不容易倒；竖放的时候就只有一点儿在地面上，一碰就倒。"

小米："长条形积木横放的时候，积木很牢固，那种牢固就像被胶水粘在了地面上。"

悠悠："长条形积木横放就像一个人躺在地上，竖放就像一个人站着一样，不稳。"

教师思考：

第一次小马让圆形积木从斜坡上滚下，"保龄球"没有被击倒，他想到用加高斜坡的方法，使圆形积木的撞击力变大。他还巧妙地运用了半圆环形积木，以保证圆形积木能够顺畅地滚下，这体现了他的智慧。这在很大程度上得益于幼儿在这段时间一直在开展滚动游戏，他们从中得到了很多关于物体滚动的经验。

关于将长条形积木由竖放转变为横放，究竟是增加了难度还是降低了难度，幼儿的看法不同，这说明他们在认知水平上存在差异。经过了解得知，小西认为难度降低了，是因为他觉得积木横放后变矮了，就更容易被击倒；小轩认为难度增加了，是因为他觉得横放不像竖放那样，一碰就会倒。在看法不同的情况下，他们依次尝试，结果证明难度增加了。这说明在幼儿对所面对的问题有不同的看法的时候，幼儿会通过实际行动验证自己的想法。

在讨论将长条形积木竖放和横放，哪种摆放方式容易被击倒时，我不禁惊叹幼儿的思维和语言，他们竟能用那么形象的比喻来解释物体重心等问题。

……

请由案例反推许翠单教师在儿童游戏时，她的观察与指导，以及她的指导是如何基于观察的。

有条件的同学请参考《游戏·学习·发展——全国幼儿园优秀游戏活动案例选》这本书129～140页的完整案例，案例中附有相关视频以及华东师范大学华爱华教师的点评。

四、实践题

1. 对一名游戏中的儿童进行观察，并基于观察提出指导的策略。

2. 对右边二维码"小球下落"视频中的儿童游戏进行观察，并基于观察提出策略、方法。

小球下落

77

第三单元 游戏条件的提供

导 言

一批来自城市的幼教工作者到农村支教,到达目的地之后,大家发现这个农村的幼儿园"小学化"倾向非常严重,基本上不开展游戏活动。

Y:我们大家来讨论一下,怎么才能帮助他们把游戏开展起来。

L:他们没有任何玩具,这怎么开展游戏啊?首先要有点儿玩具吧?

Y:对啊。那你说一说怎么解决玩具问题?

L:第一,我们幼儿园捐一些,如果不够,还可以让家长也捐一些。第二,我们要因地制宜地开发一些,很多乡土资源是可以利用的。

M:我觉得首先要解决这些教师的意识问题,如果他们的意识不到位,即使资源在他们的眼前,他们也会视而不见。

Y:我觉得两位说得非常有道理,这些都是我们应该做的。我们也要考虑到,他们就只有两位教师,没有保育员,如果自制玩具,那么工作量太大,恐怕也是不行的。

L:是的,所以我觉得我们还是应该带一些来,至少保证一些基本的量。另外,我觉得还应该调整一下他们教室桌椅的摆放方式,像现在这种"秧田式"的摆放,本身就是"小学"式的。还有,你看这里只有讲台、黑板,没有区角,墙上什么都没有,这些都应该改变。

M:是的,这些我都非常同意。我觉得这个幼儿园要真正把游戏开展起来，还要让他们的一日安排、作息制度有所调整。你看这个幼儿园的作息安排，完全与小学的课表一样，上午三节课，有时还是四节课，下午又有两节课。这样的作息安排，如何开展游戏？

L：这里开展游戏的条件确实非常有限。我觉得难度不小哦。

Y：虽然有困难，但在没有条件的情况下我们也要创造条件，把游戏开展起来。我们现在来具体一项一项地落实起来。我们来排个顺序，抓住主要矛盾和矛盾的主要方面，有序地解决这个复杂的问题。

幼儿园游戏的开展，需要有地方、有时间、有材料。在这些条件的背后，是理念、是观念。而且，各个地方的情况复杂，游戏条件的提供也变得非常复杂。甚至，我们不得不面临在一些特殊情况下游戏开展的问题。当前关于幼儿园教育质量的研究指出，质量常常由条件性质量（或称结构性质量）、过程性质量和结果性质量构成。本单元所要与大家一起讨论、学习的，正是条件性质量中的这些"条件"。

☆ 学习目标

1. 理解游戏条件提供的基本理念，特别要认识到游戏是儿童的权利，重视游戏条件的提供，保障儿童的游戏权。

2. 能为幼儿提供游戏的时间、空间和材料，保障幼儿有时间玩、有地方玩、有材料玩。

3. 能努力克服材料、空间、气候等方面的困难，挖掘和利用当地资源，为幼儿创造游戏条件。

思维导图

- 游戏条件的提供
  - 游戏条件提供的基本理念
    - 游戏是儿童的权利
    - 系统思维
    - 提供与利用并重
    - 低成本、有质量
  - 游戏时间的保障
    - 充足的游戏时间
    - 游戏轮换的频次
    - 作息制度的保证
    - 重视时间体验
  - 游戏环境创设
    - 幼儿园室内环境创设
    - 户外环境的创设
  - 特殊情况下的游戏开展
    - 儿童的数量
    - 师资问题
    - 场地限制
    - 自然因素与户外游戏
    - 混龄

第一节 游戏条件提供的基本理念

幼儿园教师在提供游戏条件时，常常容易一头扎进具体的事务当中，比如，投放材料、布置墙面等。没有理念的指导，具体工作可能会陷入盲目、混乱之中。

一、游戏是儿童的权利

只有牢固树立游戏权利的观念（见本书第一单元第六节），才能够很好地做到以游戏为基本活动。为儿童提供游戏条件时，我们应该有如下理念：游戏是儿童的权利。为儿童提供游戏条件，就是在保障儿童的权利。

关于"游戏是儿童的权利"这一理论，对很多人来说，口头上说说是容易的，但真正将其作为一种意识和信念，并转化为相应的行为，并不是一件容易的事情。广大的学前教育工作者也许会想，我们真的认为游戏是儿童的权利吗？当没有为儿童提供游戏的条件时，我们真的认为是侵犯了儿童的权利吗？

我们把情况放到比较极端的情况下，或许能更清楚地认识这一问题。在发生战争、自然灾害、重大社会危机的情况下，作为成人的我们，应该为儿童提供游戏的机会吗？在中亚、西亚、非洲那些战乱频繁的国家，当地儿童有权游戏吗？在地震、海啸之后，儿童有权游戏吗？在新冠肺炎疫情这样的重大事件中，儿童有权游戏吗？

在联合国儿童基金会等组织看来，在这些情况下，儿童都有权游戏，成人应该给儿童提供游戏的条件，保护儿童的游戏权利。他们是这么说的，也是这么做的。比如，2008年汶川地震发生之后，中国学前教育研究会的冯晓霞、虞永平等人组织了"流动幼儿园"，将其作为德阳、绵阳等地极重灾区儿童和教师的临时组织。国务院妇女儿童工作委员会与联合国儿童基金会合作，在地震灾区创设了40个"儿童友好家园"（child friendly space），

刘老师打拳

依托社区，向受灾儿童及其家庭提供游戏、娱乐、教育、卫生和社会心理支持等服务，帮助儿童尽快消除地震造成的不利影响，回归正常生活。2010年，青海玉树地震灾区借鉴四川"儿童友好家园"的经验，成立了4所"儿童友好家园"，为高寒、边远少数民族地区的儿童提供紧急状态下的服务与保护[①]。2020年，新冠肺炎疫情期间，联合国儿童基金会与中国学前教育研究会、中国儿童中心一起，发起了"早安宝贝"项目，旨在为居家的学前儿童提供游戏的条件。

儿童友好家园

在这些极端情况下，儿童工作者仍然在努力给儿童提供游戏的机会，保障儿童的游戏权利。我们作为幼儿园教师，在遇到一些困难的时候，是否能够尽最大努力，保障儿童的游戏权利呢？

儿童有众多的权利，包括生存权、发展权、受保护权、参与权等。这些权利不是分割的，而是交织在一起的。儿童的游戏权利也与这些权利紧密地交织在一起，像一个蜘蛛网。儿童的游戏权利不只是《儿童权利公约》中的一项条款，不是在考虑完其他权利以后的额外的奢侈品。相反，它是支撑联合国《儿童权利公约》的非歧视、生存和发展、儿童最大利益以及参与四大基本原则的关键的、不可分割的一部分[②]。游戏权，贯穿《儿童权利公约》的中心思想和基本精神。

"游戏是儿童的权利"中的"儿童"，不是一个笼统的概念，指向的是所有儿童、每个具体的儿童。因此，"游戏是儿童的权利"，不是一句空洞的口号。比如，有特殊需要的儿童也是儿童，他们的游戏权利是否得到保障、如何保障？更具体地讲，对有特殊需要的儿童来说，对那些有肢体残疾，以及有视力、听力、语言障碍的儿童，或生病住院的儿童来说，游戏不仅是一种治疗手段和康复需求，更是他们拥有的一种权利。

二、系统思维

当为儿童提供游戏条件时，应具有系统思维，系统、全面、整体地考虑游戏条件问题，而不是就事论事，片面、局部地考虑问题。游戏条件提供的系统性，至少表现在如下三个方面。

第一，整体性，即将游戏提供放到整个幼儿园工作这个整体之中来考虑。《幼儿园工作规程》有总则，幼儿入园和编班，幼儿园的安全，幼儿园的卫生保健，幼

---

① 苏凤杰. 儿童友好家园工作指南［M］. 北京：北京师范大学出版社，2011.
② LESTER S，RUSSELL W，周桂勋. 儿童游戏的权利——世界范围内游戏在儿童生活中重要性的考察［J］. 陕西学前师范学院学报，2018（1）：107-132.

儿园的教育，幼儿园的园舍、设备，幼儿园的教职工，幼儿园的经费，幼儿园、家庭和社区，幼儿园的管理，附则十一章。《幼儿园工作规程》中所涉及的"工作"，不少部分都与"游戏条件"相关，比如安全，卫生保健，园舍、设备，经费，当然还有教育。另外，一个幼儿园的具体的办园宗旨、理念、特色、课程等，都会在很大程度上影响游戏条件的提供，或者说，游戏条件的提供，必须与幼儿园的理念、特色等相一致。

第二，联系性，即将游戏条件的提供，与其他儿童活动条件的提供相联系，系统地考虑条件问题。比如，在游戏条件之外，还会有生活环境、生活条件（如午睡、进餐、如厕、饮水等）的提供。关于游戏条件与生活条件（环境）的提供，我们可以将两者综合、相互联系起来思考。比如，当儿童需要较长时间的户外游戏时，他们的饮水、如厕怎么办？在"安吉游戏"中，儿童在户外连续游戏的时间常常在1小时以上，他们常常自己带着水壶，解决喝水问题。儿童的午睡室，是否有可能成为游戏的地方？在有些幼儿园，教师将午睡室的一些空间充分利用，让这些空间成为一些需要安静环境的游戏区域。有些幼儿园，在不适合户外活动的时间（如雨雪天气、雾霾天气等），将午睡室也转化成室内体育运动场所。

第三，统整性，即统整、系统地考虑各种游戏条件的提供。儿童游戏的类型是多种多样的，幼儿园在提供游戏条件时，要避免出现有些游戏条件提供得多，有些游戏条件提供得少，甚至没有提供这种现象。幼儿园对游戏条件的提供，会出现如下情况：当前被大家讲得比较多、比较流行的，就多提供；幼儿园正在研究或比较擅长的，就多提供；容易看到成效、容易写出各种故事和案例的，就多提供；容易开展、不危险的，就多提供……这些"多提供"，也就意味着"少提供"甚至"不提供"。这些"多""少"，是不系统的，是应该调整的。

三、提供与利用并重

如果只是提供各种游戏条件，但不利用或不充分利用，那么这样的条件就永远只是条件，没有真正成为环境，也就无法促进儿童的学习与发展。我们在坚持条件提供与利用并重的原则时，要注意这几点：第一，直接利用。教师应该尽可能减少环境创设、材料制作等工作，直接利用各种资源，如过道、区角等空间，或者儿童可以收集的各种自然资源等。第二，教师应让儿童参与游戏条件的提供。一方面，教师可以听取儿童的意见；另一方面，儿童可以直接参与提供。第三，教师在提供游戏条件时，应考虑如何利用这些条件，如何使条件产生最大的效用，如何真正促进儿童的发

低结构材料一定比高结构材料有价值吗？

展。第四，教师应根据儿童的兴趣、需要和游戏开展的实际情况，采用多种方式（如集中利用和分散利用相结合、教师指导的利用和儿童自发利用相结合）利用资源。

当前幼儿园游戏条件提供中的一个突出问题，就是对各种条件（环境、资源）的利用不够。比如，有关农村幼儿园游戏开展的各种研究，都指出农村幼儿园应该有农村特色，强调对农村资源、乡土材料的提供与使用。因此，我们经常可以看到农村幼儿园里堆积了大量这样的材料，环境具有农村特色，但教师对运用这些材料做什么、发展什么缺乏思考。如果教师能够发现农村儿童在大胆表达、大胆交流上存在的问题，用这些农村儿童熟悉的，甚至是自己收集而来的材料，为儿童提供表达和交流的机会，这就是在利用各种游戏条件。

这里的利用，既指教师要利用游戏条件、利用创设出来的环境，也指儿童要利用。有些幼儿园的游戏设备很贵或者容易被消耗，儿童不被允许使用。有的游戏设备很精美，但只能欣赏，只能起到装饰的作用，使得儿童不能够使用、利用。比如，一个幼儿园有了一个非常好的沙池，但是儿童不能使用，甚至被遮起来、围起来、锁起来。幼儿园的各种游戏条件，应该尽可能方便儿童使用。如果这些游戏条件使用非常麻烦、烦琐，那么儿童会倾向于不去使用。比如，材料、图书放在非常高的地方，儿童每次取放都要请教师帮忙；材料在非常远的地方，无法实现材料的移动、组合。教师的要求、班级的常规、幼儿园的制度，都会在一定程度上影响儿童对游戏条件的利用。

在幼儿园教育实践中，常常面临如下情况：一方面，园长、教师抱怨条件有限、资源不足；另一方面，园内却存在空间闲置、资源浪费的情况。比如，一些幼儿园有很多的功能室、专用活动室，但很少使用；幼儿园有一个高端、大气的图书室，图书室里却没有图书，而且幼儿去这个图书室很不方便；幼儿园有很大的户外空间，但教师总是将活动安排在教室里，幼儿很少外出。我们必须改变这种现状。作为幼儿教育工作者的我们，必须意识到，环境是拿来用的，不是拿来欣赏、装饰的。环境只有与幼儿发生作用，才能成为资源，才能具有教育意义。

◉ 学习活动

以某幼儿园（比如一所农村幼儿园，或一所被认为环境不好的幼儿园）为例，在不购买、增添设施设备的情况下，如何充分利用已有资源，提升幼儿园游戏条件的提供水平？请至少列出5点你的想法。

四、低成本、有质量

幼儿园游戏条件提供中的成本，主要表现为经济成本。简单地说，就是花钱的多少，如条件提供中所需要材料的购买成本、外聘人员的劳务成本等。通常所说的因地制宜、因陋就简、就地取材、废物利用、一物多用等，就是指向经济成本。但幼儿园游戏条件提供中的成本，绝不只是经济成本，或者说直接可见的、花出去的成本，还包括一些间接成本，如幼儿园教师在条件提供中的时间成本，运行过程中可能产生的成本，环境的调整、改变可能产生的成本等①。

"游戏条件提供"的成本与质量

幼儿园游戏条件提供的成本有高低，质量也有高低。这样就可能存在四种情况：第一，高成本、低质量。这样的情况应该极力避免。付出了高昂的成本，产生的却是极低的质量。第二，高成本、高质量。虽然这样的情况并不多见，但逻辑上是存在的。而且，我们也不能因为批评"花钱病"，而将"高成本"就等于"低质量"。但是，这种高成本、高质量，我们并不提倡。第三，低成本、低质量。这样的幼儿园游戏条件提供中的成本虽然低，但质量也低。第四，低成本、高质量。这是最为理想的情况。这种理想情况的出现，需要幼儿教育工作具有创造性。

我们所提倡的，是低成本、有质量。成本应尽可能低，不追求高档、奢华，同时要有一定的质量、要有基本的质量，这是广大幼儿教育工作者能够做到的。低成本、有质量的游戏条件提供的本质，是教育工作者对幼儿学习与发展规律、特点的尊重，对幼儿园教育特点的把握。离开幼儿学习与发展的规律和特点而谈"成本""质量"，终将是表面的、空洞的。无论是什么样的环境，低成本也好，高成本也罢，不符合幼儿学习与发展的规律和特点的环境，就难以有质量。《3—6岁儿童学习与发展指南》指出，幼儿教育工作者应"理解幼儿的学习方式和特点。幼儿的学习是以直接经验为基础，在游戏和日常生活中进行的。要珍视游戏和生活的独特价值，创设丰富的教育环境，合理安排一日生活，最大限度地支持和满足幼儿通过直接感知、实际操作和亲身体验获取经验的需要，严禁'拔苗助长'式的超前教育和强化训练"。这些规律和特点，正是低成本、有质量幼儿园游戏条件提供的基础和根本。

正如我国著名学前教育学者李季湄教授所言，低成本不应仅仅被当作一个经济问题、贫困问题，不只是农村幼儿园应该坚持的原则，而是我国所有幼儿园应该坚持的原则。越是学前教育的投入增加了、比以前有钱了，我们更应该坚持低成本、有质量的原则，更应将精力和焦点放在质量问题上，思考如何有质量、有较高的质量、有很高的质量；否则，就会出现华而不实、昂贵奢侈的"土豪"式幼儿园。这样的幼儿园，既损害儿童的发展，也损害幼儿园教育体系。

---

① 鄢超云，等. 低成本有质量的幼儿园环境创设[M]. 北京：教育科学出版社，2013：12.

研究西部农村学前儿童的发展需要

虽说低成本、有质量不只是农村学前教育应坚持的,但确实也是农村学前教育最应坚持的。在农村幼儿园游戏条件提供中,低成本可以通过乡土材料、因地制宜来实现,但如何实现有质量?如前所述,质量来自对幼儿学习与发展的规律和特点的尊重,来自对农村幼儿发展需要的把握。当这些低成本环境与幼儿的发展需要联系起来时,有质量的教育就会发生。

⊙ 学习活动

五个同学一组。将"高成本、低质量""高成本、高质量""低成本、低质量""低成本、高质量",做成"签"。每个同学都抽"签",抽到什么"签",就举一个相应的例子。

第二节 游戏时间的保障

在儿童游戏条件提供中,最基本的是游戏时间的保障。游戏条件再好,没有游戏的时间,游戏也不可能发生,游戏的作用、价值也无从谈起。教师应当把游戏时间的保证提高到保障儿童游戏权利的高度来认识[1]。

关于游戏时间,我国各种幼儿教育政策、文件中都有不同程度的涉及。比如,《幼儿园工作规程》指出,"幼儿园应当因地制宜创设游戏条件,提供丰富、适宜的游戏材料,保证充足的游戏时间,开展多种游戏",强调游戏时间应该充足。《幼儿园教育指导纲要(试行)》则专门有一条要求是"科学、合理地安排和组织一日生活",并指出要"保证幼儿每天有适当的自主选择和自由活动时间",这里的自主选择和自由活动时间,主要就是指游戏时间。

---

[1] 陈帼眉. 学前儿童发展与教育评价手册[M]. 北京:北京师范大学出版社,1994:938.

一、充足的游戏时间

任何一个活动、一个有质量的活动，都是需要一定的时间保证的。一个活动，总有其产生和发展的规律，总有准备、开始、发展、结束的过程。只有有了充足的游戏时间，一些有质量的、高质量的游戏活动才可能会产生。

研究表明，相对比较复杂的游戏，常常需要较长的时间才能显现出良好的效果。比如，15 分钟的游戏时间与 30 分钟的游戏时间相比，在 30 分钟的游戏时间里，儿童会进行有更高层次的社会交往和认知形式的游戏活动。在较长的游戏时间里，儿童更有可能进行社会角色扮演；而在较短的时间里，他们则更多进行相对简单的游戏，比如功能性或运动性的游戏、独自游戏或平行游戏。在较短的时间里，儿童也会更倾向于出现非游戏行为，如无所事事、旁观等[1]。在《放手游戏 发现儿童》一书里，有这样的案例，儿童用 42 分钟进行搭建，随后有约 20 分钟的高质量角色扮演活动。"如果只有 40 分钟的游戏时长，孩子们才基本完成搭建，没有机会继续游戏就结束了，这样他们就缺失了后面精彩的角色游戏。"[2]

充足的游戏时间，不仅指一次游戏活动的时间应该充足，而且指一天的游戏活动时间应该充足。在我们国家已有的政策、文件中，有对户外活动时间和体育活动时间的明确规定，但对一天游戏活动的时间没有数量上的规定。如果要做到"以游戏为基本活动"，那么游戏时间是无法回避的。因此，在一些地方的幼儿园质量评价中，游戏时间和游戏次数会被作为评价指标。一天中游戏时间的充分，不仅指一天中游戏总时间的充分，而且要考虑一次活动时间的充分性问题。在有的幼儿园中，一天的游戏时间很长，但游戏时间全是零散的、琐碎的，就像裁缝铺子里的各种"边角余料"。比如，有些幼儿园将集体教育活动结束之后以及环节与环节之间过渡的这些时间段，作为游戏时间。这样的"充足的游戏时间"，前面已经论证，是不利于儿童开展有深度的游戏的。

游戏时间的充足，不仅指一次游戏活动的时间应该充足，而且指儿童可以接着玩没有完成的游戏。从儿童的视角来看，再长、再充分的时间，都可能是不够的。当这次游戏结束时，如果游戏没有完成，儿童有机会继续他们的游戏，这样的游戏时间也是充足的。因此，在有些幼儿园中我们可以看到，儿童在上午没有完成建构游戏，作品旁边会有一块"进行中"的牌子，下午还有机会继续完成上午没有完成的游戏。有

---

[1] 约翰森，克里斯蒂，华德. 游戏、儿童发展与早期教育 [M]. 马柯，译. 南京：南京师范大学出版社，2013：189 – 190.

[2] 程学琴. 放手游戏 发现儿童 [M]. 上海：华东师范大学出版社，2017：90.

的儿童甚至会要求教师，保留他们的作品。如果深入儿童的游戏，我们发现儿童会经常玩前面没有玩完的游戏，甚至会抓住哪怕一丁点儿的时间，继续前面未完成的游戏。

二、游戏轮换的频次

当我们讨论游戏时间的保障这个问题时，很多人只是讨论一次活动的游戏时间、一天的游戏时间。如果我们把视线拉长，比如一个月、一个学期，并且将游戏时间与游戏空间相结合，那么这个问题就更加复杂，也更加值得关注。

举例来说，如果一个幼儿园上午和下午各有一个游戏的时间段，一个星期（周一至周五）就有10个游戏时间段，一个月就有40个左右的游戏时间段，一个学期会有160个左右的游戏时间段。假如这个幼儿园有10个游戏区域（空间、场地），如室内的区角、户外的区域，如果平均地计算，一个区域就有16个游戏时间段。要这样平均地安排吗？是否一些区域需要更长的游戏时间，而另一些区域需要更短的游戏时间？即使平均地安排，是在一个区域一次性地安排完16个游戏时间段，还是在一个星期里每个区域都安排一个游戏时间段？

虽然我们强调游戏的自由、自主特征，但这种游戏毕竟是发生在幼儿园里的，幼儿园里不止一名儿童，也不止一个班，幼儿园对游戏的管理、计划是需要的。结合游戏时间、游戏空间，幼儿园如何来轮换游戏？

正如教育家杜威所言，教育是儿童经验连续不断的改造。如果儿童的经验（当然包括游戏经验）是不连续的、片段式的，前面与后面没有连接、没有关系，那么就不利于儿童的自我改造和自我成长。因此，从这个意义上讲，教师应该考虑让儿童在同一游戏区域，相对连续地玩一段时间，不是指一次游戏中的连续，而是指一天、一周甚至一个月、一个学期的连续。

当然，这种连续安排的前提是，幼儿园的这些区域的材料是丰富的、游戏氛围是比较开放的。如果一个幼儿园的各种区域提供的游戏条件本身就不好玩儿，还非要儿童连续玩一周或一个月，那么儿童可能不会感兴趣，从而出现很多非游戏行为。

案例 3-1

"安吉游戏"的轮换频率[1]

为了保障儿童在游戏中学习和探索的连续性、深刻性，安吉的幼儿园游戏区域轮换周期已经长达5周（见表3-1）。根据实际情况，有些区域的轮换周期甚至更长。

---

[1] 程学琴. 放手游戏 发现儿童［M］. 上海：华东师范大学出版社，2017：92-95.

表 3-1　安吉县机关幼儿园场地轮换表（大班与中班共用）

	积木区	小树林	沙水区	冒险岛	内庭院	塑胶场
1~5 周	大六	大三	大一	大五	大二	大四
6~10 周	大五	大四	大六	大二	大一	大三
11~15 周	大四	大五	大二	大三	大六	大一
16~19 周	大三	大二	大四	大一	大五	大六

三、作息制度的保证

儿童在幼儿园的各种活动及其时间，是与幼儿园的作息制度紧密地联系在一起的。作息制度，也可能称作作息时间、作息安排等，是幼儿园对儿童在幼儿园的各种活动及其时间的计划与安排，或者说，是幼儿园对儿童在不同时间段做什么的计划与安排。在中小学里，这种作息制度更集中地体现在课程表上，课程表规定了每天什么时间发生什么样的活动。幼儿园的作息制度与中小学的作息制度有非常大的差异。但从根本上说，它们都是一种对活动和时间的安排。有学者指出，课程表才是实然的课程。校长、教师口中的儿童观、教育观，是否真正落到实处，常常可以从这个学校的课程表中看到端倪。幼儿园也是一样，我们通常可以从幼儿园的时间安排、周活动安排中，看到其教育观念。

作息制度常常是幼儿园教师的行动指南。什么时间到了，就应该开展什么活动。特别是在一些公共空间，如户外场地、功能室，或者全园共同的时间里，如午餐时间等，幼儿园教师必须遵守作息制度中的相关规定。另外，作息制度也常与常规、秩序感等联系在一起，是与儿童适应集体生活联系在一起的。

对于每位学前教育工作者来说，当我们走入幼儿园时，我们常常都会关注其作息制度。从幼儿园的作息制度上，我们能够看到其落实"幼儿园以游戏为基本活动"的情况，可以看到游戏是怎么被安排的，如一天或一周有多少次游戏？每次游戏有多长时间？

科学、合理地安排和组织儿童在幼儿园的一日生活，并不是一项简单的任务。正如前面所讲的，有的幼儿园一天所有的游戏时间加起来，是比较充足的，但这些时间是零散的，不利于儿童深入游戏。有些幼儿园注意到这种情况，就调整作息安排，将零散的时间适当集中。这样做并没有增多游戏时间、减少其他活动时间，但从时间安排的角度看，更好地为儿童提供了游戏条件。

制定作息制度，常常是幼儿园行政人员的任务。但如何理解和执行作息制度，则与教师紧密相关。在幼儿园的自由活动时间里，儿童是否能够真的自由活动？儿童的游戏时间，是否真的完全得到保证？幼儿园受到天气、排演节目、接待等影响而占用了儿童的游戏时间，会另外安排游戏时间补回来吗？有的幼儿园教师会非常严格地执行作息制度上的时间安排，而有的教师可能只执行那些不执行就要影响其他班级、其他幼儿园工作人员的时间安排。我们曾对幼儿园教师"文本"上的安排与实际实施进行了对比，发现绝大多数教师都没有严格实施计划，有的教师的计划，一半以上都没有被实施。这种情况在五月中下旬达到高峰，因为大多数的幼儿园班级，都在准备和排练"六一"儿童节节目，与根据全园课程而制订的月计划、周活动安排，有着非常大的出入。

四、重视时间体验

儿童是如何体验他们在幼儿园的各种时间的？这个问题非常重要，因为儿童是游戏的主人，他们对游戏时间是否有充分的体验，才是最根本、最核心的。作为成人的我们，根据我们对游戏、时间、幼儿园的理解，采用"钟表时间"的方式，对儿童的活动做出了安排。那么，儿童是如何体验的？或者说，儿童对时间的体验与成人对时间的体验有何差异？

正如有关研究者指出的，成人以外在时间尺度为标准，将时间进行片段划分，并将时间的价值附着在日常事务和特定目标上；幼儿则依据内在的游戏本能和兴趣冲动来"安排"自己的日程。虽然幼儿没有如成人那般进行预定的、精细的任务安排和时间划分，但幼儿也会把自己的时间安排得很充实。每天午睡醒来，幼儿首先要做的事并不是洗漱，而是径直走向放玩具的地方，开始游戏；到了夜晚，他仍然不放弃玩的意图，以至于会一边玩一边睡着了[1]。

在"棉花糖"实验中，研究者指出，儿童对时间的体验与成人不一样，在等待时，他们往往感觉比成人等待的时间更长。比如，我们觉得排队等5分钟并不是一段很长的时间，但儿童觉得是非常漫长的。更进一步说，儿童对喜欢的活动和不喜欢的活动的时间体验，有着很大的差异。当进行自己非常喜欢的活动时，儿童会感觉时间过得很快，但如果是在开展自己非常喜欢的活动之前进行等待，则会感觉时间过得非常慢；当进行自己不喜欢的活动时，儿童又会感觉时间过得非常慢。其实，作为成人的我们，也有类似的情况，度日如年、转瞬即逝之类的词语表达的就是我们对时间不同的体验。

---

[1] 侯海凤. 儿童的时间观念与儿童教育时间的"取法自然"[J]. 学前教育研究，2009（8）：32-36.

第三节 游戏环境创设

一、幼儿园室内环境创设

幼儿园的室内环境，是与户外环境相对的。幼儿园室内环境包括：活动室环境，如活动区、活动材料、墙面环境等；生活环境，如寝室、卫生间，以及一些室内公共空间（走廊、楼梯等）。当提到幼儿园环境创设时，很多教师首先想到的就是室内环境创设，特别是本班活动室、寝室、卫生间的环境创设。室内环境创设，也是幼儿园教师用心、用力、用情最多的地方。不少论文和著作中提到的学习环境、游戏环境、区角环境等，就是室内环境。

（一）做好规划

在具体进行室内环境创设前，特别是在一个学期开学前，对所在班级的室内环境进行规划是非常有必要的。规划意味着对活动室、寝室、卫生间、走廊等的整体性把握，综合考虑生活、游戏、学习（狭义）之间的关系。教师在进行室内环境创设时，如果不进行总体性的规划，一开始就陷入细节，那么可能会越做越糊涂，甚至做很多不必要的事情。这就像一个家庭的装修或客厅的布置，家庭成员提前有些长远一点儿的考虑和根本性的思考，会使规划效果更加有效。

首先，教师要有规划的意识。也就是说，在进行室内环境创设前，能意识到应该提前做一些思考和计划。有这种意识和没有这种意识，是有区别的。

其次，教师平时应多积累室内环境创设的经验。比如，注意观察本班的环境，幼儿是如何活动的？幼儿喜欢室内环境吗？幼儿能利用室内环境吗？幼儿能参与室内环境的创设吗？这种创设还存在什么问题？同事、领导提过什么意见或建议吗？再比如，到别的班级、幼儿园参观时，有没有注意别人是如何规划的？别人的规划是如何解决自己的一些困惑的？

再次，教师的头脑中要思考，要做出各种假设。比如，假如这样创设，可能有什么优点和不足？要善于在自己的头脑中做思想实验。必要时，也可以画图纸和示意图，尤其是环境中不同部分之间的关系。

最后，室内环境创设还要兼顾其他可能影响室内环境的要素。不同的课程、课程理念、实施方式，对环境的要求是不一样的，有的课程可能更需要小组活动和探究的空间。有的地区天气、气候特殊，如下雪、下雨多，或者某些时间段空气质量不适合外出等，就需要考虑室内运动环境和空间的提供。有些班级的儿童具有某些显著的特点，比如有的班级大多数儿童都是男孩，或者班级里儿童的家长以某一职业为主，又或者班级里的儿童大多是留守儿童、流动儿童，那么教师在规划室内环境创设时，就应该有所考虑。

规划，意味着对环境的总体性和根本性思考，是对为什么要创设环境、为谁创设环境、创设什么样的环境、怎么创设环境、如何使用环境、可能存在什么问题的前瞻性思考。

（二）处好关系

在环境的分类与维度，以及环境创设的原则等部分，我们已经谈到要处理好一些关系。这里，从室内环境特别是活动室环境创设的角度，再做一些讨论。

第一，不同类型的活动。室内活动的类型是多样的，如游戏活动、学习（狭义）活动、生活活动等。幼儿园教师应该综合地使用空间，开展各种活动。有的教师根据实际情况，利用寝室的空间开展或建构活动，如不适合外出（如下雨）时可将寝室创设成钻爬的空间。教师在进行室内环境特别是活动室环境创设时，既要注意不同活动以及不同活动区之间的互动，也要注意避免不必要的干扰。

第二，面积的大与小。一般来说，我们总是期望本班幼儿的室内空间能够大一些，不管是活动区的空间、墙面空间，还是卫生间、寝室空间。我们也常常羡慕那些有着很大的活动室和活动区空间的班级。首先，幼儿园的教室、寝室的大小，常常是确定的，对于教师而言，简单地抱怨教室太小，无异于推脱责任。这时教师去思考如何规划空间以及如何让区域与区域之间产生组合效应，更有现实意义。其次，空间大有大的好处，如有利于幼儿大肌肉群动作的实施，但幼儿的交往行为可能会减少；空间小有小的好处，如有利于幼儿增加社会交往，但幼儿的攻击性行为、幼儿与幼儿之间的纠纷可能会增加[①]。如何通过规划、设计，发挥出空间的优势，避

---

① 华爱华. 学前教育改革启示录［M］. 上海：上海社会科学院出版社，2009：48-49.

免可能出现的问题,是教师应该注意观察和思考的。

第三,变与不变。幼儿园的室内环境创设,不能一成不变,应该随着课程与活动的推进,以及儿童的兴趣与需要的变化,得到相应的调整。但也不是说幼儿园的环境变化越大、越多,就越好。比如,对于教师投放的一些材料,一天之内儿童都没有去使用,教师就判断儿童不喜欢这些材料,于是做出了调整的决定,但或许这是因为儿童还不熟悉这些材料,过段时间,儿童就可能使用这些材料。

(三)创设活动区

在室内环境创设中,很多幼儿园都会创设活动区,以满足儿童多样化的发展需求。活动区的创设不是一种形式,更与我国幼儿园教育越来越强调尊重儿童、尊重儿童的具体差异、注重儿童主体性的培养等理念的普及和实践有关。

(四)创设生活环境

幼儿园是一个保育和教育相结合的机构,保教结合也是幼儿园区别于中小学的一个重要方面。对这个年龄阶段的儿童来说,吃喝拉撒睡这样的生活活动,占据了一日活动中的不少时间,生活环境是幼儿园环境的重要组成部分。同时,生活活动中有大量的教育,在生活中学习和成长正是幼儿园教育的特点。生活环境的创设,同时也应体现出教育性。

幼儿园的生活环境,最直接体现为儿童喝水、进餐、如厕、洗手、午睡等需要的满足。在多数幼儿园中,喝水、进餐的地方,就在活动室。这些基本的生活环境创设得怎么样,也恰恰体现出一个幼儿园是否在真正地保护儿童的生存权这一最基本的权利,是否在履行《儿童权利公约》。比如,一个幼儿园或一个班级基本的安全、卫生、营养状况如何?有没有适宜儿童特点的厕所?洗手的条件如何?是否有卫生、安全的饮用水?伙食的营养状况如何?等等,这些都能体现幼儿园是否在真正地保护儿童的生存权。

幼儿园生活环境的创设,应注意使所创设的生活环境有温馨、有家的感觉;应严格依据并执行国家有关保健、卫生方面的相关要求,不能简单地凭借幼儿园的经验;应与幼儿园的一日生活作息制度相互配合,支持各种生活活动;应配合开展各种教育活动,如节约用水、垃圾分类等相关活动。

幼儿园生活环境创设及举例

(五)专用活动室的使用

在幼儿园里,即使是室内,也会有一些公共空间,这些公共空间是全园性的,各班都可以使用，专用活动室就是这样的公共空间。专用活动室需要环境创设，同时，专用活动室本身就构成了幼儿园的一种环境，如图书室、科探室、美术室、舞蹈室、儿童剧场、建构室等。

幼儿园应该加强对专用活动室价值和功能的观察、研究、讨论，思考和分析以下问题：是否应设置专用活动室？设置哪些专用活动室？如何设置专用活动室？专用活动室独特的价值是什么？专用活动室应该如何与其他空间配合起来，以发挥出整体的、更大的效应？

幼儿园已有专用活动室的使用存在问题，其中一个主要原因，就是教师觉得专用活动室的使用比较麻烦。这体现在：使用专用活动室需要申请、签字，有一些额外的手续和程序需要办理；从班级活动室到专用活动室，通常有一定的距离，往返都需要时间，活动转换也需要时间，真正在专用活动室活动的时间并不多；有的专用活动室一次不能完全容纳一个班级的儿童，儿童需要分批次去，这就间接增加了教师的工作量；如果不是经常去，只偶尔去一次，那么每次去时儿童都需要有一个熟悉环境的过程；由于专用活动室是共用的，教师可能并不清楚其中哪些材料可用，或者哪些材料最近被用完，对教室、材料、工具的管理，也比较麻烦……正是麻烦、不好用，在一定程度上导致了这些专用活动室的闲置，这样，在资源并不丰富的情况下造成了资源浪费。

上述这些问题，只是专用活动室使用中的基本问题。教师愿意带领儿童去专用活动室，或喜欢去专用活动室了，这些专用活动室使用的新问题也就出现了。比如，时间上如何安排？是一个星期去一次，还是两个星期去一次？所有的专用活动室的安排频率、时长都一样吗？怎样安排，效果会更好？是否存在某一个专用活动室的使用，需要一定的连续性（如每天去一次，效果才好，而一个星期或两个星期去一次，效果就会很差）？如果所有班级都想去某一专用活动室，怎么办？如果所有儿童都想去某一专用活动室，怎么决定谁去、谁不去？做出的决定公平吗？专用活动室的使用，如何与班级教室活动和其他活动有机配合，以使专用活动室的功能最大化？

总的来说，幼儿园要在幼儿园专用活动的"专"字上下功夫，用好幼儿园的环境和资源，而不是使之成为一种摆设，供人参观、吸引眼球、制造轰动。

◎ 学习活动

调查一个幼儿园的专用活动室的使用情况。比如，幼儿园是否有活动安排表？是运用什么逻辑来安排的？可以访谈一些教师，听听教师对专用活动室的看法。可以观察一次专用活动室活动，注意儿童在专用活动室和在班级活动室活动的区别。

二、户外环境的创设

（一）户外环境的重要性

幼儿园的户外环境，在整个幼儿园教育体系中，扮演着非常重要的作用。但受传统经验特别是中小学户外环境的影响，不少人并不重视户外环境，仅仅将户外环境理解为操场、运动场，或者一些类似雕塑和喷泉的景观，以及各种供人通行的道路。

在我国，《幼儿园工作规程》等幼教文件中都有幼儿每天至少要户外活动两小时的规定。我们可以计算，这"两小时"占了幼儿在园时间的多少。要提升幼儿园的办园质量，就要有质量地开展这"至少两小时"的活动，就一定要有环境，特别是对有质量的环境的支持。

然而，令人遗憾的是，儿童的户外活动时间正在变得越来越少，"宅男""宅女"正在低龄化。一方面，这与人们的生活方式、学习压力等有关；另一方面，也与缺乏相应的环境有关，户外没有开展活动的地方和材料，或者没有吸引儿童的活动。教师把儿童带到户外以后，发现没有环境支撑活动的开展，觉得还不如回到室内。幼儿园里的自然环境也在不断减少，幼儿园的地面、空中都正在被各种人造物所取代，有人将这种现象称为"自然缺失症"。自然环境的缺失，可能会引发儿童肥胖、感觉迟钝、注意力不集中、抑郁等各种生理和心理疾病。以前，我们通常认为这些问题只产生在城市，但在如今的农村，自然环境、户外似乎也正在变成"奢侈品"。由于农村地区公路的增加（村村通），受到电子产品的吸引，农村儿童的经验迅速城市化，大部分农村儿童常常待在家里玩手机、打电子游戏、吃零食，那种漫山遍野到处跑的农村儿童，正在变得越来越少。这是一种非常可怕的现象。

塑料儿童

正是因为如此，不少西方国家中的幼儿园会有专门的"户外教育"（outdoor education, outdoor learning）课程和活动，甚至在一些国家里，还有"森林幼儿园"（forest kindergarten），这些做法强调的就是户外活动、户外环境的意义和价值。

◉ 学习活动

请从网络上搜索有关"森林幼儿园"（forest kindergarten）的图片，与同学分享所搜索到的图片，并交流、讨论对"森林幼儿园"的看法。

（二）重新认识户外环境

我们需要重新认识幼儿园的户外环境，思考其含义。

1. 户外环境在大肌肉群运动方面的价值

显然，户外环境、户外活动对儿童的运动，尤其是大肌肉群运动具有不可替代的价值。一个幼儿园的户外环境，必须为全园不同年龄段的儿童，以及具有不同发展水平、不同运动风格的儿童提供相应的环境和经验。而且，所提供的环境应该指向各方面的运动，让儿童身体的各方面都能得到锻炼和发展的机会。

强调全面、全体，并不意味着幼儿园的户外运动环境不应有所侧重和强调。事实上，户外环境在幼儿的大肌肉群运动，如走、跑、跳、投掷、平衡、钻爬等全身综合性运动方面，更有独特价值。由于环境、生活方式的改变，儿童的身体素质正在发生一些变化，某些方面正在成为薄弱环节。比如，儿童的上肢力量相对比较薄弱，因此不会投掷等。对户外环境的创设，我们应该有问题意识，使创设指向儿童发展的重要但又欠缺的方面。

2. 户外环境不能只指向体育活动

仅仅将户外环境理解为操场、运动场等运动环境，将户外活动理解为户外体育活动，是不全面的。事实上，户外环境可以指向儿童的语言、社会、科学、艺术等各领域。《幼儿园工作规程》规定，"幼儿户外活动时间（包括户外体育活动时间）每天不得少于 2 小时"，其中"每日户外体育活动不得少于 1 小时"。

户外环境可以指向幼儿的人际互动，发展幼儿语言交往的能力。需要特别指出的是，由于户外环境空间更大，活动的类型也有一定的特殊性，户外环境中的交往与教室情景中的交往有些差异。有些幼儿在室内并不太愿意交往、合作和表达，但到了户外变得积极主动。

户外环境可以指向幼儿的认知发展。户外环境中的各种设施设备、动物、植物等，都给幼儿提供了进行感知、注意、记忆、想象、思维、创造的机会。尤其是其中的动物和植物，因为存在生长、死亡等现象，为幼儿提供了非常好的观察和比较的机会。此外，户外环境中开展的各种活动，也给幼儿提供了建立社会认知的好机会。

事实上，户外环境提供的与大自然接触的机会，综合地促进了幼儿的健康、认知、语言、社会、艺术等领域的发展。在户外开展的活动，很容易、很有可能是综合性的，或整合性的，而非分学科的。一个看似非常简单的户外活动，比如玩滑梯，既涉及健康领域（运动、大肌肉群锻炼），也可能涉及社会领域（排队），还可能涉及科学领域（对物体和物体运动的体验）。

3. 户外环境中开展的活动的特点

在户外环境中开展的活动，非常符合幼儿的学习方式和特点。《3—6岁儿童学习与发展指南》指出，"幼儿的学习是以直接经验为基础，在游戏和日常生活中进行的。要珍视游戏和生活的独特价值，创设丰富的教育环境，合理安排一日生活，最大限度地支持和满足幼儿通过直接感知、实际操作和亲身体验获取经验的需要，严禁'拔苗助长'式的超前教育和强化训练"。对照这段文字，我们发现，户外环境为幼儿提供了直接经验，而且户外环境在不用花太多钱的情况下，就可以拥有丰富的教育环境，因此确实能够做到最大限度地支持和满足幼儿通过直接感知、实际操作和亲身体验获取经验的需要。

在户外环境中，幼儿可以更充分地接触空气和阳光；可以接触更真实的生物，如一些小动物、植物；可以体验和观察天气与季节的变化……这些对自然的直接体验，通常是室内环境与室内活动所无法提供的。

在户外环境中，幼儿可以合理地冒险，以自己的方式面对挑战，幼儿自己了解自己能力的水平和限度。比如，幼儿在做一个鸟窝，或者搭建一个藏身之处，又或者建造一个树屋的过程中，可能获得一些自信、创造、独立的经验。

适宜的户外环境，可以给儿童提供非常复杂的运动。儿童的运动，不只是走、跑、跳这些基本动作的简单相加。与同伴在一起开展的户外活动，能提供给儿童非常多的身体和认知上的锻炼。对于年幼儿童来说，运动的目的绝不是"四肢发达、头脑简单"，而是"心灵手巧"。运动是"儿童如何使用身体"的智慧。

4. 室内环境和户外环境的相互支持、转化

不管是室内环境还是户外环境，都是幼儿园环境，幼儿园应尽力谋求两种环境的相互支持和配合，发挥出整体优势，更好地帮助幼儿的学、教师的教。户外环境中的观察、感受与体验，可以有效地支持室内的学习，而室内的学习也可以在户外得到进一步延续、拓展和深化。比如，幼儿在室内学习的有关动物、植物、工具的知识，可以在种植园中得到验证和理解，而在种植园中积累的感性经验，又可以支持室内的学习。在种植问题上，户外的种植园和室内的种植角也可相互配合，引发幼儿的深度学习。

⊙ 学习活动

有人说，有屋顶是教室，没有屋顶也是教室。谈谈你对这句话的理解。发条朋友圈，注意你的同学或其他朋友是如何回应你的信息的。

（三）户外活动的几种类型及其对环境的需求

1. 传统的户外活动

幼儿园通常会开展的、发生在户外的活动，包括做体操、上体育课、玩体育游戏、玩大型玩具、种植、饲养、散步，以及玩沙、玩水、玩泥等。

对这些活动，幼儿园应该认真研究，思考如何把这些活动"做实""做好"，真正发挥其应有的教育价值。重点应该从儿童的角度，创设和利用环境，关注环境利用的实效性。

一个幼儿园的户外场地与活动

2. 传统室内活动户外化

传统室内活动户外化是指将通常发生在室内的活动，放在户外开展。因为地点的变化、场景的变化，活动有了不一样的地方。这些活动包括（但不限于）角色游戏、表演游戏、美术活动、音乐活动、阅读活动、讲故事活动等。

比如，通常在室内和过道开展的建构游戏在户外开展时，会有不一样的玩法，能够给予儿童不一样的体验、不一样的学习和发展。在室外，教师就可以提供给儿童更大的积木，儿童就可以搭建更大、更高、更逼真的"建筑物"，而且一个作品的创建也可以有更多的人参加，如儿童可以搭建出人既可以走上去又不会坍塌的"桥"。

对于这种类型的活动，幼儿园一定要研究从室内到户外的变化，活动本身、活动对儿童的要求有何变化？室内活动是否有必要户外化？室内活动户外化对环境、材料有什么新的要求？

3. 新型户外活动

随着环境、材料和观念的变化，产生了令儿童拥有独特体验的活动。对于这些活动，教师平时通常不组织，或者不敢组织、不愿组织。比如，下雨时让儿童对雨进行感知；下雨之后让儿童玩水坑；让儿童在大自然里聆听，记录大自然的各种声音；让儿童在不同的地方（墙上、地面、一些平时熟悉但不敢涂或不能涂的地方），使用不同的工具（常见美术工具、拖把），以不同的方式（站着、爬到梯子上、吊在空中）进行独特的涂鸦……

对于这些类型的活动，教师、园长都应转变观念，一方面充分利用环境开展活动，另一方面也要精心设计环境，利用环境引发活动、引发儿童的独特体验和精彩观念。

4. 室内外结合的户外活动

从地点上看，幼儿园的室内活动和户外活动是两种基本形态，为便于研究，我们单独关注其中的一种是可以的，但关注二者之间的联系也是必需的。室内活动和户外活动应该相互衔接、相互支撑，而不应该截然分开、完全割裂。

幼儿园应该特别重视环境的创设，以支持室内、户外相结合的这种类型活动的开展。在幼儿园建筑设计中，就有类似的一条原则，即要有利于幼儿从室内到户外。有的设计师会为每间教室设计通往户外的门、路，而不是一个集中的、统一的大门。

⊙ 学习活动

观察同一个班级的儿童（甚至可以是同一名儿童），看看他在室内玩积木游戏与在户外玩积木游戏有何异同。访谈两名教师，请他们谈一谈室内积木游戏与户外积木游戏有何异同。

（四）户外游戏场

幼儿园的环境，特别是户外环境，在很大程度上就是游戏环境。有人说，幼儿园应该是一个可以从后院玩到屋顶的"大玩具"。游戏场的研究，包括来自设计师、建筑师的研究，对幼儿园户外环境创设是很有启发的。

设计游戏场的目的是让儿童能够开展游戏，特别是针对儿童游戏的缺失而进行的设计。因此，游戏场总是随着时间的推移而有所变化。

一般来说，存在着四种游戏场[1]。第一种是传统游戏场。传统游戏场常见的设施设备是秋千、滑梯、攀爬架、跷跷板、旋转木马等，但不会有沙、水。设施设备通常是固定的，比较强调方便管理和降低维护费用。第二种是创意游戏场。幼儿园将搜集而来的轮胎、材料、线圈等废旧材料，与常见的传统游戏场材料相结合，以便为儿童创造更多的游戏机会。游戏场里既有固定的游戏设施设备，也有其他可以移动的辅助材料，同时也允许沙、水的存在。创意游戏场既强调游戏环境创设的低成本，也强调激发儿童的游戏创意，同时这种思想本身也很有创意。第三种是冒险游戏场。冒险游戏场的场地通常比较广阔，能够为生活在狭小空间里的儿童提供平时做不了的冒险活动。这些活动如修"房子"、学用工具（如刀、锯、钉锤等）、"点火做饭"、挖洞，以及玩沙、玩水、玩泥巴等。冒险游戏场因为存在责任认定、安全、健康等多方面的原因，并没有能够得到很好的实施，但其理念影响了很多人。第四种是现代游戏场。现代游戏场综合了传统、创意、冒险三种游戏场的优点，对其存在的问题进行了有针对性的研究和解决，如采用了传统游戏场的秋千、滑梯、

---

[1] 约翰森，克里斯蒂，华德. 游戏、儿童发展与早期教育[M]. 马柯，译. 南京：南京师范大学出版社，2013：247-249.

攀爬架、梯子等设施设备，借鉴了冒险游戏场要有挑战性、提供各种工具性材料，以及创意游戏场要对各种材料进行创造性使用的思想。

⊙ 学习活动

利用周末的时间，前往一个儿童比较多的公园。观察、统计与儿童有关的游戏设施设备，谈一谈：公园里的游戏场与幼儿园的户外活动场地有何区别？对幼儿园环境创设有何启发？

第四节 特殊情况下的游戏开展

当我们讨论游戏条件的提供时，常常讲的是在比较常态或者比较理想的情况下，如何提供游戏条件。但作为一名学前教育工作者，可能会遇到很多非"常态"的情况，需要我们根据实际情况，创造性地分析、解决这些问题。党的二十大报告指出，以中国式现代化推进中华民族伟大复兴。中国式现代化要求幼儿园教育工作者，从我国的实际出发，面对这些特殊的情况，把游戏开展好。如果说前者反映的是共性和一般情况，那么后者反映的就是个性和特殊情况。

一、儿童的数量

在为儿童提供游戏条件时，儿童的数量是一个必须考虑的基本因素。幼儿园的规模、班级的规模，常常影响游戏的选择和游戏的开展。

《幼儿园工作规程》指出，"幼儿园规模应当有利于幼儿身心健康，便于管理，一般不超过360人"，以平均30人一个班计算，幼儿园的规模一般不超过12个班，常常有9~12个班。但在我国学前教育的实践中，班数不在这个范围内的幼儿园比比皆是。你实习的幼儿园，或者你工作的幼儿园，其班数就可能不在这个范围。一个幼儿园（同一个园区）可能有20个班、30个班甚至50个班，也有的幼儿园可能只有一个班。前者可能意味着一个千人以上的超大规模幼儿园；后者意味着一个小规模幼儿园，同时也就意味着可能是一个混龄的幼儿园。这种小规模幼儿园与其说是一个幼儿园，不如说是一个幼教班。不同的班数和人数规模的幼儿园，在提供游戏条件时，是否应考虑到这些特殊的情况呢？

《幼儿园工作规程》指出，"幼儿园每班幼儿人数一般为：小班（3周岁至4周岁）25人，中班（4周岁至5周岁）30人，大班（5周岁至6周岁）35人，混合班30人。寄宿制幼儿园每班幼儿人数酌减"。但在我国学前教育实践中，幼儿人数不在这个范围内的班级，比比皆是。试想一下，你实习或工作的班级，幼儿人数也有可能是不在这个范围吧？在一些地方，特别是一些质量非常高，在当地非常有"口碑"的幼儿园，或者交通比较便利的乡镇，县城的城乡接合部等地的幼儿园，其班额可能非常之大。而在有些幼儿园，其班额可能非常之小。面对这些情况，又该如何提供游戏条件呢？

归纳起来，儿童数量的特殊主要表现在幼儿园规模的大和小两方面。

关于大规模幼儿园和班级的游戏条件提供问题。第一，幼儿园应关注每个孩子实际所拥有的游戏条件的数量。因为规模大，可能会出现总的数字很多、很大，如玩具数量很多、户外活动场地很大，但人均很少。第二，幼儿园应关注对幼儿园时间和空间的精心、精准规划，确保其有效轮转，充分利用幼儿园的各种资源。以幼儿园的户外活动场地为例，可能户外活动场地的面积是固定的，这已经无法改变，但具体如何轮转和使用是有很大差异的，避免时间资源和空间资源的浪费非常重要。第三，幼儿园要注意对在人数较多情况下比较方便开展的游戏的研究和提供。比如，在大班额情况下，在班级里设置区角就有较大的困难。如果要大量搬运游戏材料，也不具有可操作性。在一些大班额的农村幼儿园，教师非常重视手指游戏之类的儿童韵律活动，虽是不得已而为之，并且存在游戏活动不全面、不丰富的不当之处，但也是值得我们研究的经验与教训。第四，幼儿园要关注一些"弱势群体"的游戏体验。比如，小班常常出于年龄的原因，在游戏资源的使用上，处于弱势，这就需要幼儿园特别关注。

不过，在提供游戏条件的过程中，幼儿园也应该注意到，"规模大"并非一无是处，或者说，在无法改变"规模大"这一既定事情的前提下，可以思考如何积极利用"规模大"这一事实。比如，人本身就是教育资源、游戏资源，人多也就意味着资源多，意味着游戏的丰富、多元，意味着各种创造、创新的可能性。

关于小规模幼儿园和班级的游戏条件提供问题。首先，小规模幼儿园和班级，可能意味着资源不足、不全。不足，意味着应该有的却没有；不全，意味着有些类型有、有些类型无。比如，因为幼儿园的规模小，有些玩具材料、设施设备就可能没有提供。其次，这种小规模幼儿园和班级，如果只有一两个班，常常就是混龄的，这也给游戏条件的提供带来了不小的挑战性。如何能够提供适合不同年龄段的游戏条件？这不是简单一句"积极开展混龄游戏活动"就能解决的。

不过，在提供游戏资源的过程中，我们也要注意到小规模幼儿园可能具有的优势。比如，是否有可能将这种小规模幼儿园，办成"小而美"的幼儿园？因其规模小，也就更有可能做到因材施教、更有针对性和更精准。虽然班级混龄可能会给教师的保育带来一些困难，但也恰恰可以充分发挥混龄教育的优势，如"大带小"这样的活动就可以开展得非常充分。

二、师资问题

当我们讨论游戏条件提供这一问题时，常常会忽略师资的差异，或者自动认为师资已经达到国家的基本条件。实际上，这里可能还有一些差异，或者说存在着较为特殊、具体的情况。

（一）师资配备不足的问题

不少幼儿园的师资配备不足，因此幼儿园教师可能还要承担其他工作职责，或者说一般幼儿园的其他教职工可以辅助做一些游戏条件提供的工作，而对于其他教职工也配备不足的幼儿园来说，可能辅助性的帮助也无法获得。比如，有的幼儿园中的保安，利用闲暇时间，在废旧材料利用和玩具材料制作上，提供了很大的帮助和支持，但对于没有保安的幼儿园来说，显然是无法获得这些帮助的。不仅如此，有的幼儿园教师可能自身还要承担保育员、保健医生、保安的工作，因此在提供游戏条件的时间和精力上，可能会被挤占。

比如，不少幼儿园的保育员配备不足，因此幼儿园教师可能还要承担大量保育工作的职责。一方面，这会使得教师在游戏条件提供上的时间、精力受到挤占；另一方面，一般由幼儿园保育员所承担的游戏条件提供上的一些工作，也需要由教师自己承担。在游戏场地和游戏材料的准备、维护等过程中，保育员是可以提供一些帮助的。在游戏过程中，保育员可以对某一区域或某些儿童进行观察。而在保育员不足的幼儿园，在游戏开展的过程中教师无疑需要兼顾这些具体的情况。

不少幼儿园的教师配备不足，因此幼儿园教师的工作量可能非常巨大。在规范的幼儿园，"两教一保"的配备，使得幼儿园教师能够有一些时间去做观察和准备的工作。但如果一个班级只有一名教师，那么这名教师就只能从早到晚一直待在班里，其提供游戏条件的时间和精力也会受到影响。比如，长期以来我们提倡的乡土游戏材料的利用与开发，也可能成为一些师资严重不足的幼儿园教师的沉重负担，幼儿园教师对此至少是心有余而力不足的。有些班级，特别是一些小学附属幼儿园中的班级，常常会出现表面上教师配备充足，实际上严重影响游戏条件提供的情况。比如，如果像小学排课程表一样安排幼儿园的活动，一名教师可能既在小学又在幼儿园同时承担了教学任务，一天只来幼儿园"上一节课"，因此幼儿园教师并不固定，或者一个班级只固定一名教师，而其他教师不固定。这些都会影响游戏条件的提供。

根据教育部网站公布的数据，2020年全国共有1 772 314个幼儿园班级，共有2 913 426名专任教师，平均每个班级有教师1.64名；共有保育员1 085 397名，平均每个班级有保育员0.61人。

在师资配备不足的情况下，幼儿园游戏应该如何开展呢？第一，尽可能开展不过于麻烦、复杂的游戏。第二，多开展自主、自选游戏。第三，注意游戏常规和幼儿自我管理。第四，发挥"小先生"作用。

（二）师资的质量问题

幼儿园保教人员的专业性，特别是支持与引导幼儿游戏的能力，影响和决定着幼儿园游戏开展的真实情况。毕竟，真正的教育目的、活动目标，存在于一线幼儿园教师的头脑之中。

幼儿园保教人员是否接受过学前教育方面的专业教育，显然会影响幼儿园游戏。没有接受过专业教育的保教人员，也会根据他们对教育和游戏的理解开展游戏，但常常可能存在一定的局限。比如，他们更多地根据自己的日常理解、朴素认知来开展游戏，缺乏游戏的基本知识。如果我们对一线的幼儿园教师进行访谈，提问"你觉得在游戏的开展过程中遇到的最大问题是什么？""你最期望参加什么方面的培训？"之类的问题，教师的回答常常集中在"怎么做"上，比如，如何创设环境、如何提供有年龄层次性的材料等。进一步追问，我们会发现这些教师的回答之所以会集中在"怎么做"上，其实是与他们缺乏游戏的基本知识有关的。在幼儿园教师当中，还有相当多的教师不知道表演游戏的定义，无法区分表演游戏与角色游戏。也正是因为如此，不少幼儿园的表演游戏已消失或异化。

根据教育部官网所提供的数据，2020年全国共有教师2 913 426人、园长308 380人，其中高中阶段毕业415 266人、高中阶段以下毕业43 877人，有20 708名园长是高中学历，1 836名园长是高中以下学历，高中阶段及以下幼儿园教师占总数的14.3%，本科毕业幼儿园教师占总数的27.7%。

在所有教职工中，学前教育专业的占比是47.7%，其中，园长60.9%，专任教师72.3%，卫生保健人员13.8%，保育员11.4%，代课教师35.2%，兼任教师

28.3%。可见，有相当一部分保教人员是非学前教育专业毕业的。

以上数据，只能简单地呈现出我国幼儿园教师的学历、专业的基本情况，不能由此武断地断定这些教师的教学质量或水平。但我们可以由此对幼儿园教师的质量问题有所思考。对幼儿园教师的职前培养、职后培训，我们应该高度重视，这也是幼儿园游戏开展的基本条件，甚至可能是至关重要的条件。

三、场地限制

本单元第三节专门讨论了幼儿园游戏环境创设问题，更多的是在理想和一般情况下的原则性讨论。在幼儿园教育的实践中，常常面临的问题是场地不理想甚至非常特殊，严重限制游戏的开展，需要创造性地、因地制宜地开展工作。

（一）面积不足

面积不足，既可能指前面提到的班级和幼儿园里幼儿数量多，从而导致的平均面积不足，也可能不是因为幼儿数量多而导致的不足。不管是室内空间还是户外场地，过渡空间（如过道），都可能存在面积不足的问题。有的幼儿园的活动室空间较小，无法像有的幼儿园那样开展数量较多、规模较大的区角活动，区角的数量和形式都大受影响；有的幼儿园的过道很小、很窄，两人相向而行碰面时需要侧身才能顺利通过，这样的过道无法成为游戏空间；有的幼儿园的户外空间，无法同时容纳全园幼儿一起做操、一起游戏。

在场地面积不足的情况下，幼儿园如何开展好游戏？

第一，转变"大就好"的观念。幼儿园的游戏场地"大"当然好。但在场地面积已经确定的情况下，关键在于如何利用。中国有句俗语叫"螺蛳壳里做道场"，讲的是在狭窄和简陋的地方也可以形成复杂的场面、做复杂的事情。比如，在一些山区的县城和镇，平地稀缺，或者像香港特别行政区这样寸土寸金的地方，也就只能"螺蛳壳里做道场"。

第二，用好已有场地。要用好已有场地，常常需要统筹、规划和协调。比如，有的幼儿园户外空间不足，但通过幼儿园的精心安排，不同班级错开使用场地，也能为儿童提供游戏条件。再比如，如果教室的空间小，那么可以通过充分利用户外空间进行弥补。

第三，创设出新的游戏场地。对于一些传统上不被认为是游戏场地的空间，也可以充分利用起来。比如，过道、屋顶、平台，甚至寝室的一些空间也可以利用起来。有的幼儿园教师甚至将墙面充分利用，这样就有了非常多的游戏空间。

第四，开展不需要太大空间的游戏，如桌面游戏、手指游戏等。

（二）场地不规则

有些幼儿园的面积并不小，但因为场地不规则而不方便使用，为幼儿园游戏开展带来不少麻烦。比如，有些幼儿园的活动室是异形的，面积不小但形状不规则；有些幼儿园的户外空间整体面积不小，但空间非常分散，东一块儿西一块儿，而不是合在一起的；有些幼儿园可能就处于山坡上，其地形地貌与传统幼儿园不一样；有些幼儿园的某个地方可能有一根奇怪的柱子，或者在操场的中间、交通要道处有一株百年古树，诸如此类。

在幼儿园场地不规则的情况下，幼儿园如何开展好游戏？

在保证安全的前提下，幼儿园可以将这些不规则的地块转化成教育资源。不规则的场地，或许可以转换成开展独特活动的区域，如私密区角、需要安静的阅读区等。户外活动空间的分散，也未必一定是坏事，关键是要看这些分散的区域是否好用、是否能够连通。其他文化背景下的幼儿园，如丹麦的幼儿园，并不一定创设很宽阔的大空间，而是更青睐小空间。幼儿园的地形地貌，本身就是教育资源。以浙江安吉幼儿园为例，该幼儿园利用当地的地形地貌，甚至在户外游戏场地造出"小山坡""小沟"。有的幼儿园会利用幼儿园进门后的向上或向下的斜坡，开展游戏。至于幼儿园场地中的柱子、古树等，既是游戏资源，也是课程资源和教育资源。

小空间如何玩出大游戏？

（三）场地混用

如果场地是专门的游戏场地，那么最有利于游戏的开展。但这既没有必要，也不现实。因此，游戏场地常常与其他场地混用。有些混用并不影响游戏的开展，但有些混用可能对游戏的开展产生较大的影响。比如，有些幼儿园的活动室同时也是午休室，这又包括两种情况：第一种情况是一半是活动室、一半是午休室；第二种情况是同一块场地，既是活动室也是午休室，午休可能就是儿童趴在桌子上睡觉。再比如，有的幼儿园的户外场地，每个星期的某天下午，会成为全园混龄儿童活动的地块。在场地混用中，还有一类比较特殊的情况，就是小学附属幼儿园（班），与小学共用场地，如附属幼儿园与小学共用操场，甚至有些幼儿园是与社区（小区）共用场地，如幼儿园利用社区的公共空间开展儿童游戏活动。

在场地混用的情况下，幼儿园如何开展好游戏？

第一，要做好计划、安排，协调好各种因素。"混用""共用"常常容易出现问题，就是因为没有协调好而出现冲突。本来只能容纳两个班的活动地块，却因安排不周、管理不善，有四个班同时出现在场地上；而在另外适宜活动的时间内，又出现场地闲置的情况。资源不足和资源闲置并在，常常就是管理、安排不当导致的。

第二，做好场地的维护工作。混用、共用的地块，常常出现"以为有人管、实际都不管"的现象。

第三，充分调动儿童参与场地的管理，如材料的收纳、整理等。

第四，在幼儿园与小学共用场地时，既要注意不影响小学生的活动，也要充分利用这种机会，开展混龄儿童的活动，实施双向衔接。

（四）改建而来的幼儿园（班）

当前已有的幼儿园（班），有一部分是别的建筑、场地改建而来的。比如，闲置的学校资源，改建为幼儿园。这种闲置资源，既可能是一个完整的小学，也可能是小学的一栋楼、一层楼、一间房，甚至可能是并非教育性的建筑和场地，如大型商用建筑综合体里的某一些空间（如原来的少年宫）。再比如，镇上、村里的活动室，或村长、村民的堂屋等。"改建"也有不同的程度，有的改得非常彻底，有的只能是形式上简单地改动。

"改建"还有一种情况，就是建筑本身就要被设计成幼儿园，但园方进场后，会发现很多地方都不合理、不实用。这就意味着施工方已经建成的幼儿园还需要"改建"。

在幼儿园（班）是改建而来的情况下，幼儿园如何开展好游戏？

改建而来的幼儿园（班），其场地常常是不规则的，可能是混用的。因此，上述所提到的一些方法、策略是可以用的。

除此之外，还可以充分利用改建而来的幼儿园（班）。改建而来的幼儿园（班），常常存在利用不充分的情况。比如，一些由小学改建而来的幼儿园，二楼、三楼都是空的，所有的小朋友都挤在一楼的教室里。这个问题并不在于没有场地，而是有场地却不用。

四、自然因素与户外游戏

从场地来看，我们可以把幼儿园游戏分为室内游戏和户外游戏。有关幼儿园教育的多个文件都指出户外活动时间不得低于 2 小时。户外活动不完全是体育活动。户外游戏是户外活动的重要和主要内容。从幼儿的角度来看，他们更倾向于将户外活动理解为游戏，他们也非常喜欢到户外去活动。从场地来看，"安吉游戏"也非常强调户外游戏。

但是，户外游戏的开展，常常会受到诸多自然因素的制约，而且这些自然因素又通常是人们难以调控的。

（一）不同的自然因素对户外游戏的制约

第一，不同的季节。不同的季节，也就意味着不同的气候、天气，不同的资源，这显然会影响游戏的开展。比如，夏天和冬天，可能意味着比较热和比较冷，这会影响儿童进行户外游戏的类型、时间。同样是玩沙、玩水，在春夏秋冬不同的季节，显然有着很大的差异。不同的季节，植物生长情况、地面情况也会有差异，这些差异都会影响和制约儿童户外游戏的开展。

第二，不同的区域。我国幅员辽阔，东西南北地区的差异非常大。同样是冬天的12月、1月，黑龙江的漠河和海南的三亚，真的可以说是天壤之别。不同的地域，如中国的南方和北方，东部、中部和西部，甚至同样是北方，如河北与新疆，其气候、天气、地形的差异，都会影响幼儿园游戏的开展。比如，有些地区水资源比较丰富，而有些地区水资源非常欠缺，显然缺水地区不能简单地模仿水资源丰富地区而进行玩水游戏。

第三，不同的地理。平原、丘陵、山区，草原、沙漠，沿海、沿江、沿湖等地理的不同，都会影响户外游戏。比如，一些高海拔地区，日照时间长、空气稀薄、冬寒夏凉、昼夜温差较大、干燥、辐射强，在开展户外游戏时，必须考虑这些因素，不可能简单复制某地的游戏安排。

高原教育：内涵、维度、功能定位

第四，不同的气候。气候是指一个地区相对比较稳定的气象情况，与气流、纬度、海拔、地形等有关。我国幅员辽阔，气候类型多样，有热带气候、亚热带气候、温带气候、暖温带气候等。气候对游戏的影响，与天气对游戏的影响比较类似，但相对而言，气候对游戏的影响更加具有决定性。比如，在寒带、温带可能比较普遍的冰雪游戏，在热带、亚热带基本不会出现。

第五，不同的天气。风、雾、雨、闪电、雪、霜、雷暴、冰雹、霾等都是天气现象，这些天气现象中，有一些会对幼儿园户外游戏产生较大的影响。比如，当气温过高或过低时，或者遇到雨雪天气、雾霾天气等，是不适宜进行户外活动的，否则，会对儿童产生伤害。

（二）应对策略

尊重自然差异，而非简单地抱怨。幼儿园所处的自然环境是客观存在的，且无法改变。幼儿教育工作者应尊重幼儿园所处的地理、气候、天气等自然环境，尊重差异，而不是简单地抱怨，或者将这些差异当作不作为的借口。中国传统文化中的天人合一、道法自然等思想，为尊重自然差异提供了强大的思想基础。

第一，研究自然差异，而非简单地模仿。幼儿教育工作者应该研究自己所处的自然环境的特点，研究如何在户外游戏开展过程中积极利用这些自然资源。每个地区都有各自的特点，不可简单地相互模仿、借鉴。在参观、学习"安吉游戏"的过程中，常常可以听到一些幼儿园教师说，我们那里冬天下雪，怎么开展户外游戏？有的人是在思考这个问题，而有的人则是在抱怨，或以此表达不想行动。

第二，充分利用室内场地，将户外活动室内化。当户外不具备开展游戏活动的自然条件（如极端天气等）时，幼儿园可以尝试将户外游戏室内化。由于室内场地、空间条件的限制，教师不可简单地将户外游戏搬到室内。一方面，幼儿园应充分关注和研究如何利用室内空间（如楼梯、走廊、教室等）。比如，走廊长而窄，可以将其作为单行线跑道，开展跑步竞赛等游戏；教室空间大，可以考虑将桌椅柜架组成组合型器械；楼梯有坡度，可以将之打造成室内滑梯及开展创新登高游戏；横梁有高度，可以创设纵跳触物及定高投掷等游戏。游戏场地的设置从地面拓展到墙面，从墙面又拓展到空中，这样就能够让环境发挥出最大的价值。另一方面，幼儿园也要对户外游戏做一番调整和改造。比如，改变游戏规则、减少参加的人数等，使之更适合在室内开展。

五、混龄

幼儿园的分班常常是根据年龄进行的。《幼儿园工作规程》中指出，"幼儿园可以按年龄分别编班，也可以混合编班"。在通常情况下，幼儿园都是按年龄分别编班的，小班、中班、大班的说法，深入人心。但幼儿园也有混合编班的。最为典型的混合编班有两种情况：一种是主动混合编班，即幼儿园本可以按年龄编班，但为了达到某些教育目的、充分利用年龄资源，所以进行了混合编班。比如，蒙台梭利教育就比较提倡采用混合编班的方式。另一种是被动混合编班，即幼儿园无法按年龄编班，不得不混合编班。比如，一些农村地区的幼儿园，只有一个班，不同年龄的儿童都只能在这一个班里。

关于混龄或混合编班，其实践样态是非常丰富、多样的。比如，既可能是多个年龄混合（如一个班里有3周岁、4周岁、5周岁的儿童），也有可能是两个年龄混合（如一个班里有3周岁、4周岁的儿童，或有4周岁、5周岁的儿童）。再如，有些幼儿园的混龄是一直存在的，而有些幼儿园则是在某一特定时间（如某一天的下午，或一周中某几天的下午）进行混龄。又如，有些混龄是全园性的，即全园所有班级都混合在一起，而有些混龄则是局部的（如大班与小班混合、开展"大带小"活动等）。有些幼儿园的混合性活动，甚至不是混龄的，如全部大班在一起开展活动，或选择功能室开展活动等。

关于混龄情况下的幼儿园游戏条件提供，有如下几点策略：

（一）将不同年龄的儿童作为重要的教育资源

《幼儿园教育指导纲要（试行）》指出，"幼儿同伴群体及幼儿园教师集体是宝贵的教育资源，应充分发挥这一资源的作用"。如何理解"同伴群体是宝贵的教育资源"？显然，同龄的同伴群体是宝贵资源，异龄的同伴群体也是宝贵资源，甚至更是宝贵资源。这种资源，主要表现在以下两方面。

一方面，小年龄儿童向大年龄儿童学习。这时，大年龄儿童充当了"小先生"的角色。由于是同伴，年龄较小儿童向年龄较大儿童学习，常常更加有效、深入。"幼儿与同伴关系的建立通常基于合作，而在成人、幼儿之间的关系中成人通常处于优势地位。幼儿可能由于成人的权威性而接受自己并不理解的观点。而产生于同伴关系中的合作与感情共鸣使儿童获得关于社会的更广阔的认知视野。"[1] 我们回忆自己的童年时代，会发现有非常多的知识、技能甚至价值观，是从年龄较大的儿童那里学来的。可以想一想，那些深受人们喜欢的民间游戏及传统游戏，如跳绳、滚铁环、打弹珠等，有多少是向教师学的？有多少是向年龄较大的儿童学的？当年龄较小的儿童跟着年龄较大的儿童跑上跑下的时候，学习就在发生。

另一方面，年龄较大儿童在混龄活动中也有学习和发展。在通常情况下，人们更多地看到了年龄较大儿童照顾他人、关心弟弟妹妹之类的价值，而且当陈述这些价值时，总有一点儿言不由衷的味道。那些年龄较大儿童的家长，常常觉得自己的孩子是在付出、少有收获。事实上，年龄较大儿童的价值远不仅仅是照顾、关爱之类，甚至照顾、关爱的价值也是非常巨大的。在混龄活动中，年龄较大儿童可能获得了善于规划、善于组织、善于协调等良好品质。当一个年龄较大的儿童向年龄较小的儿童展示应该怎么做，并讲出其中的道理的时候，其自身的发展也是巨大的。要不然，怎么会有"教学相长"的说法呢？

当不同年龄的儿童在一起时，常常是相互创造了对方的"最近发展区"。不同年龄的儿童，会在不经意间相互"教和学"。异龄儿童之间相互挑战，当年龄较大

---

[1] 王滨. 幼儿园混龄教育背景中的幼儿异龄互动的研究［D/OL］. 上海：华东师范大学，2004［2021 - 09 - 02］. https：//kns. cnki. net/kcms/detail/detail. aspx？dbcode = CMFD&dbname = CMFD9904&filename = 2004087430. nh&uniplatform = NZKPT&v = _ t_ 4xxHPwjAC4T9b3kPMz9D9hh0VW6095db8pL8oeEuphvn4d9s0pENBsq8N3LIw.

儿童用自己的行为和语言向年龄较小儿童解释或表现的时候，当年龄较小儿童用自己的行为和语言向年龄较大儿童询问或对其进行模仿的时候，他们都超越了自己的原有水平，他们的这些行为表现也反映出各自力所能及的最高水平。这是异龄之间的社会建构，在这种社会建构中，每个孩子的经验和能力都在自己的最近发展区内得到充实[①]。

（二）丰富难易程度的层次

当不同年龄的儿童在一个班级里时，也就意味着儿童之间的发展水平存在差异，所提供的游戏条件也就应该有一定的层次性，以满足所有儿童的游戏需求。实际上，在同龄编班里，游戏条件的层次性、差异性也是有的，只是在混龄的情况下，这一特点才被放大，更加突出。如果只提供一种难易程度的游戏，就会出现有的儿童觉得太难、有的儿童觉得太简单的情况。

因此，在提供游戏条件时，幼儿园就要考虑到不同年龄儿童的游戏需求。游戏时间、游戏场地、游戏材料，既应有适合年龄较大儿童的，也应有适合年龄较小儿童的。游戏条件本身的层次性、差异性，能够确保所有的儿童都能够玩、可以玩。游戏条件的单一性，常常无法满足混龄儿童的游戏需求。

我们还应该看到，这种层次性还体现在儿童对游戏条件的使用上。也就是说，同样的时间、场地、材料，儿童自己是有可能玩出层次性的。这既与场地、材料的开放性及结构性程度有关，也与幼儿园的管理制度和日常规范有关。以积木为例，确实有的积木更适合年龄较大的儿童，有的积木更适合年龄较小的儿童。当将积木的大小与儿童手的大小、身体的大小同时考虑时，我们就能理解这一点。但同样的积木，幼儿园中年龄较小的儿童可以玩，年龄较大的儿童也可以玩，甚至小学生、中学生、成人都可以玩。

（三）教师加强观察的针对性

要提供有层次性的游戏条件、发挥出混龄的优势，其前提是教师必须加强自己观察的针对性，看到不同年龄儿童的需求。

在同龄编班的游戏中，教师常常做出全班儿童水平相当的假定，因此很容易观察到水平高和水平低的儿童之间的差异。换句话说，水平高和水平低的儿童是少数，教师常常将眼光投向这些"少数"，也就做好了观察。而在混龄编班中，儿童水平有高有低是常态，这就要求教师将眼光投向每位儿童，这样才能真正地"看见"

---

① 华爱华. 幼儿园混龄教育与学前教育改革[J]. 学前教育研究，2005（2）：5-8.

儿童。

最近几年，幼儿园特别流行各种"混龄游戏"。一般来说，幼儿园是按年龄编班的，但在某一特定时间内，是采用混龄的方式进行活动的。比如，户外的大混龄活动，既可能是体育游戏，也可能是其他的游戏（如角色游戏等）；室内的混龄活动，既可能是在各功能室、工作坊的游戏，也可能是在各班的教室里的游戏。当混龄活动进行时，常常热闹非凡，给教师一种儿童都在非常热情地投入游戏的感觉。

在这样的混龄活动中，教师常常被固定在一个地方。也就说，教师看到的儿童，既有可能是自己班的，也有可能不是自己班的。这时，教师要真正"看懂"每个儿童，是非常不容易的，特别是对于那些并非自己班的儿童，因为教师可能缺乏某名儿童的背景信息，不知其"前因"也不知其"后果"。当教师的观察无法为随后行动所用时，这样的观察更多的只能是一种基本的保护，常常只能做到"安吉游戏"所倡导的"管住手、闭住嘴"，但没有真正地"睁大眼、竖起耳"。

> **案例 3-2**
>
> **"跟着大王去巡山"游戏案例点评**[①]
>
> 在幼儿园开展的混龄活动中，常常出现满足于"混"，满足于不同的年龄、不同班级的儿童"混"在一起，将"混"当成了目的。当儿童"混"在一起之后，游戏中发生了什么？游戏有什么样的特点？"混"和"不混"有何区别？哪些儿童通常容易在一起玩？在玩的过程中会出现什么样的问题？在玩的过程中，儿童获得了学习和发展吗？所有的儿童都在朝着我们所期望的目标进步吗？在玩的过程中，有"滥竽充数"的吗，是否有没有"混"出名堂及获得发展的？
>
> 因此，混龄活动中教师的观察就非常重要。在"跟着大王去巡山"这个案例中，教师从"偶然"注意"大王去巡山"，到持续观察游戏从"巡山"到"怪兽大战仙女"的发展变化。教师既看到了游戏小组的形成（如女生跟女生组成一个组，男生跟男生组成一个组）、小组内的同伴互动（如大家一起出主意）、同伴关系（如小辉在游戏开展中发挥的作用），也看到了"怪兽"组和"仙女"组之间的多回合互动，还看到了儿童在游戏中遇到的问题（如"仙女"不参与）、他们的思考以及解决问题的方式（如交流、沟通、问一问）。
>
> 在这个案例中，儿童成了游戏的主人，玩什么、怎么玩、和谁玩、在哪里玩，都是由儿童自己决定的。教师的作用主要是观察和解读孩子，并且基于观

[①] 具体案例见本书第四单元第四节案例介绍：角色游戏活动案例。

察和解读，在游戏之前及之后做好工作，包括创设环境、讨论规则等。教师在混龄游戏中，观察谁、不观察谁？特别是当儿童来自其他班级时，如何使得观察更有针对性、解读更适宜？如何将这些观察和解读转化为随后的教育？这些都是非常值得研讨的问题。

⊙ 单元小结

本单元的内容是游戏条件的提供，这对游戏开展是非常重要的。如果不具备条件，那么要开展游戏就会困难重重，毕竟，"巧妇难为无米之炊"。

在提供游戏条件时，幼儿园应秉持游戏是儿童的权利，系统思维，提供与利用并重，低成本、有质量等理念。这些理念在一定程度上指向了当前幼儿园游戏开展中存在的具体问题，如不重视游戏、片面考虑游戏条件问题、忽视对游戏条件的利用、提供的游戏条件质量不高等。真正理解和创造性地运用这些理念，是非常重要的。

游戏时间的保障和游戏环境创设，本质上就是游戏的时间和空间问题。相对而言，幼儿园实践中更重视空间、材料问题，对时间问题不够重视，或者说相对比较粗略。其实，幼儿园游戏时间的提供，可能是一个非常"精细"的工作，在总时间相同，而存在不同的分配方式的情况下，可能会产生不同的效果。

需要大家特别重视的是，我们必须关注特殊情况下如何提供条件，以实现游戏为基本活动的要求。如果儿童过多，则需要大班额；如果儿童过少，则可能不得不混龄编班。师资、场地、自然因素等，都会影响甚至决定幼儿园游戏的开展。这些内容在传统的游戏教材中很少出现，却实实在在地影响了幼儿园游戏的开展。

⊙ 拓展阅读

［1］鄢超云，等．低成本有质量的幼儿园环境创设［M］．北京：教育科学出版社，2013．（第一章、第二章）

［2］布拉德．0—8岁儿童学习环境创设［M］．陈妃燕，彭楚芸，译．南京：南京师范大学出版社，2014．（第一章、第三章、第十七章、第十九章）

［3］程学琴．放手游戏 发现儿童［M］．上海：华东师范大学出版社，2017．（第二章）

⊙ 巩固与练习

一、简答题

1. 简述幼儿园游戏条件提供时的"提供与利用并重"理念的主要意思。

2. 简述如何保障幼儿园游戏的时间。

二、论述题

结合"低成本、有质量"的思想，论述我国农村地区如何提供游戏条件。

三、案例分析

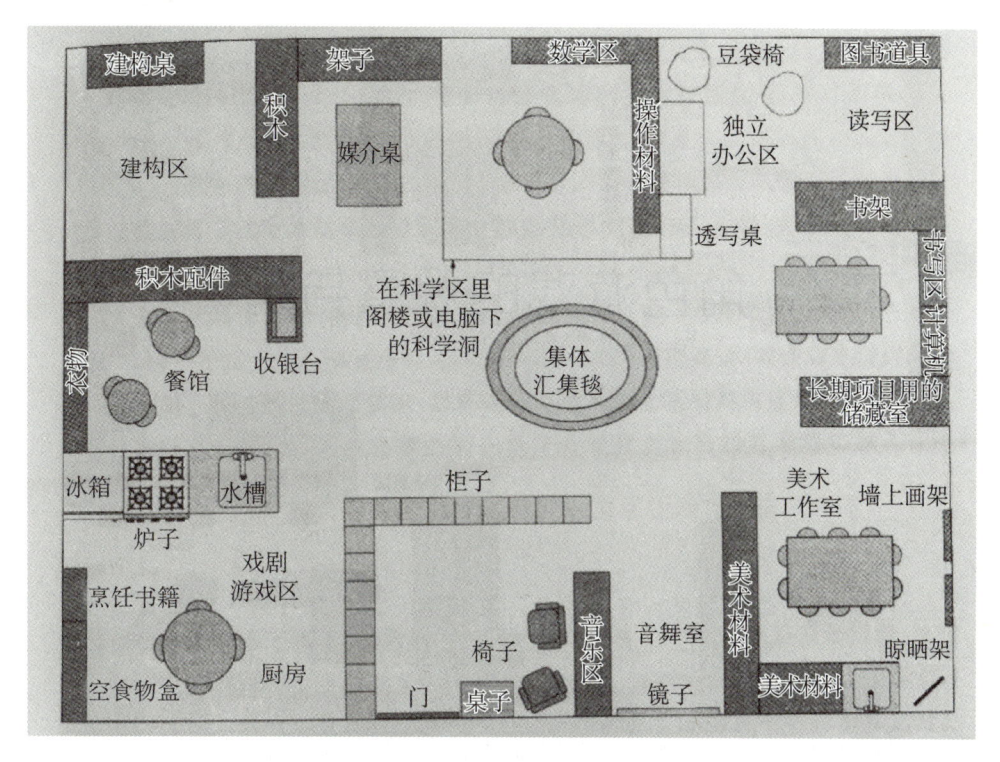

以上是一个幼儿园活动室的平面图。请对此活动室的游戏环境提供情况进行分析。如果条件允许，也可以自己画出幼儿园某班教室的平面图或全园的平面图，进而分析幼儿园的游戏环境创设。

四、实践题

收集一个幼儿园的一日生活作息安排，分析其是否为幼儿的游戏提供了时间保障。如果可能，可以一直跟着一个班级，记录实际上幼儿游戏的时间，并将之与作息安排上的游戏时间进行对比，进一步分析有关幼儿游戏时间的问题。

第四单元 角色游戏的观察与指导

导 言

当幼儿园的小朋友们聚在一起玩耍时,你很容易观察到与下面描述相类似的场景:

在一个"超市"里,有"顾客"在挑选商品,有一位"收银员"正在扫码、收费,一位"顾客"出示了自己的二维码,"收银员"用自己的手扫了一下,还发出了"嘀"的一声;

孩子们用大树叶装着一些沙子或其他东西,用一片小叶子或手当勺子在沙子里不停地搅动,孩子们说这是在"炒饭";

一个小朋友握住拳头,又伸出拇指和小指贴在耳朵上,或者直起巴掌放在耳朵旁边,给朋友"打电话";

一个小朋友两手握住一个圆盘放在身前,一边转动圆盘一边发出"嘀嘀叭叭"的声音,手上可能还有动作,眼睛也在不停地观察四周;

医院里,"医生"正在给"病人"看病,"护士"正在给"病人"打针,"医生"可能还会让"病人"躺下,给"病人"开刀、动手术;

餐厅里,"客人"正在"点菜","服务员"在认真地记录;

家庭里,"妈妈"正在照镜子"化妆","爸爸"正在"厨房"里"炒菜","娃娃"正在"客厅"里画画;

……

在这些活动中,孩子们做着在真实生活中存在,但又与真实生活不同的活动，假想着各种并非真实出现的场景，扮演着真实生活中存在但并不是自己的角色，他们正在玩的就是3~6岁儿童的典型游戏活动——角色游戏。

☆ 学习目标

1. 掌握角色游戏的基本知识，特别是角色游戏的特征和价值，并能运用这些知识，观察、解读幼儿的角色游戏。

2. 能基于对幼儿的观察与解读，了解幼儿的角色游戏兴趣与需要，采用多种方式指导幼儿的角色游戏，促进幼儿角色游戏持续、深入地开展。

思维导图

- 角色游戏的观察与指导
  - 角色游戏的基本知识
    - 角色游戏的概念、要素及其特征
    - 角色游戏的理论基础
    - 角色游戏的价值
    - 角色游戏的发展
  - 角色游戏的观察与解读
    - 角色游戏观察与解读的计划
    - 角色游戏的观察与解读要点
    - 角色游戏的观察与解读工具举例
    - 角色游戏观察与解读信息的运用
  - 角色游戏的指导
    - 幼儿教师在角色游戏中的定位与身份
    - 角色游戏环境的规划与创设
    - 角色游戏的支持与指导
  - 案例介绍：角色游戏活动案例
    - 组建队伍去"巡山"
    - 挑战失败，"大王"很失落
    - 挑战升级，"仙女"逃跑了
    - 终极挑战："怪兽大战仙女"
    - 教师总结

第一节 角色游戏的基本知识

一、角色游戏的概念、要素及其特征

1. 概念

在不同场景下，角色游戏有时也被称为假装游戏、想象游戏、象征性游戏、假想游戏或社会性戏剧游戏。虽然这些术语彼此间存在着细微的差异，但它们都涉及假装和运用符号来代表其他的人、事、物，在实践中基本都可以与角色游戏通用。角色游戏的主题、场景、元素丰富多样，但总体来说，角色游戏就是幼儿通过角色扮演，运用想象，创造性地反映个人生活经验的一种游戏。

2. 要素

根据 Bodrova 和 Leong[①] 的观点，幼儿的角色游戏通常有 6 个要素：第一是游戏的计划，幼儿在开始角色游戏前或角色游戏开展初期规划自己将要做的事情；第二是角色，如妈妈、老师、理发师、超级英雄等；第三是物品和道具，如蔬菜水果玩具、用积木块代替的遥控板、用小椅子代替的汽车等；第四是时间的跨度，幼儿的游戏总会在或长或短的一段时间里铺展延伸开来；第五是主题和情节，如全家去"野餐"、卖"冰糖葫芦"等；第六是语言，即幼儿用什么样的语言在特定场景下对不同角色的语言和行为进行回应，或与其互动。

3. 特征

幼儿角色游戏的内容来自幼儿的生活经验，游戏基本是幼儿对已有生活经验的模仿性和创造性的反映。这些经验有的来自幼儿自己的日常生活，比如家庭生

---

① LEONG D, BODROVA E. Assessing and scaffolding make-believe play [J]. YC Young Children, 2012, 67 (1): 28-34.

活、幼儿园生活，或者去医院看病等日常生活经验；有的则间接地来自幼儿听过的故事、看过的图书和视频，比如孙悟空打妖怪、远航寻宝等故事。在角色游戏中，幼儿最初会更多地表现自己的直接经验，也更倾向于模仿。随着年龄增长和经验的丰富，幼儿在游戏中对间接经验的表现会更多，也会有更多的内容组合和创造性表达。

幼儿的角色游戏充满了假装和替代，可以说角色游戏的开展就是幼儿创造性地进行假想的过程。幼儿在游戏中的假想包括以人代人、以物代物和情景转换。以人代人即幼儿让自己或他人通过语言、表情、动作等来扮演不同于原身份的角色。以物代物即幼儿用一个物品替代另一个物品，例如，用呼啦圈替代方向盘、用石头替代珍珠。有时幼儿也用自己的身体或动作来替代物品，如，用两只手组合握拳替代望远镜，用握拳张开虎口的手势替代手枪。幼儿角色游戏中的以物代物常有一定的灵活性和创造性，所以一根小棍很可能一会儿是"魔法棒"，一会儿是"宝剑"，一会儿又成了"飞行器"。情景转换是幼儿对游戏场景的假想，如幼儿将大型玩具下层的隐蔽空间作为基地，把两张桌子和几张椅子摆成的空间当作学校，这些都是角色游戏中的情景转换。

二、角色游戏的理论基础

角色游戏是一种社会性游戏，下述5个基本理论将幼儿的角色游戏与社会性发展建立起了紧密的联系，为我们理解幼儿角色游戏提供了理论基础。

1. 埃里克森的心理学理论

埃里克森的心理学理论强调角色游戏和儿童社会学习的关系。角色游戏帮助儿童理解文化和社会规则，支持他们发展社会交往技能。通过角色扮演和假装，儿童将社会和文化的相关知识整合到自己的人格当中。埃里克森认为充分的角色游戏体验让儿童能够更好地胜任社会生活。

2. 皮亚杰的认知发展理论

儿童的角色游戏就是对现实世界的创造性模仿，儿童通过扮演不同的角色来建构对各种主题的认识和理解。皮亚杰的认知发展理论认为游戏中的互动为儿童社会能力的发展提供了重要机会，儿童通过参与角色游戏来理解周围的社会。儿童在角色游戏中实现概念的同化，进行练习，并扩展想法，同时发现别人的想法可能和自己的不同。皮亚杰认知发展理论强调，对于4~7岁的儿童来说，角色游戏尤其重要，直到儿童7~12岁，角色游戏才逐渐被规则游戏取代。

3. 维果茨基的社会文化理论

维果茨基的社会文化理论认为角色游戏帮助儿童区分幻想和现实、控制冲动、学习遵守社会规则，所以对儿童的认知和社会性发展意义重大。维果茨基认为从一岁半开始，儿童就出现了假装游戏，他们从中学习区分现实与假装，创造性地整合各种元素来构建主题，采用新的方式来表达旧的经验。他还专门提到在角色扮演中儿童需要控制冲动和服从规则，这样才能使游戏继续下去。与比自己年长的儿童一起开展角色游戏时，儿童不断学习、模仿，走入并扩展自己的最近发展区。

4. 加德纳的多元智能论

加德纳认为人类的智能至少包括八种，儿童和成人一样，因为大脑结构、时间、处境等不同，在各项智能上的表现也不相同。角色游戏至少能明显地支持儿童三种智能的发展。首先，角色游戏中儿童需要运用自己的肢体来表达想法和解决问题，这能够支持他们身体运动智能的发展。其次，儿童在角色游戏中学习通过语音、姿态和面部表情理解与区分他人的意图、情绪和感受，这能够支持他们人际交往智能的发展。最后，扮演角色时儿童也需要从自身和别人的角度来识别自己的情绪、需要和愿望，这又给予他们个人内省智能发展的机会。

5. 儿童心理理论

儿童心理理论是指儿童识别自己和他人信念、知识、意图等心理状态，预测自己和别人行为的能力。心理理论是社会性能力的核心。研究发现，角色游戏的经验对儿童的心理理论发展有显著的积极影响。这一点很好理解，在扮演不同于自己本来身份的角色时，儿童需要揣摩那个角色的想法并预测其行为。角色游戏中的相互交往也需要儿童理解同伴的想法和意图，调整自己与之相对应的想法，让游戏能够生成并发展下去。

尽管上述这些理论并不仅仅指向角色游戏，但是都为我们理解儿童的角色游戏提供了有益的理论视角，通过这些理论我们既能够更好地看到角色游戏对儿童及其发展的意义，也能够更好地思考成人可以如何支持儿童的发展。

三、角色游戏的价值

角色游戏对幼儿的学习与发展具有毋庸置疑的支持作用，这种支持涉及幼儿动作、认知、语言、情感、社会技能等多个发展领域。

1. 动作发展

和其他所有的主动游戏一样，角色游戏中幼儿会自然地运用大肌肉群和小肌肉群。在使用道具时，他们会运用小肌肉群来拿取和操控材料；在演绎角色的动作时，幼儿的走、跑、跳、平衡、躲闪等大肌肉群动作也得到了锻炼。因为角色扮演，幼儿会主动地运用大肌肉群和小肌肉群，这使得动作发展不依赖枯燥的训练，从而真正调动了幼儿的兴趣，鼓励幼儿主动活动。

2. 认知发展

角色游戏为幼儿的认知发展提供了平台。游戏中幼儿要扮演并非自己真实身份的角色，就需要掌握关于游戏情节的基本知识并进行一定的即兴发挥，需要创造游戏的情节。例如，一个幼儿要带布娃娃去"购物"，他头脑中要有商场购物的场景，而且在几次购物游戏之后，游戏情节也会更加复杂。这些经验能够反过来帮助幼儿更好地理解未来真实生活中的购物经验。根据维果茨基的观点，角色游戏中幼儿不仅再现他们听到、见到的事物，而且会创造性地加入他们自己对世界的理解。在赋予和理解物品的象征性和符号性意义时，幼儿直观的行动和思维不足以帮助他们实现目的，所以自然发展出应用、评价、创造等布鲁姆教育目标分类法中的高阶思维。游戏场景还需要幼儿理解别人的想法，同时让别人理解自己的想法，于是他们的心理理论也获得了发展。此外，在多人参与的角色游戏过程中，还涉及幼儿运用和发展合作计划、协商、解决问题和寻求目标达成等复杂的认知能力。

3. 语言发展

在开展角色游戏时，幼儿常常用语言来宣称动作、物品或角色——"我是老师""我正在开车""这是我的魔法棒"等。而在多人角色游戏中进行角色分配，确认、构建、拓展和丰富游戏情节时，幼儿更会大量地使用语言。他们会倾听别人的想法，表达自己的看法，也会征求别人的意见，甚至用语言来说服别人。游戏进行中如果出现了问题，幼儿需要用语言来尝试解决，同时语言也是他们支撑自己思考和表达情感的重要工具。角色游戏给幼儿提供了语言发展的沃土。角色游戏是假想而非真实的生活，游戏中的语言使用具有更大的开放性和包容性，所以正如许多研究所证明的，幼儿总是倾向在游戏中率先使用自己刚刚学到的新词汇和语言表达方式，这种游戏场景中的低风险的"练习"使得幼儿能够更快、更好地掌握新的语言内容。

4. 情感发展

与成人不同的是，儿童总体上不能很好地单用语言表达自己的感受，他们有着和成人类似的感受，但是他们往往需要通过游戏来表达感受。角色游戏帮助儿童宣泄、表达自己的情感。根据弗洛伊德的经典理论，儿童运用游戏来减缓焦虑情绪或理解创伤体验，他们会重复地再现自己不愉悦的经验来消化自己对这些经验的负面情绪，并降低相关感受的强度。同时，儿童也在游戏中获得积极的体验和满足感。角色游戏让儿童体验到掌控感和快乐，并建立了积极的自我身份认同。

5. 社交技能

当幼儿在角色游戏中与真实的或想象中的玩伴一起进行游戏时，他们的游戏就具有了社会性。当没有玩伴时，他们可能会运用语言和肢体动作寻找伙伴。他们需要形成共同的游戏图景，让参与者都理解这个图景并实现相互理解。随后他们需要一起协商制订计划，在意见不一致或发生冲突时运用复杂的社交技能，设法找到大家都能接受的解决办法。

此外，角色游戏对于幼儿自控能力的发展也有明显的促进作用，角色游戏的顺利开展需要幼儿控制自己的情绪和认知上的冲动，而这种控制往往意味着更高水平的执行功能——一种以认知为基础的，综合解决问题的能力。研究认为，执行功能的发展是儿童内在固有的潜力，但是其所能达到的高度与儿童的自控能力、记忆力和认知的灵活性有关，角色游戏对于这三个与执行功能相关的要素的发展都有帮助。

⊙学习活动

在幼儿园观察一个角色游戏，或观看一个角色游戏的视频（自己拍摄的视频或其他人拍摄的视频），分析在这个角色游戏中，幼儿有什么样的学习和发展。请具体到某一名幼儿，而不是笼统地讲角色游戏中的学习与发展。

四、角色游戏的发展

我们在幼儿的角色游戏中往往能发现一些游戏高手，他们能够自己发起角色游戏并在游戏中充当领导者角色。不过游戏高手都是从游戏新手发展而来的。从婴儿晚期开始，孩子们的独自游戏中就出现了假装和象征。在8个月到1岁之间，随着婴儿记忆力的发展，孩子们的象征性游戏也出现了，这种游戏要求婴儿能够在心理上再现物品并且运用假装行为。进入幼儿园小班和中班阶段，孩子们能够和同伴一起进行象征性的游戏。而到了大班阶段，孩子们已经成了角色游戏"专家"，游戏场景更加丰富，主题更加复杂，假想也更加精细化。

1. 角色游戏的水平

Bodrova 和 Leong 依据幼儿在游戏计划、游戏角色、物品道具、时间框架、语言运用和场景情节 6 个角色游戏要素上的表现，将幼儿的角色游戏划分出了 5 个发展水平,对应"萌芽""行动中的角色扮演""初步的规则与情节""成熟游戏""主导游戏"5个阶段[1](见表4-1)。

表4-1 角色游戏的发展阶段

阶段	游戏计划	游戏角色	物品道具	时间框架	语言运用	场景情节
萌芽	无计划	无明确角色	摆弄道具	游戏时间探索材料	极少运用语言	无场景,模仿教师或按教师指导演出简单和重复的剧本
行动中的角色扮演	无计划	行动先于角色选择	使用道具并且在道具使用中产生角色	游戏场景能持续数分钟	运用语言宣称行为	能创造出刻板的、只涉及很有限行动的情节。在成人支持下能够将看到的范例整合到游戏情节中
初步的规则与情节	计划角色	有角色但可能随时变化	根据角色使用道具	游戏场景持续10~15分钟	运用语言宣称角色	能够演出熟悉的剧本,能接受新情节
成熟游戏	提前计划	角色数量多,关系相对复杂	使用道具过程中出现符号性的表征	如果得到支持,游戏能够持续数小时甚至更长时间	用语言宣称角色和行为,使用角色中的语言	能够根据已有剧本和游戏者的愿望整合出新的系列化的情节
主导游戏	提前做精细计划	能够一人分饰多个角色	不再依赖道具进行角色扮演,还可以让道具成为游戏角色	游戏持续时间更长,游戏中断后还能返回游戏中	语言能够极大丰富游戏中的角色、情节和行为,游戏情节在过程中不断展开并能灵活调整	能够根据已有剧本和游戏者的愿望整合出新的系列化情节,能够运用故事和文学作品中的主题进行游戏

幼儿的角色游戏要顺利走过这些阶段离不开成人的支持。通过适宜的材料提供、示范和讨论等,教师能够帮助幼儿的角色游戏走向成熟。

角色扮演涉及儿童采纳某个场景中的任务角色的动作、感受、想法和行为。Isenberg 和 Jalongo 将儿童的角色扮演划分为三个水平,分别是非正式扮演、故事扮演和正式的有剧本扮演[2]。在非正式扮演水平的角色游戏中,幼儿自发地扮演熟悉

---

[1] LEONG D, BODROVA E. Assessing and scaffolding make-believe play [J]. YC Young Children, 2012, 67 (1): 28-34.

[2] ISENBERG J P, JALONGO M R. Creative Thinking and Arts-Based Learning: Preschool Through Fourth Grade [M]. 7th Edition. Upper Saddle River, NJ: Pearson, 2017.

的角色。在故事扮演水平的角色游戏中，幼儿需要提前规划并且花一些时间做必要的场景和道具准备，甚至会进行简单彩排。而在正式的有剧本扮演水平的角色游戏中，幼儿需要记住剧本，他们被动地按照安排进行角色扮演，没有太多能够发挥的空间。在学前阶段，幼儿的角色游戏多处于非正式扮演水平，幼儿发展的中后期出现少量的故事扮演水平的角色游戏。

2. 角色游戏的年龄特点

幼儿园小、中、大班的幼儿因身心发展的一般规律，其角色游戏也呈现出一些常见的年龄特点。这种特点既取决于幼儿对现实生活的认识和感受的广度与深度，也取决于他们在不同年龄段注意力、想象力和思维能力上的差异。把握不同年龄段幼儿角色游戏的特点是教师有效介入和指导幼儿游戏的基础。

小班幼儿的直觉行动性很强，角色意识却比较弱，所以他们的角色游戏往往没有明确的目的性，游戏内容高度依赖具体的事物，容易受到同伴的影响。比如，小班的幼儿通常看到电话就会玩打电话游戏，看到听诊器就会玩医生游戏，也会因为看到身边的小朋友在玩什么而自己也想玩什么。因此，提供形象、逼真的材料能够激发小班幼儿开展角色游戏的动机。同时，幼儿容易想要模仿同伴的游戏，所以小班幼儿常常因为想玩与同伴一样的游戏而与同伴争抢材料。受限于已有经验，小班幼儿的角色游戏主题局限在家庭生活等他们熟悉的领域，角色游戏的情节也集中在相关角色的典型行为，所以小班幼儿会不厌其烦地重复扮演妈妈做饭、喂宝宝等行为。因此，教师在为小班幼儿提供角色游戏材料时，应以家庭生活等相关游戏主题为主。小班幼儿尚处在自我意识形成阶段，不能清楚地认识人们之间的各种关系，所以其角色游戏多为单独游戏和平行游戏，游戏中模仿多、互动少，成人不必强求小班幼儿进行交流合作。此外，小班幼儿在游戏情景与真实情景的转换上可能不够自如流畅，有时会将游戏与真实生活相混淆。比如，他们可能会把食品玩具放进嘴里，也可能会被游戏里的"怪兽"吓到，因此教师在投放材料时要考虑到卫生安全和游戏刺激幼儿的强度。

进入中班，幼儿逐渐能够有意识地选择角色并围绕角色安排情节。例如，幼儿可能在开始游戏前就选好了要玩医生游戏，那么接下来的活动他们基本能够按照医生职责来开展游戏，他们可能会给小伙伴"看病""打针""做手术"，也渐渐不会像小班时看到别人的活动就迅速放弃自己的角色。同时，中班幼儿的游戏主题也随着经验的丰富而扩大。他们会开始扮演医生、警察、消防员等在他们更广大范围的真实生活中出现的角色，故事中、电视里的一些角色也慢慢出现在他们的游戏中。对此，教师应该有意识地进一步丰富幼儿的游戏经验。社会性的发展让中班幼儿越来越倾向于与同伴一起玩，角色游戏也有了越来越多结伴游戏的形式。幼儿开始能够围绕游戏情节做简单的协商和配合,甚至会调整自己的角色或指挥其他人的角色,共同将游戏推进下去,所以教师创设游戏情景时可以考虑不同角色、不同区域之间的关联,鼓励幼儿在游戏中互动。此外,因为游戏的主动性和目的性有所增强,中班幼儿往往偏好游戏中的"重要角色"(如餐厅里的厨师而不是服务员,医院里的医生而不是护士),因此,他们可能因为角色分配产生矛盾,这就需要教师进行引导。

大班幼儿角色游戏的目的性和角色意识进一步增强,他们渐渐能够自己确立游戏主题、选择角色,并且沉浸在选择的角色中,将游戏情节向纵深推进。因表征能力和想象力的发展,大班幼儿角色游戏中的假装水平也有明显提高。一方面,他们的假装有了更多细节,例如"医生"做手术除了开刀,还要完成手术之前的消毒和之后的伤口缝合;"司机"开车除了转动方向盘,还要系安全带、开关车门等。另一方面,他们的假装越来越不依赖实物材料,他们可以用包装彩带来做汽车的安全带,甚至可以完全用动作来表达系安全带。在社会性方面,大班幼儿的游戏中出现了大量的合作,他们能够分工、商讨、协作解决问题,角色游戏中人际交往的乐趣已经大于操作材料的乐趣。因为大班幼儿的生活经验日渐丰富,他们对游戏中涉及的很多现实规则也越发明确,例如,去医院看病要先挂号再看医生,医生做手术时要用手术刀而不是菜刀。因此,大班幼儿的角色游戏中有时会出现因为幼儿对规则的不同理解而引发的纠纷,需要教师通过讨论澄清的方式来帮助幼儿解决。

当然,年龄特点反映的是一般、大体和典型的情况,事实上每个幼儿在性格、已有经验、发展水平、个人兴趣和学习方式上都有独特之处,教师在把握整体情况的基础上深入了解个体幼儿的兴趣与需要,并基于此提供个别化的指导,才能成就每个幼儿的高水平角色游戏。教师只有充分观察和准确解读幼儿角色游戏,才能够了解和适宜地支持每个幼儿的角色游戏。这正是我们第二节要讨论的话题。

第二节 角色游戏的观察与解读

学前教育评价是学前教育中至关重要的环节之一,对儿童的角色游戏进行观察与解读能够帮助教师对幼儿园的游戏活动和儿童的发展做出真实的评价。观察与解读让儿童在愉快的活动情境中主动参与体验，而成人能够根据观察到的真实情况对游戏和游戏中的儿童与教师进行评价。

一、角色游戏观察与解读的计划

角色游戏中，幼儿的游戏空间常处在一个随时变化甚至有些凌乱的状态，孩子们时常移动，做着各种动作，并且常常与同伴对话或者自言自语。要尽可能了解幼儿个体的游戏情况，幼儿园教师需要寻找焦点来进行观察。这种焦点可能是教师预先计划的观察要点，或者是要观察的某一位幼儿，也可能是幼儿在游戏中吸引教师注意的或教师临时捕捉到的要点。经过"对焦"之后，教师便需要对焦点幼儿的语言和行为或焦点游戏的内容、情节、互动、材料运用和时间安排等进行密切的观察，尽可能不遗漏与焦点有关的细节。

显然，对观察与解读进行计划是非常重要和必要的。计划的过程，也是充分运用各种游戏知识和能力的过程。

（一）谁观察

幼儿园的所有工作人员，还有家长，都可以是角色游戏的观察者和解读者，但最主要的人员还是班级里的两位教师和一位保育员。与其他游戏相比，角色游戏的开展，常常是比较分散的。比如，幼儿园的建构游戏常常只是在一两个区域开展，但角色游戏，可能同时在很多个区域开展。这就需要对班里的人员，对角色游戏进行观察和解读，并预先对"谁观察"做出计划，做好分工与合作。这可能会涉及如下一些问题：班里的保教人员对角色游戏的观察与解读，是随机的、偶然的，还是有计划的？谁看什么、谁不看什么？是某位教师重点看某些角色游戏，还是每位教师对所有角色游戏都要观察？如何使不同的人所观察到的信息能够具有连续性？

（二）观察谁

如果不对"观察谁"做好计划，那么就可能会出现有些儿童被观察得多、有些儿童被观察得少，甚至有些儿童没有被观察的情况。教师要做好计划，确保在一定时间段里（如一个星期或一个月）对角色游戏中的所有儿童都进行观察。唯有如此，才可能观察到儿童的角色游戏，才可能通过角色游戏观察、了解到儿童。

在面向全体的同时，也应有所侧重、聚焦，关注那些在角色游戏中应该重点关注的儿童。比如，不能较快、较好地参与角色游戏的儿童，常与其他儿童发生纠纷的儿童（如争抢玩具、不能很好地协商角色分配的儿童），角色游戏中无所事事、无目的游荡的儿童等。

（三）观察什么

所有的角色游戏，教师都应该观察与解读。这就需要幼儿园教师对班级里的角色游戏类型、场所等都有清醒的了解和认识。幼儿园的角色游戏，至少有三种类型：一是非常明确、典型的角色游戏，这类角色游戏通常是提前布置好情景（如娃娃家、医院、商店、理发店、餐厅等）、提供好场所和材料。二是其他游戏情景中临时生成的角色游戏，如建构游戏中，儿童用雪花片拼成了一些"武器"，进而衍生出"打仗"的角色游戏。三是偶然生发的角色游戏，这类角色游戏可能并不被教师提倡、允许，但客观存在。比如，排队、进餐、午睡时儿童自发的一些游戏。

（四）什么时间和地点观察

角色游戏的发生，总是有一定的时间和地点的。如果不做好计划，就可能出现想看的时候没有发生、发生的时候又没有看到的情况。教师在观看角色游戏时，既要避免浏览式、蜻蜓点水式的观看，也要避免只看一个地点，完全忽略其他地方。当一位教师要对一个地点的角色游戏进行深入观察时，需要其他教师观察其他地方的游戏。这种配合，不能只是依赖直觉和经验，还需要预先计划。

（五）怎么观察和记录

在观察的同时，教师需要对围绕焦点观察到的情况进行记录。这种记录可能是教师借助现代技术和电子设备完成的录像、录音，或者收集到的实物，但更多时候则是教师快速、简明的笔头记录。教师在观察时需要记录观察到的基本信息，如观察的时间、地点、对象、活动内容等，并将观察和记录的内容按儿童个体或时间顺序归档。同时，教师也需要尽可能客观而清楚明了地记录所观察到的细节：儿童说了什么？做了什么？与谁一起玩的游戏？用了什么材料？成人是否参与了游戏？是如何参与游戏的？等等。记录了这些信息以后，教师对儿童游戏的分析和解读就有了"物料"。

另外，教师还可以进一步做好分析和解读的计划。

分析和解读是教师赋予观察和记录的信息以意义的过程。教师对观察和记录的信息的分析需要有理论和框架的支持，而这个理论和框架通常与观察时选定的焦点相一致。围绕焦点，教师根据观察和记录的信息可能分析焦点儿童的发展水平、个性特点、个人兴趣和学习需要，可能分析儿童之间互动的质量和特点，可能分析游戏环境创设和材料投放的适宜度，也可能分析教师参与和指导的精妙之处与需要调整的地方。

分析的直接目的是实现对幼儿角色游戏的尽可能准确的解读，同时又直接通向教师关于设计、指导、调整幼儿角色游戏的下一步计划。围绕焦点分析观察和记录的信息之后，教师能够对幼儿发展、游戏互动和教师指导的现状做出比较明确的评价，并且理解现状背后的原因。幼儿在游戏中的参与度如何？是什么影响了他们的游戏参与度？怎样做可能提高幼儿的游戏参与度？幼儿的角色游戏能力达到了什么水平？这些能力的哪些方面幼儿表现突出，哪些方面还需要获得额外的帮助？幼儿园教师创设的游戏环境质量如何？哪些调整可能提高游戏环境质量？找到这类问题的答案，教师就实现了对幼儿角色游戏有意义的解读。

二、角色游戏的观察与解读要点

对角色游戏进行观察与解读时，教师可以从是否符合游戏的特点、是否符合角色游戏的特点、儿童在角色游戏中学习与发展的情况、游戏是否涉及所有儿童、是否覆盖所有角色游戏等方面进行观察与解读。比如，可以结合本书第一单元中有关儿童游戏特点的知识，观察和解读某一具体角色游戏活动的游戏性，也可以从儿童的视角进行观察和解读等。

下面是三个特别应该关注的方面。

1. 游戏情况

幼儿角色游戏的基本情况包括幼儿游戏的主题与情节、角色与玩伴、教师角色、参与度等。幼儿游戏的主题与情节是对幼儿兴趣和经验的反映：幼儿喜欢妈妈和爸爸，就会玩"过家家"游戏；幼儿喜欢幼儿园，就会玩上学游戏；幼儿喜欢超人，就会玩超人与坏人战斗的游戏。同时，幼儿游戏的主题与情节取决于幼儿所拥有的与所选游戏主题相关的经验，幼儿在游戏中将这些经验创造性地表现出来。因而，幼儿角色游戏的主题与情节常来自幼儿园的课程，即幼儿上课、学习的经验，有时角色游戏也能够引发幼儿园的课程。

幼儿在游戏中有时独自玩耍，有时邀约同伴合作，有时和要好的一两个朋友分享游戏活动，有时则广泛地与游戏中同伴扮演的各种角色进行互动。透过游戏中幼儿扮演的角色及其玩伴的选择，我们很容易辨别幼儿是独立性还是依存性的性格及其学习方式，也能够了解幼儿的同伴关系。游戏中常常一起玩的幼儿通常是要好的朋友，而经常更换游戏玩伴的幼儿往往在社会交往上有较强的灵活性。

在幼儿的角色游戏中，教师介入与否会对幼儿的游戏产生直接影响。教师可能旁观幼儿的游戏，也可能采用平行参与、扮演角色和直接指导等方式来支持幼儿的游戏。教师是否介入、介入时机、介入方式、介入程度以及介入产生的效果都可能成为角色游戏观察与解读的要点。

与此同时，幼儿在游戏中的参与度也是观察与解读角色游戏的重要维度。在不同角色游戏、同一角色游戏的不同时段中，幼儿的参与度是动态变化的，但是高质量的角色游戏通常都是幼儿高度参与的游戏。游戏中幼儿是游离在外还是投身其中，是冷眼旁观还是跃跃欲试，是模仿重复还是主动创造，是面无表情还是高度兴奋，这些都能告诉我们幼儿在游戏中的参与程度，也为我们提供了与吸引或阻碍幼儿参与游戏的因素相关的信息。

2. 游戏水平

角色游戏从整体上能够帮助我们解读幼儿在各方面的发展情况。例如，根据幼儿使用小体积游戏材料和游戏中躲闪移动的情况，我们能够识别他们小肌肉群精细动作和大肌肉群动作的发展水平；根据幼儿在角色游戏中自言自语或与同伴进行对话的情况，我们能够简单判断他们的语言发展水平；根据幼儿在角色游戏中发生纠纷和解决纠纷的情况，我们能够大致了解他们的情绪和社会性交往水平。

当然，角色游戏更是为我们观察幼儿假装游戏的水平提供了绝佳的机会。幼儿是否能够明确自己的角色、坚持扮演这个角色，并表现出这个角色相应的特点？幼儿是否能够使用真实的材料或动作进行简单或复杂的想象性替代？幼儿是否能够假想出简单或复杂的游戏情境，并且投入符合该情境的游戏？幼儿在游戏中运用语言与人交往的频次和质量如何？上述问题的答案能为我们勾勒出幼儿角色游戏的水平。

3. 游戏环境

对幼儿角色游戏的观察与解读，除了幼儿本身和游戏过程之外，游戏环境的创设与利用也是重要切入点。游戏环境支持了并且在一定程度上决定了幼儿在角色游戏中的表现，因此观察和解读幼儿角色游戏环境，能够为教师更好地支持幼儿角色游戏提供信息。对游戏环境的观察

赶集游戏

和解读既可以从空间规划、区域设置、材料投放等方面来进行，也可以从幼儿与环境中各要素的互动情况来进行。举例来说，某一个角色游戏区域的空间是否充足？不同角色游戏区域的规划是否能让幼儿可以不受干扰又比较顺畅地与同伴进行角色互动？游戏材料是否能够调动幼儿的兴趣和积极性？是不是结构化程度搭配适宜就能使幼儿有发挥想象力的空间？材料的数量是否既能满足游戏的需要，又能够鼓励幼儿围绕材料进行互动？等等。与此同时，我们还可以观察到幼儿喜欢或不喜欢哪些游戏区域和材料；他们是如何在这些游戏空间里活动的，又是怎么使用这些游戏

材料的；他们的游戏还需要增加、减少或更换哪些游戏材料……因此，除了幼儿的活动，游戏环境也是幼儿教师观察与解读幼儿角色游戏的要点。

◉ 学习活动

请对幼儿园的一个角色游戏，从游戏情况、游戏水平、游戏环境等方面进行观察与解读。可以多人共同观看同一游戏，相互交流自己观察与解读的结果。

三、角色游戏的观察与解读工具举例

基于幼儿游戏理论和幼儿发展标准的反思是幼儿园教师对幼儿角色游戏进行观察和解读最常用的方法，不过有一些相对标准化的研究工具也可以被适当地运用到游戏评价实践中，支持教师观察和解读幼儿的角色游戏。在本部分，我们将举例介绍4个适用于幼儿角色游戏观察与解读的工具。

1. 鲁汶幼儿参与度量表

比利时鲁汶大学的研究者列文和他的同事在研究中开发了一套被大家称为鲁汶评量表（Leuven Scale）的幼儿评价工具，其中鲁汶幼儿参与度量表（Leuven Scale of Involvement）主要用于评价幼儿的活动参与度。这是一套过程取向的量化评价工具，被比较广泛地运用于幼儿游戏观察评价中。鲁汶幼儿参与度量表采用李克特五分制量表的样式，要求观察者对照量表的观察信号对幼儿游戏中的参与进行打分。

鲁汶幼儿参与度量表

列文认为高度参与游戏的儿童具有高动机、高敏感度和高能量的特征，他们被活动完全吸引，感到时间飞逝。在游戏中儿童有机会更好地理解现实，由此体会到巨大的满足。鲁汶幼儿参与度量表一共给出了9个观察信号，分别是"专注""能量""复杂性和创造性""面部表情和姿态""坚持性""准确度""反应时间""语言""满足"。运用该量表评价儿童角色游戏时，成人需要对儿童个体进行一对一观察，对每个儿童共观察6个时长2分钟的时段。每个2分钟的时段结束后，观察者需要对9个观察信号分别用"弱""中""强"3个等级进行记分，然后根据9个观察信号上不同等级的数量来对该时段儿童的参与进行打分，6个时段的平均分即该儿童游戏参与度的得分。

鲁汶幼儿参与度量表让观察者可以对幼儿在角色游戏中的参与程度给出纯量化的结论，使得幼儿个体之间、群体之间在不同时间点的参与度能供观察者进行简明、直观的对比，让观察者快速、总体地把握幼儿在角色游戏中的参与情况。同时，这个工具所给出的观察信号能够帮助观察者更好地理解幼儿在角色游戏中的参与情况，并且能够对幼儿参与的信号进行个别的和整体的分析、把握，为幼儿教师提供了易操作的观察与解读幼儿角色游戏的抓手。

2. 斯米兰斯基幼儿社会性假扮游戏评量表

斯米兰斯基是一位以色列的幼儿社会性假扮游戏的研究者，她关注的社会性假扮游戏和本书所指的角色游戏基本是同一概念。通过对幼儿角色游戏的深入研究，斯米兰斯基认为幼儿高水平的角色游戏涉及了场景想象、表征替代、较复杂语言的运用、有主题有细节的游戏情节、复杂的角色设置和长时间投入等特征。她还梳理了幼儿角色游戏水平的6个指标：角色扮演、对物品的假想、对动作和情境的假想、游戏的持续性、游戏中的互动、游戏中的言语交流。观察者根据观察到的幼儿在角色游戏中的表现，对这6个维度分别进行评价，而综合的结果便反映了幼儿角色游戏水平的高低。

斯米兰斯基幼儿社会性假扮游戏评量表[1]采用了李克特四分制量表的样式，观察者使用这个工具以一对一的形式对幼儿的角色游戏进行 5 分钟一个时段，为期 20 分钟以上的自然观察，然后依据观察到的情况对幼儿在游戏中 6 个角色游戏指标的水平进行 0～3 分的记分，并做相关的笔记。"角色扮演"指标主要考察幼儿如何通过模仿动作和语言来演绎假想的角色；"对物品的假想"指标主要考察幼儿如何用低结构化材料、姿势或语言宣称来取代真实的物品；"对动作和情境的假想"指标主要考察幼儿如何用言语替代动作和丰富场景以推动游戏剧情，这里幼儿表现出的想象力和细节化程度是判断这个要素水平的决定性因素；"游戏的持续性"指标主要考察幼儿沉浸在一个游戏情节中的时间长短；"游戏中的互动"指标主要考察幼儿在角色游戏情节中的互动情况，包括互动的频次、与情节的相关性和灵活性；"游戏中的言语交流"指标则主要考察幼儿在角色扮演时围绕情节进行的语言交流情况，包括语言交流的频次、词汇水平和与情节的相关性等。

斯米兰斯基幼儿社会性假扮游戏评量表不仅作为研究工具能够让成人对幼儿的角色游戏水平进行量化评价，而且能够指导实践者更加全面、具体地了解幼儿角色游戏的考察维度，并对教育者支持幼儿角色游戏有所启发。例如，量表让我们知道衡量幼儿角色游戏水平不应该单看语言使用、规则遵守或游戏时间长短的情况，而应该从多个角度来衡量；量表还让我们看到低结构材料更可能引发幼儿进行高水平的物品假想，因此教师应该投放适量的低结构角色游戏材料；此外，如果要让幼儿在角色游戏中有比较多的互动和语言交流，那么就需要提供一定的游戏空间和一定

---

[1] SMILANSKY S, SHEFATYA L. Facilitating Play: A Medium for Promoting Cognitive, Socio-Emotional and Academic Development in Young Children [M]. Maryland: Psychosocial & Educational, 1990.

数量的游戏材料，以促使幼儿在游戏中分享、协商、合作和解决问题。但需要注意的是，游戏空间不是越大越好，游戏材料也并非越多越好。

3. 游戏检核表

游戏检核表是依据儿童发展的目标，进一步细化出来的具体表现指标，可以帮助教师观察、记录儿童的表现。游戏检核表是在综合游戏（或者某种类型的游戏）和儿童发展目标的基础之上，建构出来的具体指标。游戏检核表可以借用他人的成果进行编写，也可以根据相关知识和自己的需求自行编写。游戏检核表的优势是能在较短的时间内观察较多的儿童。游戏检核表既可以使观察聚焦，还适用于检核教师本人。

游戏检核表

桑德拉·海德曼和迪波拉·休伊特根据他们对儿童发展和儿童游戏的理解，建构出一个游戏检核表。这一检核表包括物品假装、角色扮演、游戏情境的语言表达、游戏情节的口语交流、游戏的持续性、互动、进入游戏小组、问题解决、轮流、同伴支持 10 个部分，每个部分又有一定的等级。

4. 幼儿学习环境评量表（修订版）

幼儿学习环境评量表（修订版）是一套由美国学者西尔玛·哈姆斯等人开发的用于评价幼儿园综合教育质量的标准化工具，自面世以来，至今已有 40 余年的历史。这套工具采用李克特七分制量表的样式，基于评分者在幼儿园现场的观察，对幼儿园教育的"空间与设施""个人日常照料""语言—推理""活动""互动""课程结构"和"教育与家长"7 个方面进行评量。这套工具不关注学前教育中师幼比、教师学历等结构性质量要素，更不直接评价幼儿的学习和发展水平，而主要聚焦于评价幼儿园教育中的过程性质量要素，包括课程实施、师幼互动等。幼儿学习环境评量表（修订版）经过多年来众多研究者和实践者的检验，在国内外已得到广泛使用。

幼儿学习环境评量表—角色游戏

幼儿学习环境评量表（修订版）的 43 个项目涉及幼儿园教育的各方面，其中项目 2 "日常照料、游戏和学习设施"、项目 4 "室内游戏空间规划"、项目 24 "角色游戏"都能够直接用于幼儿园角色游戏环境不同侧面的评价。在时长 2 小时以上的活动室自然观察中，评价者需要围绕评量表的各指标进行"是"或"否"的判断，最后对每个项目打出 1~7 分的评分，3 分以下意味着班级环境在该项目上的表现没有达到最低标准，而评分越高意味着班级环境质量越高。

对于幼儿教师来说，运用评量表对班级游戏环境进行打分或许不是最重要的，但幼儿教师可以借助评量表对自己班级的角色游戏环境进行诊断，查找存在的问题，然后对照更高分值的指标对环境进行调整，这必然会带来游戏环境的优化和幼儿角色游戏的升级。

四、角色游戏观察与解读信息的运用

通过教师的反思和或借助观察评价工具，幼儿教师可以对班级的角色游戏环境、角色游戏活动的开展和幼儿角色游戏的水平有客观和准确的把握，接下来，教师就可以运用观察与解读的结果来进一步支持幼儿的角色游戏。

第一，观察与解读幼儿角色游戏得来的信息让教师能够在游戏中恰当地回应幼儿，给幼儿提供及时的支持。这里的回应不仅指面向幼儿，就幼儿的言语行为做出反应，而且指对游戏中幼儿的非言语表达透露出的需要做出反应。例如，教师在观察中发现一名新生正仔细地观看同伴在玩的"娃娃家"的游戏，但对自己是否加入表现得很迟疑，于是，教师就通过暗示"娃娃家"的小朋友："你们家好像有客人来了！"引导他们邀请这名新生加入游戏中。

第二，观察与解读幼儿角色游戏得来的信息可以帮助教师对班级的角色游戏进行调整：调整游戏空间与材料，调整游戏相关规则，调整教师的介入方式，等等。例如，小班的教师发现，在进行角色游戏时，活动室外"餐厅"区角的幼儿与活动室内游戏区角的幼儿互动较少，于是将"餐厅"和阅读区的位置进行了对换，将"餐厅"移到了室内。因为位置上的接近，调整之后的"餐厅"中的幼儿与"娃娃家""医院"等游戏区角的幼儿的互动明显增加了。再比如，进入中班后，教师发现幼儿在角色游戏中对材料的运用大部分都依赖玩具材料本身的特征，游戏情节也停留在用食物玩具来"做菜"，用逼真的榨汁机玩具来给娃娃"榨果汁"等，于是教师拿走了部分的食物玩具，投放了彩泥、绒球等美工材料，鼓励幼儿用这些材料制作"食物"，也将部分逼真的过家家玩具替换成了小块单元积木等低结构材料，从而推动幼儿假想能力的提升。

第三，教师还应该基于观察与解读的信息来制订与幼儿角色游戏相关的计划。有了观察与解读的信息，教师在考虑角色游戏下一步怎么玩、丰富什么主题、投放什么材料、制定什么规则时，就不会完全由自己凭空设计、完全主导，而是会充分考虑幼儿的兴趣和水平，纳入他们的想法。例如，张老师留意到在"娃娃家"的角色游戏中出现了"打电话""叫外卖"的情节，于是她在新一周的角色游戏计划中新增了送餐员的角色游戏，并且投放了"送餐车"和各种回收的纸盒纸箱，让幼儿自制送餐箱等材料，果然，送餐员的角色游戏在班里大受欢迎。

观察与解读儿童就是我们常说的"聆听儿童的声音""理解儿童的想法"。教师应该既有计划性又有灵活性地对儿童的角色游戏进行观察和记录，对照学前教育专业知识理论对游戏中的儿童发展、儿童经验、环境与材料进行分析和评价，为恰当地回应儿童需要和进一步支持儿童的角色游戏做好准备。

第三节 角色游戏的指导

一、幼儿教师在角色游戏中的定位与身份

成人参与幼儿的角色游戏能够为幼儿的发展提供有效的支架。研究发现幼儿教师参与到幼儿的角色游戏中很可能会增加游戏的趣味性，使得幼儿投入角色的时间更长。教师对游戏的积极参与以及在游戏中表现出的兴奋情绪都对幼儿起到良好的示范作用，而教师引导幼儿根据游戏制订计划、展开讨论也能够帮助幼儿在已有经验的基础上进一步发展游戏。总体而言，根据教师和幼儿在游戏中所处的位置，教师在幼儿的角色游戏中至少要扮演引导者、玩伴和追随者三种角色。

1. 在前——引导者

当教师作为班级的管理者、经验丰富的人和游戏的领导时，他们有时需要承担儿童游戏引导者的角色。在游戏前，教师组织儿童制订计划；在游戏后，教师组织儿童进行讨论和总结，这时教师都充当着引导者的角色。在一个角色游戏刚开始时，教师需要向儿童介绍角色，帮助儿童丰富相关经验，帮助儿童"启动"游戏。在游戏中，当儿童之间产生严重冲突时，教师需要以引导者的身份来及时制止冲突，引导儿童找到解决办法。当儿童在游戏中出现不恰当的行为或者不能恰当地理解游戏规则时，教师也需要作为引导者积极引导儿童的行为，帮助儿童恰当地理解游戏规则，以保证游戏的顺利开展。

根据社会文化历史学派学者的观点，成人在儿童的游戏中理应扮演重要角色。在游戏中，儿童通过与成人的互动逐渐将自己的最近发展区前移，角色游戏水平也逐渐提高。

2. 在侧——玩伴

当幼儿的角色游戏进展基本顺利时，教师在幼儿角色游戏中可适宜地充当玩伴角色。作为玩伴的教师，多半是带着一定的教育目的参与幼儿游戏。他们有时通过扮演幼儿游戏里的角色为幼儿做示范；有时则是利用角色身份为幼儿提供建议或者引发幼儿思考，以此推动游戏情节；有时他们发现幼儿缺少玩伴而导致游戏无法开展，就会投身其中帮助幼儿将游戏开展下去。教师应该避免单纯地带着教育幼儿的想法来做幼儿的玩伴，让幼儿明显地感觉到教师参与到游戏中只是为了"教我一点儿什么"。教师这样做可能反而会破坏幼儿的角色游戏体验。事实上，教师对待游戏的态度、参与游戏的热情，本身对幼儿来说就是一种潜移默化的教育。所以，我们鼓励教师在做幼儿玩伴时尽可能真正地投入，享受游戏的乐趣，而且发挥自己的玩性和创造性。有趣的成人玩伴能让幼儿的角色游戏更好玩！

3. 在后——追随者

当幼儿的角色游戏进展良好时，教师就可以让幼儿成为游戏的主导者，让他们按自己的想法将游戏向前推进，而教师则跟随在后，充当他们的助手、观众和"粉丝"。这个角色不是传统幼儿教师所习惯的角色，但是随着"儿童中心"的观念不断深入人心，越来越多的教师愿意选择放弃决策者和主导者的身份，减少对幼儿游戏的不必要干预，转而用心欣赏幼儿的游戏、为幼儿喝彩。如果一个教师能够津津有味地讲出幼儿在角色游戏中展现出的让人吃惊的能力，以及游戏中的那些精彩片段，那么他一定做好了幼儿游戏的追随者。

二、角色游戏环境的规划与创设

"通过环境的创设和利用，有效促进幼儿的发展"是幼儿教师的一项重要职责。科学、合理地规划与创设角色游戏空间、提供丰富和适宜的材料、营造和谐愉快的游戏氛围都能对幼儿的角色游戏产生重要影响。

1. 空间规划

园所和班级的空间布局各不相同，屋舍结构、面积大小也都有差异。但是无论布局如何，幼儿园角色游戏区的创设都应遵循以下原则：第一，热闹和安静的游戏区需要分开，避免相互干扰。第二，可能产生互动的游戏区之间要有通道，以便不同角色区的幼儿互动交流。第三，角色游戏区的设置应该固定与灵活相结合，有一些游戏区如"娃娃家""餐厅""美发店"等应该固定设置，边界清晰，让幼儿能够轻易地识别并进入游戏，但这些区角应该配合一些拓展的空间。例如，餐厅游戏中的幼儿需要增加"户外烧烤业务"和"送餐上门业务"，这样他们就能够找到一些空间实现自己的游戏设想。

当前仍有不少幼儿园面临着空间紧张的问题。如何在空间相对狭小的幼儿园里创设角色游戏空间？幼儿游戏研究者彭俊英总结出了"划分""延伸"和"借助"三种方法[①]。"划分"是用矮柜等家具将空间进行分隔，以避免游戏区的缺失；"延伸"是在不影响幼儿安全和正常通行的情况下，将幼儿角色游戏的空间从活动室向走廊、活动平台等拓展，开创新的游戏空间；"借助"是借用闲置的午休室等空间以及邻近班级的可用空间，解决游戏空间不足的问题。另外，有的幼儿园采用打通班级界限，创设公共游戏区角的方式，这也能够在一定程度上增加幼儿角色游戏的可用空间。不过使用公共游戏区角时，教师要注意尽量提高区角的利用率，减少闲置的情况。

2. 材料提供

材料是角色游戏环境创设的要点，幼儿教师投放角色游戏材料时，需要注意这几点：第一，材料应该符合幼儿的年龄特点和发展需要。正如我们在本单元第一节中讲到的，不同年龄段的幼儿在进行角色游戏和使用角色游戏材料时具有典型的特征，因此幼儿教师给大、中、小班投放的角色游戏材料应该充分考虑这些特征。总体上来说，小班的角色游戏材料宜形象逼真、种类少、数量多；中、大班宜增加相当比例的低结构材料，游戏材料的种类也应该非常丰富。第二，教师应该适时、动态地调整材料，使材料能够随着游戏的推进而增减，让幼儿在游戏中既能被新游戏材料激发兴趣，又能有熟悉的材料供其深入探索。第三，材料应该在难度上体现出层次性，使得处于不同发展水平的幼儿都能够有符合其需要的材料使用。例如，在投放供幼儿开展装扮角色游戏的服装时，教师可以有意识地提供带有按扣、纽扣、拉链、粘扣等材料的服装，让处于不同小肌肉群精细动作发展水平的幼儿都能面临挑战并且体会到成功。

3. 氛围营造

根据马斯洛的需要层级理论，幼儿只有在感到安全和放松的环境中才可能投入学习和游戏。教师有意识地营造和谐、宽松的氛围有助于幼儿角色游戏的开展。第一，教师应该认识到过于繁杂和僵化的规则会束缚幼儿的想象和创造，阻碍幼儿进行游戏。所以，教师需要检视班级角色游戏是否属于常规范围，避免过多地限制和要求幼儿必须怎样玩。在保证安全和正面的前提下给幼儿提供充分发挥的空间。第二，教师作为集体中的核心人物，温和、宽容、热情帮忙的态度对于营造安全的游

他们在玩什么？

[①] 彭俊英，魏婷，欧阳新梅，等. 幼儿园游戏活动的组织与指导[M]. 北京：教育科学出版社，2014：85.

戏氛围也很重要。当幼儿在游戏中出现了不当的行为或者遇到了挫折时，教师应包容幼儿，为幼儿提供帮助。第三，教师应该做一个享受游戏的有趣的人，在参与幼儿游戏时给幼儿做好示范，带幼儿感受游戏的魅力。

三、角色游戏的支持与指导

在幼儿角色游戏开展中的不同阶段，教师都可以采用不同的方式给予幼儿支持和指导。其中在开始和结束两个阶段，教师尤其应该扮演主导性较强的角色，而在游戏过程中教师则应视幼儿游戏的情况选择支持和指导的策略。

1. 游戏开始阶段的支持与指导

在角色游戏开始阶段，幼儿需要明确和选择游戏的主题以及自己要扮演的角色，因此教师可以调动已有经验，采用讲解和启发讨论的方式对幼儿进行指导。无论是游戏的主题还是扮演的角色，都应该由幼儿决定而不是教师强行要求。

在确定主题时，教师可以引导幼儿简单回忆已有的角色游戏主题，使他们确定自己感兴趣的主题。当游戏空间和材料无法满足所有幼儿感兴趣的主题时，教师就应该引导幼儿通过讨论、投票、猜拳等方式进行决策，将解决冲突变成幼儿的学习机会。

幼儿应该有机会自主选择游戏角色，所以教师设置游戏角色时也应该尽量满足幼儿的需要。例如，小班的幼儿对"娃娃家"游戏特别感兴趣，那么教师就可以设置多个"娃娃家"，以容纳更多幼儿同时进行游戏。受到条件的限制，有的幼儿无法选择自己中意的角色，这时教师要帮助幼儿采用他们认同的方式进行解决，让幼儿能够自愿地投入其他角色游戏。

此外，在游戏开始阶段，教师的指导不宜花费太多时间，简洁地引入和介绍之后，就让幼儿迅速投身到游戏中，把尽可能多的时间交给幼儿。

2. 游戏进行阶段的支持与指导

在幼儿角色游戏铺开之后，教师的支持和指导有不介入和介入两种方式。当幼儿的游戏顺利进行时，教师的盲目介入不仅没有必要，反而可能阻碍幼儿的独立思考和同伴交往。因此，当教师看到所有幼儿都在正常开展角色游戏时，教师完全可以单纯地扮演观察者的角色，按计划或者随机观察幼儿游戏的情况，为之后的指导和新的游戏计划收集信息。但是，正如《上海市学前教育课程指南》所指出的，"当幼儿在游戏中因遇到困难、挫折，难以实现自己的游戏愿望时""当幼儿在游戏中有不安全倾向时""当幼儿在游戏中主动寻求帮助时""当幼儿在游戏中出现过激行为时""当幼儿在游戏中反映不符合社会规范的消极内容时"，教师应该适度地介入，保证幼儿的安全和游戏的顺利开展。

教师应该谨慎地选择介入游戏的时机。第一，当游戏中出现了明显的安全隐患和不可接受的游戏内容与游戏行为时，教师就必须介入。第二，当幼儿主动向教师求助时，教师也必须介入。当然，如果教师通过分析，认为幼儿可以自己解决，那么介入的层次就可以比较浅，重在鼓励幼儿自己想办法或给幼儿提示。如果幼儿的求助确实必要且紧急，那么教师应迅速反馈并给予帮助。第三，当角色游戏因为幼儿缺乏经验或者缺少技能而无法继续推进时，教师敏锐地察觉到之后也需要介入，通过提供物品、建议等方式让幼儿将游戏向前推进并体验成功。此外，当教师在幼儿游戏中发现一些可以指导幼儿游戏水平提高的契机时，也应果断介入。例如，当某幼儿针对"警察是否可以把不愿分享工具的厨师逮捕"而与同伴起争执时，班级教师敏锐地察觉到这是一个帮助幼儿澄清警察职责的机会，于是加入幼儿游戏，引导幼儿进行了讨论，让幼儿辨明了警察逮捕罪犯的界限。再比如，教师发现某个幼儿在"娃娃家"的游戏中，所进行的游戏情节仅限于重复地"喂宝宝""哄宝宝睡觉"，于是采用平行示范的方式让幼儿看到妈妈角色还可以进行"烹饪""打扫""工作""娱乐"等游戏情节，幼儿也很快地将这些情节加进了自己的游戏中。

游戏研究者邱学青将幼儿游戏中教师的介入划分为三种类型：平行式介入、交叉式介入和垂直式介入[①]。

平行式介入即教师与幼儿玩相同的游戏，通过这种指导方式实现与幼儿的互补交往，潜移默化地对幼儿游戏进行示范性的指导。这种指导方式在教师不确定幼儿是否对自己的介入感兴趣而这种介入又并非必需的情况下使用较多，此时教师的指导意图比较隐性，幼儿也有自由选择模仿的机会。例如，当两位幼儿在"餐厅"用胶泥搓"汤圆"时，教师也在旁边用胶泥来制作"馒头""大饼"等"食物"，于是，一位幼儿仔细观察教师的做法，并且进行了模仿，这时教师的平行式介入就起到了作用。

交叉式介入即教师扮演游戏角色，参与到幼儿游戏中与他们互动，并在游戏场景中对幼儿进行指导。在这种介入中，教师和幼儿都知道教师是游戏中的角色，所以这种指导往往显得自然、巧妙，容易被幼儿接受。例如，当教师发现"餐厅"里各种玩具被丢了一地，孩子们在上面踩来踩去却没有要收拾的意思，于是扮演客人来到"餐厅"门口张望，待到扮演服务员的幼儿将教师迎进门后，教师做出惊诧的表情说："哎呀，你们的餐厅发生了什么？你们提供的食物卫生吗？"幼儿见状，为了使"客人"满意，立即快速合作，收拾起来。

垂直式介入即教师保持自己教育者的身份对幼儿的游戏进行直接、快速的干预。这种介入非常直接，也很可能会干扰幼儿的活动，所以通常只在必要情况下使用。

---

① 邱学青. 学前儿童游戏 [M]. 4 版. 南京：江苏教育出版社，2008.

举例来说，如果幼儿在消防员游戏中搭"梯子"爬高并且就要够到插线板时，教师就会立即介入，确保幼儿安全。同样的，如果幼儿在游戏中因为对规则的不同理解，与同伴发生冲突并且做出攻击性行为时，教师也会立即介入制止。

3. 游戏结束阶段的支持与指导

幼儿园的角色游戏通常是以教师组织的讲评活动作为结束的。在幼儿收拾整理好游戏材料后，教师可以带领幼儿用语言分享体验、梳理经验和问题。游戏讲评环节最好围绕教师设计的几个问题来展开，一方面请幼儿分享自己的感受和体验，介绍自己的成功经验，让幼儿相互学习；另一方面请幼儿讲述自己在游戏中遇到的困难及自己的应对方式，大家一起想办法来解决问题。在讲评中需要注意以下几点：第一，教师应该引导幼儿从积极、正面的角度进行讲评，多鼓励、多支持幼儿。第二，教师应该给幼儿提供表达的机会，了解幼儿的想法，让幼儿自己想办法解决问题，避免"一言堂"。第三，讲评应该从多个维度展开，既可以谈主题、角色，也可以谈材料、规则，还可以谈互动、创意，多角度地支持幼儿角色游戏的经验提升。第四，教师的回应应该尽可能具体，要落实到幼儿说了什么、做了什么，给出的建议也应该具体、明确，让幼儿能够理解和操作。

最后，需要再次强调的是，幼儿才是角色游戏的主人，教师对幼儿角色游戏的指导不可以根据自己的想法，更不能对幼儿的想法进行主观臆断。密切的观察、包容的态度、准确的理解是教师进行高质量角色游戏指导的基础。

第四节 案例介绍：角色游戏活动案例

案例名称：跟着大王去巡山[1]

混龄大区域活动中，大运动区是孩子们最喜欢的区域之一。这里没有教师预设

---

[1] 案例作者：安徽省芜湖市镜湖区沿河小区幼儿园谢淑君。

的规则和玩法，来自不同年龄段的孩子组成游戏小分队，自己分配游戏角色，自由取放自己需要的各种器械（如障碍桩、软木棍、轮胎、玩具小车等），享受自主游戏的乐趣。"跟着大王去巡山"的故事，就发生在这里。

一、组建队伍去"巡山"

小辉是大班的小朋友，今天他和一群跟他年龄相仿的同伴在大运动区里游戏。他们将软木棍和障碍桩拿在手上，或者顶在头上，他们中间还不时传来一阵阵呼喊声："我是大王，我来当大王！"这吸引了我的注意力。

我定睛一看，在一群人的簇拥下，小辉骑在羊角球上，左手握着障碍桩，大声指挥着："站在我后面！站在后面跟着我！"身边的几个男孩子很配合地站在他身后，组建出一支以小辉为首的队伍（见图4-1）。小辉满意地点点头，左手仍然握着障碍桩，只用右手握住羊角球的羊角，蹦蹦跳跳地向前进。他身后的小队员们也纷纷拿着障碍桩，跟着他一起向前走（见图4-2）。他们要去做什么呢？

图4-1 小辉指挥小朋友

图4-2 其他小朋友跟随

原来，小辉是要带着大家去"巡山"。他从羊角球上下来，右手将障碍桩扛在肩上，左手拿过另一个障碍桩，放到嘴边说道："全体巡山！"一名队员附和着说道:"好,全体巡山!"于是,一队人马雄赳赳、气昂昂地出发了(见图4-3)。

小辉神气地走在队伍的最前面,一边高高举起障碍桩,用力地挥舞着,一边不停地发号施令。他们绕着操场走了一圈,又从滑梯上走了一趟,小辉又指挥大家"全体休息!""全体晨跑!"……队伍就这样在小辉的带领下,有条不紊地向前行进着(见图4-4)。

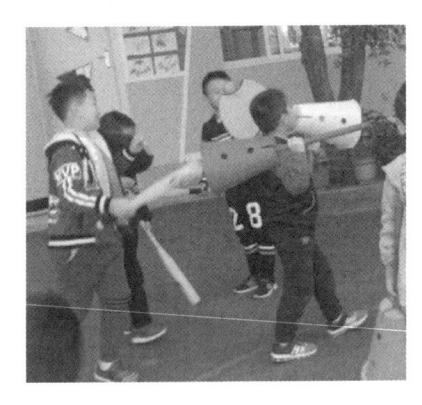

图4-3 小辉带领　　　　　　　　图4-4 小队伍前行

教师的思考:

在我偶然观察到的这个"巡山"游戏中,孩子们的高度投入和完全自主令我感到欣喜。小辉俨然成了"大王",而跟在他身后的则是他的"小兵",障碍桩在他们的想象中变成了"大王"手中的权杖和"小兵"手上的武器,羊角球成了"大王"的战马,孩子们将体育器械大变身,体现出他们非凡的想象力。是什么样的生活经验触发他们这样的想象呢?我想,归根溯源还是来自孩子们平时看到的战斗题材的动画片或军事题材的影片,这让他们在模仿学习的基础上加入自己的想法,结合当下的情景创设出新的游戏。这应该是大多数男孩子都喜欢的一个游戏主题吧,把自己想象成战斗队伍中的一员,吸引无数人的眼光,何其光荣。

但是,将软木棍和障碍桩当成武器,毕竟有一定的安全隐患。当我发现时,第一反应是上去阻止他们。不过,经过一段时间的观察后,我发现他们并没有使用这些道具做出什么危险的行为;相反,这群孩子在游戏过程中的有序和谨慎超出了我的预期。在这样的情况下,我停下了上前阻拦的脚步。何不成全孩子们这样一次难得的游戏呢?

小辉能够成功地让"小兵"听从自己的指挥,并且发起令同伴感兴趣的游戏主题,不仅体现出他具有较强的号召力,更反映出他的好人缘和"领袖"魅力。他能将同一种游戏道具(障碍桩)想象成不同的工具(喇叭、权杖),说明他具有较高的象征水平。单手骑羊角球的动作,也说明了他具有较高的动作发展水平和身体素质。这样的小辉在游戏中一定是能起到主导作用的，在他的指挥下，接下来的游戏也一定会往更有趣的方向发展，我很期待。

二、挑战失败，"大王"很失落

过了一会儿，"大王"带着"小兵们"巡山结束，来到滑梯下方的空间休息。这时，大家注意到有一群女孩子正从滑梯前面经过（见图4-5），小豪立马报告："有人从这边过去了！"（见图4-6）更多的"小兵"商量起来："我们来当怪兽吧，她们一定很害怕！""大王"觉得这是一个好主意，当机立断道："走！"（见图4-7）于是，"大王"化身为"怪兽王"，手拿着"武器"冲在最前面，带领大家向女孩子们发动进攻，嘴里还喊着："出击！"（见图4-8）

图4-5 一群女孩子从滑梯前面经过

图4-6 小豪向"大王"报告

图4-7 "大王"当机立断道："走！"

图4-8 "大王"带领大家出击

"怪兽们"将女孩子们包围起来，嘴里不停地喊着："出击，出击，出击……啊呜！"可是，女孩子们一点儿也不害怕，她们甚至不明白这群从远处跑来的男孩子在干什么。她们很淡定地从包围圈中走了出去，没有给予男孩子们任何回应（见

图4-9)。这可大大出乎"怪兽们"的预料,从"大王"失望的表情中,可以看出他很失落。

图4-9 女孩子们从包围圈中走了出去

教师的思考:

五六岁的孩子已经有了强烈的自我意识,他们渴望自己能够被他人关注,尤其是正在做一件自己觉得很有趣的事情时。正因为如此,男孩子们想出扮演"怪兽"吓唬女孩子的方法来吸引女孩子们,但是效果不好。女孩子们的反应为什么这样冷淡呢?或许是男孩子们的行为在她们眼里并没有那么有趣,又或许是男孩子们恐吓的程度还不够,不足以让女孩子们害怕。最重要的是,在这样的过程中男孩和女孩之间并没有交流,女孩子们根本就不知道男孩子们在干什么,这自始至终都是男孩子们自导自演的一个游戏。

从小辉失落的表情中我能感觉到,虽然他的人缘很好,但是那只限于男孩子当中。如何吸引女孩子的目光?如何跟女孩子进行交流?对他来说还有一定的难度。同时,这也体现出这个年龄段的孩子开始有了一定的性别意识,他们开始注重男孩和女孩的区别,所以在游戏中女孩子们不会那么快地融合进来。作为领导人物的小辉,在经历了一次失败后,一定要找到问题的根本所在,才能让游戏继续下去。

三、挑战升级,"仙女"逃跑了

正在"大王"郁闷之际,他的两个"小兵"——小豪和尧尧带着自己最新研制的"武器"来向"大王"报告了。

小豪自豪地举着自己的"武器"告诉"大王":"你看,这是枪,可以发射得很远。"(见图4-10)原来,他将一个障碍桩上的小棍取下,插进了另一个障碍桩的底座中,看起来确实很像一把厉害的枪呢。

可是,小辉觉得,虽然这个"武器"很厉害,但他们看起来一点儿也不像怪兽。很快,他想出了一个好主意。只见他将障碍桩的底座举起,套在自己的头上。小豪假装害怕的样子大笑起来:"啊……好可怕的怪兽啊,哈哈!"

图 4-10　小豪向"大王"展示自己的"武器"

年龄较小的尧尧提出疑问:"这样套在头上,我们怎么走路呢?"小辉说:"这还不简单,这上面的洞洞就是给你看路的嘛!"小豪也跟着说:"你要是害怕,我可以扶着你走。""我们再去找她们,玩怪兽大战仙女的游戏!"小辉兴奋地说道。就这样,"怪兽们"得意扬扬地再次出发了(见图 4-11)。

找到刚才那群女孩子,"大王"向"仙女们"张开双臂,摆出恐怖的造型,嘴里还发出"啊呜!啊呜!"的声音。本以为"仙女们"会向他们反击,可是没想到,"仙女们"被这群男孩子奇怪的造型吓得落荒而逃,根本没有和他们一起游戏的打算(见图 4-12)。男孩子们发起的挑战再一次以失败告终。

图 4-11　"怪兽们"得意扬扬地再次出发 　　　图 4-12　"仙女们"被吓得落荒而逃

教师的思考:

在这个游戏片段中,我看到了混龄游戏的价值:当年龄较小的尧尧担心将障碍桩套在头上会阻碍视线、影响走路时,两位年龄较大的伙伴在告诉他解决问题的办法的同时,也给他送去了人性的关怀。可以看出这是一个团结协作的游戏团队,也体现了混龄游戏中"大带小"的意义所在。年龄小的孩子在年龄大的孩子身上能够得到关心和帮助,并且模仿、学习他们的优点;年龄大的孩子在游戏中照顾年龄小的孩子,也有利于他们养成初步的责任意识和爱心。

再来看看小辉，他总结了前一次被女孩子们无视的经验，认为她们不给自己回应的原因是自己的装扮并不像一只怪兽，于是想出将障碍桩的底座套在头上的方法。这再一次充分地体现了他别具一格的想象力和善于反思的学习品质。而当同伴向他展示自己制作的"武器"时，他又由此衍生出了"怪兽大战仙女"的想法，说明他善于将他人的提示转变成自己的想法，能够举一反三，再次体现了他思维的灵活性。

此时的小辉虽然有所改进，但还是没有意识到及时交流的重要性，"怪兽大战仙女"仍然是他们一厢情愿的想法，因此游戏没能顺利地开展下去。

四、终极挑战："怪兽大战仙女"

小辉和伙伴们很苦恼：为什么女孩子们总是不愿意搭理他们呢？他们爬到滑梯的上面，嘀嘀咕咕地商量起来。不知是谁说了一句："要不我们去问一下她们吧？"就在这个时候，女孩子们再一次路过，小豪叫起来："在那儿，她们在那儿！"（见图4－13）

图4－13 小豪叫起来

小辉和伙伴们赶紧从滑梯上滑下来，并且叫道："彤彤，你等一下！"
女孩子们停下脚步，回过头来（见图4－14）。

图4－14 女孩子们停下脚步

小辉问:"你们不会跟我们打仗吗?"

彤彤说:"不会,我们有魔法棒,不会打仗。"

小辉又说:"你们有魔法棒,我们有厉害的武器。"

彤彤却说:"我们的魔法棒只能打倒几个人,根本就没有用!"

小辉又劝道:"我们只是在假装打,不是真的打仗。"

彤彤想了想,似乎觉得可以接受,于是叫道:"那好吧,赶紧跑呀!"话音刚落,她带着"仙女"团队抢先一步跑走了(见图4-15)。

这个时候小辉才知道,原来"仙女们"不跟他们一起游戏是因为觉得自己的"魔法棒"不够厉害,所以才一直躲避他们。在后来的游戏中,女孩子们和男孩子们在操场上一直奔跑、追逐,偶尔也会正面交锋,杀对方个措手不及,"怪兽大战仙女"的游戏被孩子们玩得有声有色(见图4-16和图4-17)。

图4-15　彤彤带着"仙女"团队抢先一步跑走

图4-16　孩子们在正面交锋

图4-17　孩子们玩得有声有色

教师的思考:

这一次挑战成功,主要是因为小辉总结了前两次失败的经验,理解了沟通的重要性,并且在第一时间主动与女孩子们进行交流。这说明小辉具备了自己发现问题、解决问题的能力。从孩子们的对话中,我们还可以看出小辉具有良好的沟通能力,他能理解女孩子话语中的潜在意思,并找到说服她们的理由,达到自己想要的结果。男孩子们一而再，再而三地邀请女孩子们参与游戏，并且将女孩子们比作"仙女"，这既是他们锲而不舍的游戏精神的体现，也说明了这个年龄段的男孩子是很喜欢与女孩子一起游戏的，他们具有了一定的性别意识，而且愿意与对方互动游戏。

看着孩子们在经过几次失败后还能坚持将游戏进行下去，我十分感动。同时，他们在游戏中的快乐与成长又深深地触动了我。三年来，我们一直在研究混龄游戏的开展，很多时候也会有迷茫，但每次都会被孩子们在自主、自发的游戏中那些精彩的表现所打动，这鼓励着我们将混龄游戏继续做下去。

五、教师总结

1. 混龄大运动区的自主游戏中蕴含着丰富的发展价值

混龄大运动区是幼儿的一方自由天地。这里不仅有自由活动的场地，而且有自由取放的材料，以及自由选择的游戏伙伴。教师在关注幼儿安全的前提下，没有任何的干预和指导。在这里，孩子们沐浴着阳光，他们尽情地奔跑，他们挥洒着汗水，他们太快乐了。

事实上，这种低限制、高自由的活动方式，对幼儿园的管理者来说，看起来是具有一定风险的，对班级教师来说，似乎也存在"不好组织"的麻烦。但是看到孩子们的快乐笑脸，想到孩子们在这里悄然地获得成长，我们还是坚持将这样的活动方式保留了下来，正是因为我们看到了混龄大运动区中蕴含着丰富的发展价值。

以小辉和他的伙伴们自主发起的这场从"跟着大王去巡山"逐渐演变为"怪兽大战仙女"的游戏为例，"混龄"的作用和"大运动区"的作用都在游戏中得到了充分的体现。小辉既是这次游戏的组织者和领导者，也是混龄游戏中的年长者。他富有想象力和号召力，善于思考，更具有锲而不舍的优秀品质，是值得同伴学习的好榜样。在游戏中，他带给同伴的是自身经验的分享，是灵活变通的思维方式，是积极愉快的游戏体验。在他的带动下，游戏不断向前推进，同时这也是小辉自我反思、主动学习以及沟通能力不断发展的过程。小豪和尧尧等小伙伴是游戏中的追随者和合作者，他们从小辉身上学到了很多，同时他们也在小辉失落时给予鼓励、在小辉没有主意时给予建议、在小辉做出出击的决定时给予很好的配合，这样的角色在每个团队中都不可或缺，也是促进游戏向前推进的重要动力。"巡山"和"打仗"的游戏情节，可谓自带运动属性，孩子们在游戏中走、跑、跳、攀、滑，随身携带着"武器"，不仅要向"敌方"出击，而且要留意躲避和隐藏，是一种综合性的体育活动，这种场景只有在大运动区才能看到。孩子们在混龄大运动区中得到的，不仅是身体的锻炼，更有社会性的发展、表达能力的提高，以及学习品质的培养。

2. 看起来高度自由的游戏场景的背后是教师的无声付出

充分的自由绝不意味着放任不管。为了让孩子们尽可能充分地享受自由和自主游戏的乐趣，我们默默地做了以下几个方面的工作。

（1）从游戏材料着手，减少安全隐患。

案例中孩子们的游戏行为似乎存在着安全隐患，更多的教师是不愿意让孩子们这样玩的。但事实上，我们在混龄大运动区投放的都是安全隐患较小、便于孩子们使用的材料，大部分运动器械都是塑料制品，而且没有锋利面，这就大大提高了游戏时的安全保障。

（2）提前讨论，制定游戏公约。

在每次混龄大运动区的游戏开始前，教师都会针对可能出现的安全问题与孩子们展开讨论，带领孩子们一起商量安全游戏的方法。有人犯规怎么办？如果出现危险行为怎么办？如果有人攻击了同伴怎么办？……每个孩子都必须将与这些安全问题有关的游戏规则熟记于心。时间长了，孩子们便养成了很好的游戏习惯。

（3）观察幼儿游戏，及时记录和调整。

在孩子们自由、自主地游戏时，教师的眼神一刻也不能离开孩子。我们需要学会采用不同的手段（如拍照片、录视频、记小纸条等）记录孩子们的游戏瞬间，记录和分析孩子的游戏行为，及时发现问题，以便在游戏结束后和孩子们进行交流；同时，还要根据天气情况及孩子们的运动量给予他们生活上的照顾，如及时增减衣物、及时补充水分、及时喊停等，保证孩子们合理的运动强度。

（4）引导幼儿自主收拾整理，讨论改进方案。

活动结束后，孩子们需要将自己使用过的游戏材料放回原处，这也是他们学习归类整理和养成良好习惯的过程；同时，教师将在活动中发现的问题提出来，与孩子们进行讨论，让孩子们自主讨论出改进的方案。

在这个案例中，教师发现孩子们拿着棍棒、头上套着器械在操场上快速奔跑的行为确实具有一定的危险性，于是便和孩子们一起讨论了下一次安全游戏的方法，大家纷纷举手发言。有的说："可以在这些棍棒的外面包上一层泡沫，这样碰到别人时就不是很疼了。"有的说："可以买一些软棍（投放在大运动区），魔法棒太细了，也能用软棍代替。"有的指出："头上套着障碍桩时，是不可以跑的，这样很容易摔倒。"有的提议："别人跑的时候，不能在后面推他。"还有的说："尽量不要跑，大家好好玩。"孩子们对于怎样规避危险都有清楚的认识，教师要做的就是适时地提醒和总结。

(5) 争取家长的理解和认同。

在混龄大运动区开放的前期，总会有家长来投诉"孩子因为游戏时出汗过多生病了""在混龄游戏中年龄小的孩子被欺负了"……为了获得家长的理解和认同，幼儿园花费了很长一段时间，也采用了很多措施。例如，幼儿园召开家长会向家长介绍混龄大运动区自主游戏的好处、每次活动时拍摄大量的照片与家长分享、告诉家长我们采取了哪些安全措施、对每个孩子的能力进行评估比较、邀请家长来幼儿园观摩混龄大运动区的游戏，等等。慢慢地，家长理解了幼儿园的教育理念，看到了孩子们的进步，逐渐认同了我们的做法，并能够给予适当的配合，如有的家长在家庭中对孩子开展有针对性的安全教育、同伴交往教育等。

3. 根据幼儿的游戏内容给予后续支持

从"跟着大王去巡山"到"怪兽大战仙女"，是全程由孩子们自己设计、参与、推动的游戏。既然孩子们这么喜欢这种战斗题材的游戏，我们至少可以从以下几个方面着手，帮助孩子们拓展经验，获得后续支持。

（1）可以带孩子们参观军事博物馆或相关的展览，阅读相关的图书，帮助他们了解不同的武器、简单的战术，拓展相关的知识和经验。

（2）和孩子们一起观看适宜的军事题材的电影或动画片（注意每次控制时长），让他们了解战争的意义和带来的影响，潜移默化地使他们形成正确的战争观和世界观。

（3）从"巡山"联想到戍守边关的解放军战士，他们每天都在做着一件至关重要的事情，带领孩子们了解他们的工作和意义，又何尝不是一次提升孩子们爱国情感的机会？

（4）在班级角色区投放相关的服装和道具，让孩子们在游戏过程中有更多的选择，创造出更多有趣的游戏情节。

⊙ 单元小结

角色游戏的观察与指导需要角色游戏的基础知识作为前提。这些基础知识包括角色游戏的定义、特征、理论基础、价值与发展等。

角色游戏的观察与解读，是本书第二单元的具体化，旨在帮助幼儿园教师读懂儿童的角色游戏，具体包括观察与解读的过程、要点、工具简介、信息运用等。需要特别提醒的是，幼儿园教师可以了解、熟悉甚至完全掌握这些工具，但不能被这些工具所束缚。我们应该利用这些工具，为观察、解读儿童的角色游戏服务。

角色游戏的指导，是本书第二单元、第三单元的具体化。

"跟着大王去巡山"这一游戏案例,来自全国幼儿园游戏活动案例遴选活动。

⊙ 拓展阅读

[1] 刘焱. 儿童游戏通论 [M]. 2版. 北京:北京师范大学出版社,2008.(第八章第一节)

[2] 海德曼,休伊特. 游戏:从理论到实践 [M]. 邱学青,高妙,译. 南京:南京师范大学出版社,2015.(第五章、附录)

⊙ 巩固与练习

一、名词解释

1. 角色游戏

2. 鲁汶幼儿参与度量表

二、简答题

1. 简述角色游戏观察与解读的基本要点。

2. 简述角色游戏指导的基本内容。

三、案例分析

运用本单元所学知识与理论,分析本单元所提供的"跟着大王去巡山"这一游戏案例。

四、实践题

1. 观察幼儿园的一个"娃娃家"游戏,并尝试基于观察进行指导,注意观察、记录和指导的效果。

2. 从如下10个方面观察幼儿的角色游戏(具体可扫码观看本单元131页数字资源"游戏检核表"):

物品假装;角色扮演;游戏情境的语言表达;游戏情节的口语交流;游戏的持续性;游戏中的互动;进入游戏小组;问题解决;轮流;同伴支持。

这10个方面的详细内容请参考:海德曼,休伊特. 当游戏不再简单:帮助儿童参与并持续游戏 [M]. 吴卫杰,译. 南京:南京师范大学出版社,2016.

第五单元 建构游戏的观察与指导

导 言

男孩嘉阳5岁半，在幼儿园上大班，非常喜欢玩有挑战的游戏，只要想做，就算到了饭点，也会不吃饭先探究一阵，对老师的提醒和建议很难采纳。如果老师提醒的次数多了，他还会发脾气。在认知方面，他特别享受学习新事物、探索新发现的过程，很有自己的想法。但是，在人际交往和社会适应方面，他又有些固执，不太喜欢同伴加入他的游戏，也不太能够接受同伴的不同意见，经常会与他人发生争执。班里的小朋友，尤其是女孩，因为觉得他太凶，不喜欢跟他玩，因此在班级里经常会看到嘉阳独自一人游戏的情景。

下面是嘉阳小朋友在游戏中所面临的17次挑战中的一些部分。

第1次：一个倒全部倒。

10月20日上午，晨间游戏时，嘉阳、毛毛在用小积木垒高。我在旁边观察了一会儿，想用新玩法来挑战孩子们，就开始把小积木一个一个地立在桌子上，向孩子们示范着多米诺骨牌的玩法。还没等我推倒积木，毛毛指着我摆放的一排积木说："小张姐姐，我会玩这个游戏。这个游戏叫多米诺骨牌。我在家玩过。"说完，毛毛便用小积木玩起了多米诺骨牌的游戏。嘉阳也跟着摆起来。

两人合作先摆了一个圆形，后摆了一个正方形，可惜都失败了，没有一次全部倒下。于是，他们又找来区域里的麻将，分别用不一样的方法排列起来。嘉阳又找到子弹头材料，分别尝试了四头的子弹材料和两头的子弹材料，发现两头的子弹材料更容易倒。他说，因为两头的子弹材料更轻。

第2次：搭建更长的多米诺骨牌。10月21日上午，晨间游戏时，嘉阳又拿起了两头的子弹玩具，玩起多米诺骨牌游戏。子弹的数量在不断增加，4个、6个、10个、16个。最终，他成功挑战了16个子弹。

第3次：一个变成仨。

第4次：挑战新材料——竹片。

第5次：会拐弯的竹片。

第6次：又一种新材料——数字木块。

第7次：现在玩得太简单了。

……

第16次：没事了，重来吧。

第17次：一个人玩有点儿失落[1]。

儿童用材料进行搭建的游戏，属于建构游戏。由于建构材料的多样性、丰富性，建构游戏常常呈现出不同的样态。但万变不离其宗。我们应该如何利用建构游戏的基础知识，观察、解读儿童，并在此基础上指导儿童？这正是本单元要与大家一起讨论、学习的内容。

☆ 学习目标

1. 掌握建构游戏的基本知识，特别是建构游戏的特点和价值，并能运用这些知识，观察、解读幼儿的建构游戏。

2. 能基于对幼儿的观察与解读，了解幼儿的建构游戏兴趣与需要，用多种方式指导幼儿的建构游戏，促进幼儿建构游戏持续、深入开展。

---

[1] 付国庆，张玲. 嘉阳的17次挑战［J］. 学前教育，2017（4）：21-26.

思维导图

建构游戏的观察与指导
- 建构游戏的基本知识
  - 建构游戏的概念及其特点
  - 建构游戏的价值
  - 幼儿园常见的建构游戏材料
  - 建构游戏的建构技能
- 建构游戏的观察与解读
  - 建构游戏观察与解读的计划
  - 建构游戏的观察与解读要点
  - 建构游戏的观察与解读工具简介
- 建构游戏的指导
  - 建构游戏的指导方法
  - 各年龄班建构游戏的特点与指导
- 案例介绍：建构游戏活动案例
  - 背景与来源
  - 活动与实录
  - 分析与反思

第一节 建构游戏的基本知识

一、建构游戏的概念及其特点

建构游戏是指幼儿通过操作各种建构材料进行造型、建筑、结构的活动。建构游戏的材料包括：积木、积塑等专门的建构材料；沙、石、水、土、雪等自然的建构材料；易拉罐、纸盒等废旧物品和半成品建构材料。幼儿的建构游戏呈现出建构性、象征性和艺术性的特点。

搭建一座滑梯

1. 建构性

建构游戏是需要幼儿动手操作的造型活动。在活动中，幼儿须直接动手操作材料，并运用一定的建构技能构造出物体形象，以此来反映自己已有的生活经验，充分发挥自己的想象创造能力。

2. 象征性

建构游戏是幼儿以各种建构材料为物质基础开展的象征性的游戏。幼儿按自己的愿望和想象进行构造，把自己的想法通过建构材料表现出来，经历了"物—我关系"和"人—我关系"从不分化到逐渐分化的过程。同时，建构游戏和角色游戏都是幼儿通过想象，对周围生活创造性的反映，两者的不同之处见表5–1。

表 5–1 角色游戏与建构游戏的区别[①]

本质	角色游戏	建构游戏
	扮演角色	建构各种材料
物品（材料）	可以以物代物，通过假想来创设角色的身份及情节	很少能以物代物，离开材料无法开展

---

① 邱学青. 学前儿童游戏 [M]. 4 版. 南京：江苏教育出版社，2017.

续表

本质	角色游戏	建构游戏
	扮演角色	建构各种材料
主题	有形的材料再现无形的情节，将现实生活中有形或无形的事物，通过想象、创造，用语言、角色、情节反映出来	无形的材料构造有形的东西，将现实生活中有形的东西，通过想象、创造反映出来。把思维中（无形）的东西变成具体的东西，幼儿一般会将建构游戏与角色游戏、表演游戏结合起来玩

3. 艺术性

幼儿在建构游戏中不断体验和掌握艺术造型的基础知识，如平衡、对称、色彩、比例关系、空间位置等，同时，建构作品也是幼儿对生活经验的艺术性的创造过程。因此，建构游戏不仅是一种造型游戏，也是幼儿的一种艺术创造活动。

二、建构游戏的价值

在本书的第一单元，我们分别从儿童、幼儿园教师、幼儿园三个角度分析了游戏的价值。在建构游戏这一单元，依然可以沿着这一思路，更加具体地分析建构游戏的价值。建构游戏因为有相对稳定的材料为核心，对幼儿园教师专业发展、对幼儿园贯彻以游戏为基本活动的理念和彰显办园特色，都具有非常独特的价值。本部分仅就建构游戏对儿童学习与发展的价值展开讨论。本部分的学习，应当结合本书第一单元第三节的内容来进行。

1. 对健康领域发展的价值

建构游戏意味着儿童要使用各种建构材料进行活动，这对儿童大小肌肉的发展是非常有价值的。小型的积木、积塑类材料，对儿童小肌肉和手眼协调的锻炼价值是非常大的。一些中大型的建构活动，以及玩沙、玩水等，对儿童大肌肉的锻炼特别多。甚至，取放建构性材料也是很好的锻炼，对儿童来说，取放材料有时是不小的体力活。

积木游戏中幼儿言语总体特点

2. 对语言领域发展的价值

幼儿园的建构活动，常常不是儿童一个人独立地建构。因此，建构活动中的语言发展机会丰富。在建构游戏中，儿童使用的语言通常较为简短，象征性语言比较多，科学语言、数学语言也比较多，既具有较为明显的口头语言的特征（简短，以能听懂、能交流为目的），也具有书面语言的特征（科学、数学等规范和学术性语言的出现与使用）。

3. 对社会领域发展的价值

建构游戏中蕴含大量的交往机会，特别是建构游戏中可能有大量的分享、合作，甚至纠纷、冲突等，这些对儿童社会领域的发展都非常有价值。

4. 对科学领域发展的价值

要用材料进行建构，儿童必须了解这些材料的特点、属性，这种了解常常不是简单地听来的，而是自己不断探究得来的。在建构游戏中，儿童同时需要大量的数量、空间、测量等方面的数学知识，这些都有利于儿童科学领域的发展。

搭建有什么价值？

5. 对艺术领域发展的价值

在建构游戏中，儿童常常会追求建构作品的"好看"，因此就会带着美感去建构自己的作品。显然，儿童都会倾向于建构出更好看、更美的作品来。建构游戏为儿童用自己的方式表现和创造美提供了条件和机会，有利于儿童艺术领域的学习与发展。

接下来，我们以积木游戏为例，进一步探讨建构游戏对儿童学习与发展的价值。

积木是一种具有综合性教育价值的材料。积木多变的形状和独特的功能，以及使用方法的灵活性和多样性，使积木成为幼儿喜爱的学习材料。在通过积木进行建构游戏的过程中，幼儿手指的灵活度，以及手眼协调、距离判断、四肢协调、平衡感等方面的能力，便在无形中得以增长。当幼儿搭建积木时，其作品参照的源头便是生活经验。另外，在与同伴共同搭建积木时，幼儿会有大量的机会相互讨论、沟通意见、解决问题，因而能够提高自己表达与倾听等方面的沟通技巧，体会分工合作的愉悦。此外，积木多变的形状组合及其所"暗藏"的数学比例关系，让幼儿在堆叠、拆合积木的过程中，自然而然地体会空间和数理概念，从而能够提升幼儿的思考层次与解决问题的能力。

概括起来，积木游戏具有如下学习与发展价值[①]。

主体性与学习品质：主动性、独立性、计划性、创造性、胜任感、自信心、自主性；乐于尝试；积极面对困难、挫折与失败；好奇与兴趣、专注与坚持、反思与解释。

健康：协调（手的精细动作和大肌肉活动的协调、眼手协调、双手协调、平衡）；搬运重物时身体重心的变化、携物行走的能力；空间感。

---

① 刘焱. 儿童游戏通论 [M]. 2版. 北京：北京师范大学出版社，2008：531-532. 引用时有调整。

数学：积木形状；空间关系（距离、方向）；数量概念和数量关系（多少、相同/不相同、相等/不相等、对称/不对称）；分类、排序、配对；测量（大小、长度、高度、宽度、深度、面积、体积）；模式游戏的教育功能。

科学：物体特性（材料和质地等）；力的相互作用、引力；倾斜、平面、斜坡；建构与性能（稳定性、重量、平衡）、系统；尝试与探索、试验、发现与归纳。

语言：表征、描述、设计与计划、标志、整理，专有名词的掌握，沟通（倾听与表达）。

艺术：美感（型式、对称、平衡、均衡）、想象与创造。

社会：理解和遵守规则；理解社会环境和功能；人的活动与相互关系；对他人劳动的尊重；合作、分享、规则、秩序。

⊙ 学习活动

观察一个积木游戏（重点看一名儿童），尽可能多地找出儿童在这个积木游戏中的学习与发展。然后挑出三个你觉得最有价值的学习与发展，并根据其价值高低进行排序。

三、幼儿园常见的建构游戏材料

游戏材料是保障游戏顺利开展的重要载体。幼儿园常见的建构游戏材料主要有以下几类。

（一）积木

积木是指以木头为材料制作而成的建构游戏材料。一般认为，德国教育家福禄贝尔的"恩物"，就是积木，至少其中的一部分是积木。积木由于稳定性较高，又具有开放性，深受幼儿喜爱，是幼儿园建构游戏中不可替代的材料。

幼儿园常用的积木主要为单元积木与空心积木。

单元积木强调：第一，各种形状的积木之间具有一定的数学比例关系，有基本块、小方块、双倍块、四倍块等。第二，积木上没有用漆涂出的各种图案、形状。第三，建构物的完成不依赖钉子和螺丝，而是靠搭建者的搭建行为。

空心积木常常比较大型，所以也称"穷尽大"积木。空心积木的重量要能有利于儿童搬动，有利于儿童搭建比较大型的物体，有利于儿童爬上爬下，有利于儿童将积木与梯子、平板、木箱等一起使用。

根据不同的分类标准，可以对积木进行不同的分类。根据积木的尺寸、大小，可以将积木分为大型积木、中型积木、小型积木。大型积木更适合户外建构游戏，小型积木比较适合桌面建构游戏，中型积木适合室内地面建构游戏。根据积木是否实心，可以将积木分为实心积木、空心积木。根据积木的形状，可以将积木分为块状积木、片状积木、粒状积木。从积木的材质来看，有木头的积木（根据积木一词，似乎积木就应该只是木头的），也有塑胶、金属、纸板的积木。从积木的颜色来看，有纯木本色的积木，也有其他各种颜色的积木（人工用漆制作的积木）。

（二）积塑

积塑是指用塑料制作的各种形状的片、块、粒、棒等部件，通过接插、镶嵌等，可以将积塑组成各种物体或建构物造型。幼儿园常见的积塑材料有雪花片、齿型积塑、乐高玩具等，幼儿常用积塑材料进行桌面小型建构游戏。

（三）废旧材料

废旧材料主要是指来自生活中的可用于建构游戏的废旧物品，主要有雪糕棒、纸牌、筷子、麻将、PVC管、竹子、纸箱、易拉罐、薯片罐等。

PVC管建构游戏

（四）自然材料

自然材料是指自然界中可用于建构的材料，主要有沙、水、土、泥、雪等，具有可以任意塑型的特征，可以由幼儿随意操作。

四、建构游戏的建构技能

建构游戏的建构技能根据材料的不同而不同，主要的建构技能有：排列、组合、接插、镶嵌、编织、黏合、旋转。这些建构技能需要儿童有大量的经验，但也需要教师适时的帮助和指导。

（一）积木建构技能

1. 积木游戏的发展阶段

（1）阶段一：认识积木。

认识积木通常是2岁以下幼儿的典型行为，该阶段幼儿通常不会有实际的搭建行为，积木对他们而言与其他玩具或物品相比并没有特殊之处。他们常常只把积木拿来拿去，感知积木的重量和触摸积木，此时，幼儿正在通过各种感官认识、探索积木。

（2）阶段二：重复性排列与象征行为。

到了2岁左右，幼儿通常会用一样大小的积木，简单地把它们一块一块地往上叠起来，或者一块接一块地平铺成一列，试图将积木堆高，然后再推倒，这种行为会重复进行。同时，幼儿会发展出象征式的行为，如幼儿会拿起一块长方形积木当成是电话，或者跨坐在大积木上扮演司机。

（3）阶段三：围合、架空与模型。

3岁左右，幼儿开始探索如何用一块积木把其他两块积木连接起来，或将几块积木围起来形成一个封闭的空间。其建构作品逐渐具象，常会出现围合、架空与模型三种状态。因此，在这个阶段，幼儿开始在意积木的形状，发现积木间的比例和组合关系，感知分类、空间、面积、体积，并初步认识到部分与整体之间的关系，能自己发现并利用对称和平衡的原理来建造模型，使建构作品逐渐具有美学意义。

（4）阶段四：实质建构期。

4岁左右，当建构技巧越来越熟练时，幼儿会开始有计划地搭建，其作品也会更加具象和逼真，且逐渐趋向复杂的大型作品。当询问幼儿的搭建作品时，他们通常会详细说明建构细节与搭建过程，并为自己的作品命名。同时，该阶段幼儿常常会一起合作搭建积木，他们会彼此协调、商讨，共同完成积木搭建的目标。

2. 积木建构的基本技能

在上述四个阶段中，蕴含着如下的基本建构技能。

（1）非建构活动。幼儿用积木做非建构的活动，如把积木当作手枪。

（2）堆高。幼儿将积木一块一块地往高处搭。这时，幼儿关心的是"高"，对积木倒地的那一刻也特别关注。他们常常不会生气，而是很兴奋地看着积木倒掉，但如果是其他人推倒的，他们则会很生气。

（3）平铺。在同一平地上，幼儿一块接一块地不断铺积木。如果说堆高，幼儿关注的是高度；平铺，幼儿关注的就是长度。

（4）架空。幼儿用一块积木盖在相互之间有一定距离的两块积木之上，从而把它们连接起来。架空是堆高的进一步发展。

（5）围合。幼儿用积木搭出一个封闭的空间，这个空间可以是一个很大的空间，可以是一个很小的空间，也可以是方形、圆形或不规则形状的空间。围合是平铺的进一步发展。

（6）模式。幼儿用一定的规律来搭建积木，如颜色、形状、长短、大小等的交替出现。比如，幼儿用"半圆—三角形—半圆—三角形……"有规律地搭出了模式。

（7）表征。幼儿有目的地搭建物体，甚至在搭建之前就宣布要搭什么，会给搭建的事物取名字。比如，幼儿用积木搭建了一座"高铁站"，有进口、出口、安检，还有扫码场所等区域。

（8）为游戏而建构。幼儿将建构的作品用于其他游戏，如角色游戏、表演游戏、规则游戏等，建构物成为幼儿其他游戏的"场景"。比如，幼儿建构出一门"大炮"，用于开展一个敌我双方交战的游戏。

除了上述基本技能，积木搭建中还可能用到的技能有：延长、对称、加宽、加长、加高、间隔、盖顶、搭台阶等。

（二）积塑搭建技能

积塑搭建技能主要有接插（如一字插、十字插、整对插、环形插、正方形插等）、镶嵌、整体连接、端点连接、交叉连接、围合连接等。

纸、线、绳等物品以及竹、木、布等自然物品材料的使用，需要编织、黏合等技能。塑料或木制的螺丝系列材料的使用，需要捶打、敲击、旋转等技能。玩沙、玩水也需要相应的技能。

雪花片技能

第二节 建构游戏的观察与解读

一、建构游戏观察与解读的计划

幼儿园教师在进行建构游戏的观察与解读前，应该提前做好一些准备。有些准备是比较基础的、长期的。比如，幼儿园教师应该不断丰富和深化自己的建构游戏基础知识。再比如，幼儿园教师应该熟悉《3—6岁儿童学习与发展指南》的内容，具备儿童发展与成长的基础知识。

在教师对建构游戏进行观察与解读之前，除了上述基础性知识、技能的准备之外，还应做好计划。计划有多种类型，比如，学期计划、月计划、周计划、活动计划等。建构游戏的观察与解读计划，可以是上述各种计划的一个部分，如一个要点、一段时期等。不管什么类型的计划，大体要考虑如下基本内容。

1. 谁观察

要计划好"谁观察"，如具体哪一位教师进行观察？保育员、实习生或者其他人员是否要进行观察？是单独一个人进行观察，还是多人进行观察，甚至各人员相互之间要配合进行观察？

通常情况下，需要一个班级的两教一保之间，既分工又合作，共同进行建构游戏的观察与解读。观察与解读儿童，不只是班级里某一位成人的任务，不是一个"单打独斗"的过程。

2. 观察谁

是观察全班的所有儿童，还是观察班上部分儿童？如何避免有的儿童被观察得多、有的儿童被观察得少？

通常情况下，我们需要通过适当的计划，实现对所有儿童进行观察与解读的目的。对所有的儿童进行观察与解读，并不是说要在一次建构游戏中完成对所有儿童的观察和解读，而是可以多次，也可以在一段时间内完成，比如，一个星期或一个月。如果某些儿童在整个学期里都没有被观察与解读，这就存在教育公平问题了。

3. 观察什么

观察什么？当然是观察建构游戏，观察儿童的建构游戏、建构游戏中的儿童。但是，建构游戏也是有多种类型的，户外的大型建构游戏与室内的桌面游戏，其观察就应有所分别。

通常情况下，我们需要做好计划，以便使建构游戏的不同方面都能够得到观察与解读，而不只是某一些方面。

4. 在什么时间和地点进行观察

在儿童的一日生活作息之中，什么时候儿童在游戏？什么时候儿童在开展建构游戏？儿童在开展什么类型的建构游戏？这些建构游戏的开展地点在什么地方？

通常情况下，我们需要对观察的时间和地点做好计划，因为不同时间和不同地点的建构游戏，常常意味着不同的游戏类型。

5. 怎么观察与记录

在对建构游戏进行观察时，需要记录吗？具体怎么观察？具体怎么进行记录呢？

通常情况下，我们的观察与记录是联系在一起的，至少在计划时应做通盘的考虑，否则就会陷入混乱之中。幼儿园教师需要对记录的时间和方式做好计划，如是现场记录，还是随后补记？是用逸事记录、登记检核表、拍照片、录视频的方式记录，还是其他方式？

《基于观察与评价的建构游戏支持策略的实践研究》观察记录表

二、建构游戏的观察与解读要点

（一）是否符合学前儿童游戏的特点

在本书第一单元的第二节中，我们分别从学前儿童游戏特点的一般描述、游戏性、儿童眼中的游戏三个方面，分析了学前儿童游戏的特点。在对儿童的建构游戏进行观察与解读时，也可以从这三个方面，来看一个具体的建构游戏，是否符合和具有这些特点。

1. 建构活动是否具有学前儿童游戏的一般性特征

第一单元第二节中，我们指出了学前儿童游戏的五个特征，这些特征分别是积极情绪、虚构性、内在动机、过程导向、自由选择。幼儿园教师可以从这五个方面对一个具体的建构游戏进行解读与分析。

2. 建构活动是否有游戏性

幼儿园教师可以使用游戏性量表对儿童建构游戏进行观察，也可以从第一单元第二节中我们提到的游戏性的几个特征进行观察，如身体自发性、认知自发性、社会自发性、明显的愉悦性、幽默感等。

3. 建构游戏在儿童眼中是什么样的

从儿童的视角观察与解读游戏，能够更清楚地看到这些游戏是否真正是"儿童的"。比如，儿童是怎么理解幼儿园里的这些建构游戏的？他们有给不同种类的建构游戏取名字吗？儿童更喜欢哪种建构材料？更喜欢在哪里玩建构游戏？他们是如何看待建构游戏的取放材料的？

（二）是否符合建构游戏的特点

在本单元的第一节，我们指出了建构游戏的三个特点，即建构性、象征性和艺术性。幼儿园教师可以从这三个方面对一个具体的建构游戏进行解读与分析。

（三）儿童的学习与发展

儿童在建构游戏中，获得了什么样的学习和发展？具体表现在什么地方？幼儿园教师可以结合《3—6 岁儿童学习与发展指南》，从健康、语言、社会、科学、艺术五大领域来进行儿童建构游戏的观察与解读，还可以加上学习品质领域。

（四）是否指向所有儿童、所有领域

在对儿童进行观察与解读时，幼儿园教师要注意自己是否将观察与解读指向了所有儿童，是不是有的儿童被观察得多、有的儿童被观察得少？还要注意是否指向了所有的建构游戏，是不是更多地观察与解读了某些建构游戏，而忽略了其他某些类型的建构游戏？

三、建构游戏的观察与解读工具简介

本部分简要介绍三个积木游戏的观察与解读的工具。

（一）HMP-19 点评分量表

"HMP"是 Handline、Milton、Phelps 三位研究者姓的首字母，"19"是指该量表关于积木游戏的 19 种水平。这一量表可以用于测评幼儿积木建构本身的复杂性。

该量表将幼儿积木建构发展水平分为 5 个阶段 19 种水平，以反映幼儿积木搭建从无结构到单维结构、二维/同一区域结构、三维结构以及表征游戏阶段的变化过程，较有效地反映了幼儿的空间意识、几何知识以及表征游戏技能的发展。

（1）阶段一：无结构。

水平 1：幼儿以搬运、移动、身体接触等方式探究积木的物理属性，在积木活动中开展社会交往。

（2）阶段二：单维结构。

水平 2：垂直线性叠加，即幼儿将积木一块块地加以垂直垒高。

水平 3：水平线性排列，即幼儿将积木一块块地加以水平排列。

（3）阶段三：二维/同一区域结构。

水平 4：同一区域垂直叠加，即幼儿在同一区域搭建垂直垒高的积木堆。

水平 5：同一区域水平排列，即幼儿在同一区域搭建水平成行的积木群。

（4）阶段四：三维结构。

水平 6：垂直的围合空间，即幼儿将一块积木架在两块平行且有间距的积木之

上，形成拱形或桥形结构。

水平7：水平的围合空间，即幼儿用至少四块积木搭建成类似方形的结构。

水平8：稳固的三维构造，即幼儿用积木搭建成平面结构，并在上面层层叠加更多的积木。

水平9：围合的三维空间，即幼儿在水平围合上覆顶，搭建成一个三维的围合空间。

水平10：多种结构形式的组合应用，即幼儿能够将单维结构、二维结构、三维结构组合起来进行搭建。

（5）阶段五：表征游戏。

水平11：开始命名，即幼儿给搭建好的建构作品命名，建构作品同幼儿本想表征的事物不一定相似。

水平12：为一个建构作品做一个命名，即幼儿将一个建构作品命名为一个事物，或将一个建构作品表征为一个事物。

水平13：命名建构作品中所表征的相关事物，即幼儿给建构作品中用来表征相关事物的积木命名。例如，在一个表征医院的建构物中，幼儿将一块特定的积木命名为"门"。

水平14：命名建构作品中的辅助物。例如，在一个被表征为房子的建构物中，幼儿将一块独立分开的积木命名为"树"。

水平15：表征内部空间，即幼儿对一个建构作品的内部空间进行表征。

水平16：内部物体被放置在外面，即幼儿用积木建构一个含有内部空间和外部空间的围合作品，并将内部空间的物体放置到外部空间来。

水平17：内部空间和外部空间表征，即一个建构作品中同时含有内部空间和外部空间的围合，并有用于大致区分内部空间和外部空间的物体。

水平18：按比例建构，即在建构作品中表现出一定的"比例"意识。

水平19：结构复杂的格局，即幼儿所建构的作品具有复杂的结构，包含内部空间、地标、路线、"比例"意识等。

（二）GW-积木建构复杂性综合测评量表

该量表从阶段、拱形、维度等方面，对幼儿积木建构作品进行测评。

（1）阶段，1~4级评分。主要包括：

水平1：塔，即幼儿将积木单维垂直垒高；行，即幼儿将积木水平排列成行；行—塔，即塔与行的结合，包括搭建墙状或平面结构。

水平2：围合，即幼儿用积木搭建闭合空间以形成围合结构。

水平3：封闭的围合，即幼儿给围合结构覆顶。

水平4：封闭的围合—塔，即幼儿以封闭的围合结构作为底面，在上面搭建塔。

（2）拱形，1~4级评分。主要包括：

水平1：幼儿将一块积木架在两块平行排列的积木之上。

水平2：幼儿用积木至少搭建两个拱形结构，它们或平行排列，或垂直堆叠，或成隧道样。

水平3：幼儿用积木搭建三个拱形结构，其中至少有两个是垂直堆叠的。

水平4：幼儿搭建的拱形结构至少有三个是垂直堆叠的，或为各种样式的组合。

（3）维度，0~3级评分。主要包括：

零维度，即积木无结构地散乱排列。

单维水平，即至少有两块积木在一条线上。

二维水平，即至少有三块积木形成两条线，或一个平面。

三维水平，即至少有四块积木在一条线和一个平面上。

（三）CA – 积木建构水平测评量表

该量表从空间维度和层级维度来测评幼儿积木建构作品的水平，其主要水平如下。

水平0：无结构，即幼儿随意摆放积木。

水平1：单维结构，即幼儿进行水平排列或垂直垒高。

水平2：二维结构，即幼儿用积木搭建尚无内部空间的结构，如墙状、平面或塔状的结构。

水平3：二维结构，即幼儿用积木搭建有垂直内部空间的结构，如拱形。

CA – 积木建构水平测评量表

水平4：二维结构，即幼儿用积木搭建一个有水平内部空间的围合。

水平4.5：二维结构，即幼儿用积木搭建一个有规则的围合或封闭围合结构。

水平5：三维结构，即幼儿进行没有内部空间的三维垒高。

水平6：三维结构，即幼儿在二维结构的基础上，搭建三维结构。例如，幼儿把一块或多块积木放置在拱形结构的前面或后面；用一块或多块积木连接两个具有一定高度的墙状结构。

水平6.5：三维结构，即幼儿用积木搭建系列拱形结构，如隧道。

水平7：三维水平围合，即幼儿用积木搭建一个具有一定高度的围合或不完全围合，并覆顶或加高。这个作品可能是不规则的，搭建得也比较粗糙，积木之间可能有空隙。

水平7.5：三维水平围合，即幼儿用积木搭建一个具有一定高度的围合，并覆顶，这个作品是有规则的，积木之间没有空隙；或搭建一个系列的拱形结构（如，给隧道结构加一个墙状结构，形成一个不完全的围合）。

水平 8：三维水平围合，即幼儿用积木搭建两个具有一定高度的围合的组合，这个作品可能是不规则的，搭建得也比较粗糙，积木之间有空隙。

水平 8.5：三维水平围合，即幼儿用积木搭建两个具有一定高度的围合的组合，这个作品可能是有规则的，积木之间没有空隙。

水平 9：三维水平围合，即幼儿用积木搭建两个具有一定高度的围合的组合，并覆顶，作品有独立的内部空间。

第三节 建构游戏的指导

教师对儿童的建构游戏进行观察与解读，其意义何在？教师将观察与解读的信息，用于对儿童的指导，使指导更有针对性、更有效果，这是观察与解读最为直接和重要的价值。换句话说，教师对儿童建构游戏的指导，必须是基于对建构游戏的观察与解读的。

通过观察推动游戏

一、建构游戏的指导方法

（一）模拟建构的指导方法

模拟建构的指导方法是指让幼儿通过看平面图或看实际物体进行物体建构。模拟建构活动的具体指导方法是：教师要指导幼儿选择模拟对象，即让幼儿知道拿什么来模仿。

幼儿建构模仿的对象有以下三种。

（1）对建构物的模拟：建构物是一种立体建构造型的范例，幼儿模仿范例，再现范例，并在操作中掌握技能。

（2）对实物、玩具等形象的模拟：实物、玩具这种范例只有主题

中班下期建构游戏课程案例《小青瓦房诞生记》

形象的造型，而无建构造型，所以，幼儿在模拟时要进行建构造型的创造。

（3）对物体形象图的模拟（如照片、画等）：这种模拟不仅要求幼儿将图中的形象变为建构造型，还要将平面造型变为立体造型。

（二）主题建构的指导方法

建构主题的产生，源于对周围生活环境的观察和丰富的社会生活经验。教师可采用参观—讨论—建构的形式，指导幼儿在相对较长的时间内围绕着一定的主题，聚焦生活中的具体事物，有目的、有计划地建构。

主题建构

（三）自由建构的指导方法

幼儿根据已有经验及兴趣进行自由搭建，教师在旁边给予适当的随机指导，引导幼儿分享成果及建构经验。

二、各年龄班建构游戏的特点与指导

（一）小班建构游戏的特点与指导

1. 小班建构游戏的特点

小班幼儿对建构动作感兴趣，"重复""摆弄""堆高""推倒"等是小班幼儿常见的动作；小班幼儿建构时不会事先构思要建构什么，只有当别人问起时，才开始注意并试图给予建构物一个名称；小班幼儿主要以材料的形状来理解材料的用途，后期有了一定的主题，但极不稳定。具体表现为以下几个方面：

各年龄段幼儿建构游戏关键经验

（1）材料选用的盲目性和简单性。

小班幼儿选用材料的盲目性体现在选用材料的目的性是与建构的目的性相联系的。幼儿在建构时若没有明确的主题，选择材料时便会显得盲目。小班幼儿较少意识到积木是用来搭建的，常用积木来嬉戏。他们将积木拿在手上做手枪或汽车，有时拿着积木敲敲打打。小班幼儿选用材料的简单性体现在小班幼儿选择的积木多为四方体，只是将积木作为一般的平铺、叠高之用，缺少尝试性的选择。

（2）建构技能简单。

小班幼儿建构技能多以简单的平铺、延伸、堆高为主。大多小班幼儿进入积木区便拿起积木平铺，然后叠高，之后再向左右两边延伸。值得注意的是，小班幼儿的"叠高"用"堆高"来替换似乎更合适，因为他们多为一味地堆砌，只是将一个个规则积木进行累加，累加时并没有遵循积木大小的顺序。有些小班幼儿会不停地堆高，满足于高度的不断上升，没有明确的搭建主题。

（3）易中断、坚持性差。

小班幼儿在搭建作品时，常会被其他事物吸引，中断建构去注意其他的人或物。他们经常改变游戏计划，将正在进行的游戏转换成其他的游戏。

（4）主题建构无计划性。

小班幼儿不会预先计划自己的活动，而且易受外界因素的影响而改变原来的活动。如幼儿开始说要搭房子，可听到别的小朋友说要建汽车时，又会改建汽车。小班幼儿在认知与技能之间尚不能很好地平衡。因而，建构游戏最终表现为主题不明确，造型不形象。

2. 小班建构游戏的指导

第一，教师要引导小班幼儿认识建构材料，有意识地搭建简单的物体给他们看，也可以带领他们参观中、大班幼儿的建构活动，引起小班幼儿对建构活动的兴趣。

第二，教师要为小班幼儿安排合理、宽阔的建构场地，并提供足够数量的建构材料，避免争抢行为的发生。

第三，教师要通过平行游戏的方式为小班幼儿展示建构技能，并鼓励小班幼儿独立尝试建构简单物体。

第四，教师要经常有意识地让小班幼儿说出自己所建构的物体的名称，也可以根据小班幼儿搭出的形象直接给建构物适当的名称。教师要引导小班幼儿理解和明确建构的目的性，发展他们的想象力，使建构主题逐渐稳定。

第五，在观察完小班幼儿的搭建行为及作品后，教师要通过描述、建议、讨论作品的方式，帮助小班幼儿将自己的作品"语言化"及"概念化"，但需避免空洞表扬。可就小班幼儿作品所使用的积木数量和形状、作品特点、搭建方式、搭建过程、搭建新技巧等，与小班幼儿做双向沟通。

第六，教师要让小班幼儿参与到整理和保管建构材料的过程中，在小班幼儿参加整理建构材料的部分工作时，培养小班幼儿爱护玩具的习惯。

第七，教师要提供适合小班幼儿特点的建构材料，除单元积木和空心积木外，可适量提供动物、交通工具模型等辅助材料，以及筐、篮等便于小班幼儿拿取材料的物品。

（二）中班建构游戏的特点与指导

1. 中班建构游戏的特点

中班幼儿建构的目的性比小班幼儿明确，有了初步的简单的建构计划；中班幼儿对操作过程及建构成果都感兴趣；中班幼儿能初步按主题进行建构，建构主题相对稳定；中班幼儿对结构材料熟悉，能围绕建构作品开展游戏；中班幼儿具有独立整理建构玩具的能力，具体表现为以下几个方面。

（1）能从建构物体的特性来选择材料。

中班幼儿能将积木的形状与自己生活中所积累的经验相结合，较多地考虑积木形状对于建构物的逼真性。如在搭汽车时，中班幼儿会用半圆形积木做车身，再用小的半圆形反过来做车轮。可以看出，中班幼儿搭积木时，能较为充分地利用材料，并且向使用大型积木过渡。但主题还比较单一，尚未与其他的游戏类型结合，所以材料的运用范围不广，仅限于形状的建构上，追求相似，创新度不高。

（2）结构技能主要以"架空"为主。

中班幼儿的动作技能集中分布在叠高和架空这两个动作水平上，并基本上呈对半分布。中班幼儿的叠高是区别于小班幼儿的，架空的技能要略高于叠高，中班幼儿多用这一技能来搭建"大桥"与"城门"，所以结构显得较松散。由于这两种建构技能运用较为普遍，中班幼儿的积木建构规模有所扩大，但显得大而空，新颖、独特性还不够。

（3）与同伴交流，坚持性增强。

中班幼儿往往能有一段时间集中注意搭建，当有了初步的结果或是觉得差不多搭好了，便会更喜欢交谈而逐渐少动手，注意力开始分散。同时，中班幼儿间会互相主动邀请，结成小组来共同搭建，但在搭建前并没有明确的分工。每名幼儿具体参与什么没有区分清楚，重复度高，合作性不强。

（4）有建构主题，但易变化。

中班幼儿建构游戏的目的性和稳定性增强，在实现个人活动目的的过程中，撇开建构主题的现象明显减少。多数中班幼儿在一开始便能确定主题，并围绕该主题进行活动。中班幼儿在主题确定后，仅仅是知道了要搭建什么，却并没有要深入地去分析，对如何实现主题也没有太多的思考。另外，中班幼儿的建构主题较单一，往往积木游戏便是单纯的积木游戏，综合性主题不多。

2. 中班建构游戏的指导

第一，教师应设法丰富中班幼儿的生活经验，为他们的建构活动打下基础。建构活动是幼儿对周围生活经验的反映，因此，教师应利用散步、参观、欣赏等各种活动，加强中班幼儿对事物结构造型方面的了解。

第二，教师应注重培养中班幼儿设计建构方案，使其学习有目的地选择材料。

第三，教师应着重指导中班幼儿掌握结构技能，并使其会运用这些技能去塑造各种物体，把平面图形变成立体的图形。

第四，教师可以组织小型集体建构活动（3~4人），鼓励中班幼儿间共同讨论，制订方案，进行分工，友好合作地游戏。

第五，教师应组织中班幼儿评价建构作品，鼓励他们独立、主动地发表意见，肯定他们的发明创造，使其能自己表达作品的含义，促进中班幼儿创造性思维的发展及建构水平的提高。

第六，教师应提供适合中班幼儿特点的建构材料。中班幼儿的建构水平有所提高，所以对其提供的玩具材料数量要增加，在型号上也应有所加大。

（三）大班建构游戏的特点与指导

1. 大班建构游戏的特点

（1）建构的目的性、计划性和持久性增强。

大班幼儿建构的目的性、计划性和持久性增强，体现在能较长时间地围绕一个主题进行建构活动，直到达到目的为止；大班幼儿有一定的独立构造能力，能事先进行一定的设想和规划；大班幼儿能围绕结构物进行情节复杂、内容多样的游戏。

（2）能合作选取丰富多样的材料。

大班幼儿能比较快速地选定材料，目的明确，并且，大班幼儿的角色意识增强，在材料的选用上，需求更高，想象更丰富。同时，在材料的选择和取放上，大班幼儿会相互商议、合作。

（3）建构技能日趋成熟。

在技能提高的基础上，大班幼儿能积极地运用各种技能，搭建出更丰富的造型，如坦克、大炮、军舰、宫殿等。大班幼儿能将建构材料更合理、充分地使用到一个综合化的作品中，注重反映事物的细节特征。大班幼儿非常容易进入角色，通过协商与合作，他们能始终从事于搭建活动，并且会不停地添加、修改建构物，或是根据新的角色游戏情节继续在原有的作品上进行建构。

（4）根据游戏情景需要，不断产生新的建构主题。

大班幼儿搭建前会对自己要搭什么有较为清晰的认识，很自然地将积木游戏带入一定的角色情景中，建构物品成为游戏中的道具，这使得积木游戏很自然地融入其他游戏活动中。但大班幼儿共同设计游戏情节的能力还比较弱，往往是追随少数幼儿设计的情节而游戏。

户外大积木

2. 大班建构游戏的指导

第一，教师应培养大班幼儿按计划建构的意识，使他们做到在遇到困难时不轻易改变或放弃。

第二，大班幼儿在围绕一个主题进行建构时，教师应支持大班幼儿观察与表现物体的细节和特征，充分利用建构材料完成作品。

第三，教师应引导大班幼儿在欣赏自己及同伴作品的过程中，逐渐发展自我评价与评价他人的能力。

第四，教师应鼓励大班幼儿集体进行构造活动，共同设计方案，确定规则，分工合作，开展大型建构游戏。教师应在建构区为大班幼儿提供美工材料和书写材料，如铅笔、油画棒、纸张、黏土、书写夹板等，支持大班幼儿共同设计建构方案。

第五，教师应提供适合大班幼儿特点的结构材料。大班的积木种类要更丰富，形状上要多变，以满足幼儿不同的需要。大班幼儿搭建时，会将积累的生活经验与不断发展的想象、创造力相结合，对材料的要求更高。

第四节　案例介绍：建构游戏活动案例

案例名称：床的变奏曲[①]

一、背景与来源

大创游是我园的特色游戏活动，每天孩子们都有一个小时的游戏时间在角色区、表演区、建构区、科学区等区角内进行自由游戏。大创游以混班的形式开展，教师放手让孩子们去自由游戏，游戏的自由度更高，深受孩子们的喜爱。

大创游里的建筑工地是幼儿非常喜欢的一个区域，三个平行班的部分幼儿每天在那里进行着有创意的修建。《幼儿园教育指导纲要（试行）》中指出，教师在幼儿游戏的过程中，应该是幼儿的支持者、合作者、引导者。这就对教师除了作为一名

---

① 案例提供：成都市第三幼儿园。

忠实的观察者和幼儿游戏的支持者外，有了更高的要求和期待。教师如何在充分尊重幼儿自主性的前提下，对幼儿做出有教育意义的引导，是我们一直都在关心的话题。幼儿的活动能够从简单到复杂，教师在推进幼儿活动时起到了什么作用？

闹闹是我们班上年龄最小的一名幼儿，他最喜欢的地方就是大创游的建筑工地。但是奇怪的是，闹闹有点儿特别，他每天来到建筑工地后并不进行修建，而是喜欢东游游、西逛逛，显得有点游手好闲。有时我问他："闹闹，你今天想修一个什么啊？"他常常给我的答案是："我还没有想好。"终于有一天，闹闹在游荡了一会儿之后，想到了一个点子。他把一根长木条放在地上，并躺了上去，还跷起了二郎腿，自言自语地说："我累了，我要休息一下了。"（见图 5-1）

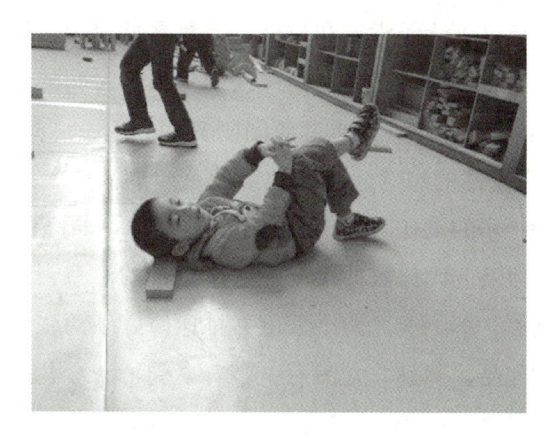

图 5-1 闹闹躺在长木条上

二、活动与实录

（一）闹闹的第一张床（10 月 18 日）

闹闹陶醉的表情引起了我的注意，当我终于欣喜地看见闹闹悠闲自得地躺在了一根长木条上时，鉴于我对他持续的观察和了解，我选择给予他关注来鼓励他难得的修建行为。于是我走上前看了一会儿后，问他："闹闹，你在干什么呢？"闹闹给我介绍说："这是枕头，我累了，我要躺着休息一下。"但是闹闹似乎很满足于这一根"枕头"，他的修建活动似乎已经终止了，我内心期待着闹闹能有更进一步的作为，于是，我问他："你把'枕头'放在地上，是要休息吗？"闹闹用实际行动回答了我的问题，他一骨碌爬起来，找来更多的长木条，开始修第一张床。那天是 10 月 18 日。

我看到闹闹游荡在建筑工地，当他游离在游戏之外时，其实我心里很期盼他能够"做"点什么，但是我采用的是"观察"的指导方式。当我看到闹闹持续地游荡在建筑工地的时候，我尝试询问："你今天想修点儿什么？"试图唤醒闹闹的修建欲望。当他回答"没有想好"的时候，我继续采用"观察"的指导方式。

闹闹看似漫无目的的游荡，实际上是他在学习、思考、寻找自己兴趣的一个过程，而活动得以持续开展的最基本保障就是幼儿自发的兴趣。给幼儿自由选择的权利和足够的等待，是教师支持幼儿寻找自己兴趣的保障。果然在我的等待之后，闹闹产生了一个修床的点子。

虽然闹闹的"枕头"在充满创意的建筑工地里的确算不上是优秀的作品，但是正因为闹闹这艰难的开始，我选择了给予他特别的关注，来对他的行为表示肯定。

闹闹所修建的"床"，是他在游戏之中对生活经验的反映。教师首先应该支持幼儿作品的这种生活意义，给予肯定和鼓励。当我看见闹闹自得其乐地享受在一根长木条上时，我很高兴，但是我还是选择打断了闹闹长时间的享受，希望他能够顺着这个兴趣，再"做"点什么。我通过向闹闹提问题——"你把'枕头'放在地上，是要休息吗？"引发他的思考，唤起他继续修建的欲望。闹闹积极回应了我的这次干预，并且他进一步的动作吸引来了一个同伴和他一同修建。

我和闹闹的对话以及闹闹修床的举动吸引了蒙蒙的注意，蒙蒙也来修床了。闹闹怎么修，他就怎么修，不一会儿两个人就并排地修好了两张一模一样的床。闹闹和蒙蒙试了试自己的作品，感到非常满意。躺着享受了一会儿之后，闹闹似乎又突然想起了什么，他又找来一些积木给床进行了进一步的美化，在两张床的中间修建了台灯，还给床加了防护栏，防止滚下来。闹闹和蒙蒙一直享受着这两张床，直到游戏时间结束（见图5-2）。

图5-2　闹闹和蒙蒙享受着自己修建的床

幼儿具有向师性，他们更倾向于认同教师认同的东西，于是我对闹闹的关注也吸引了其他幼儿对闹闹的关注。正是这种同伴的关注，进一步激发了幼儿的创作欲望，也增强了幼儿的成就感和自信心。

在闹闹和同伴充分地享受、体验了他们的床，内心充满了满足和自信之后，我又给了他新的挑战："你家里的床是什么样子的？是这样紧紧地挨着地板，还是其他样子的？"闹闹说："家里的床不是这样的，是离开地面，有点儿高的。"我建议他："下一次，你能不能修一个那样的真正的床？"但是闹闹担忧地说："那样不行的，离开了地，床要塌的，睡不了人。"我仍然建议他下次可以试一试。

（二）闹闹的第二张床（10月29日）

距离第一次修床十多天了，闹闹依然每天在建筑工地里溜达，似乎已经忘记了修床的事，于是我决定唤醒他的回忆。我问："闹闹，你上次修了一张床，大家都特别喜欢，你今天想不想试一试那种离开地面的床啊？"闹闹愣了一下，说："好啊，但是没人和我一起修怎么办啊？上次是蒙蒙和我一起修的，这次他不在，我自己修不了。"

我继续建议闹闹："你可以去问一问其他小朋友，有没有人愿意和你一起修啊？"闹闹却回答说："他们刚才说要去修房子，肯定不想跟我一起修。"我问："那你想和他们一起修房子吗？"闹闹说："我不想和他们一起修房子。"我进一步建议他："你可以去向他们介绍一下你要修的东西是什么，有多么的好，也许他们觉得更喜欢你的，就过来和你一起修了。"闹闹欣然采纳了我的建议，很生动地描述了自己要修的床，"……修好了，你们可以躺在床上休息哦，可好了！"但是很可惜，小伙伴们没人想修床。闹闹的脸上流露出失望的表情。我赶紧建议他："其实你也可以自己修的，上次我看见就是你自己在那修得很好，别人看到了才跑过来和你一起修的。没准这次你修一修，他们觉得好，就过来了。"闹闹的眼中露出一丝希望，他点点头。就在这个时候，听了闹闹介绍床的美美改变了主意，说："闹闹，我和你一起去修床吧！"闹闹显得很高兴，带着美美来到他上次修床的地方，开工了。

也许，闹闹被修床的提议打动了。他拒绝去修房子，但是又担心自己一个人没有办法修床。平时在班上，闹闹属于在交往方面并不是很主动的孩子，有时候在与同伴的交往上缺乏技巧，常常显得脾气暴躁，没有耐心，所以好朋友不多，也不太能和别人打成一片。我感受到闹闹还是很渴望与同伴交往的，但是他感觉自己的号召力不强，所以对交往缺乏信心。当教师提出建议时，他还是很愿意去尝试，并且尽自己的努力想要得到同伴的认同。

闹闹在第二次修床时，并没有很顺利地找到同伴，于是我建议他运用了一些交往技巧，努力去说服同伴一起来修床。虽然没有立刻成功，但值得庆幸的是，最后还是有同伴认同了他，加入了他的游戏。

在幼儿感到困难时，教师提供几种可行性方案，让幼儿在"有指导"的情况下进行自主选择，有利于幼儿达到最近发展区。

闹闹平日里是一个有点儿暴躁的小朋友，当与人意见不合的时候容易发火，急了，有时候还要动手。但是这次他很珍惜得来不易的玩伴——美美，很耐心地教她修自己心目中的床。

闹闹找来4根圆柱，先摆成床的4个角，确定了床的大致规格。这时，闹闹发现有一点儿问题，他把4根圆柱放在一起比了一比，对美美说："这根短的不能要，我们要找一样长的。"他们两个，铺好两根圆柱就铺一根长木条，常常是把圆柱拿回来了才发现高矮不合适，所以工程进度比较缓慢。过程中，美美在两根短一点的圆柱上铺了一条凹下去的床板，闹闹看到了，忙阻止道："这样不行的，这样要得颈椎病的。"美美不以为然，觉得无所谓，闹闹却毫不妥协，反复强调"要得颈椎病的"。看美美不太懂"颈椎病"是什么意思，闹闹就干脆躺在地上演示："你看，你睡在床上的时候，头这里这么低，这样仰着，就要得颈椎病的，得了颈椎病，会很痛的。"美美被他的演示逗笑了，闹闹也笑起来，他们取掉了不合格的床板，继续修他们完美的床（见图5-3）。他们还给床修了床头，闹闹坚持床头要在最中间对称的位置才合适，并说了详细的理由来否决美美随意的摆放。闹闹还对美美说："要好好修，修好了会有人来参观，会得到表扬的。"

图5-3 闹闹和美美在修床

闹闹在和美美发生分歧的时候，并没有采取发脾气的方式压制对方，而是既坚定又耐心地反复向对方解释，阐明自己的观点，试图说服对方接纳自己的意见，这对闹闹来说是一个进步。闹闹滑稽的演示让两个小伙伴笑成一团，气氛相当的不错。闹闹内心深处也很需要别人的肯定来树立自信心。他们在修建的过程中虽然采用了一种"比较笨"的方法，把圆柱运回来之后才进行高矮比较，筛选出合适的，影响了工程的进度。但是我采用了"不作为"的指导方式，我希望他们自己能找到更好的、更有效率的方法。

在修建过程中反复谈到的台灯还没来得及修，闹闹就迫不及待地想试一试他们的作品了（见图 5-4）。闹闹小心翼翼地坐在床上，更加小心翼翼地躺在上面，他一动都不敢动，但是露出异常兴奋的表情。他不敢悠闲自得地跷二郎腿，躺的姿势看上去也很不舒服，但却十分满足。几个小朋友被吸引了过来，圆圆更是充满渴望地询问道："闹闹，可不可以让我躺一下？"闹闹欣然同意，小心起身，圆圆也小心地躺下去，可能是因为确实有点儿不舒服，她扭动了一下身子，床的一小半就塌了。圆圆对弄坏了别人的东西感觉有点儿紧张，闹闹却一点儿都不介意，笑着说："我来把它改成一张桌子吧。"他修复好了桌子，又在旁边修了一把椅子。这一天是 10 月 29 日，闹闹第二次修床。

图 5-4 闹闹和美美修好的床

令我惊讶的是，闹闹对自己辛辛苦苦修了那么久的床坍塌了一点儿都不介意，甚至在坍塌的那一瞬间还笑得很大声，并且很快出了一个主意，把它改成了一张桌子。这是为什么呢？也许，在修床之前，闹闹质疑这种腾空的床的稳定性，觉得它很容易坍塌，所以他对这样的床居然能让人睡上去已经很满意了，也比较能够接受床被压塌的事实。也许，闹闹的满足感来自修床本身以及同伴的关注和认同，所以心情大好，对床坍塌了，变得很大度，更能够原谅同伴。我找了一个机会问闹闹："为什么上次他们把你的床压塌了，你一点儿都不生气呢？"闹闹的回答很让我想不到，和我的分析似乎相差很远，他说："因为那是你让我修的床啊，所以倒了就倒了吧。"尽管闹闹如此说，但是我依然觉得，闹闹对床不够稳固具有一定的预见性，尤其是修床这件事给他带来了巨大的成就感，其他同伴对他的关注和认同，使他的心情很愉快，所以对床坍塌了这件事，就不那么在意了。

（三）闹闹的第三张床（11 月 6 日）

11 月 6 日，这次闹闹在没有我的"逼迫"下，自发地修床了。比起上次，他轻松地拥有了两个同伴，并且仅用了 15 分钟就合作修好了一张床。在修床的过程中，他们的交流虽然不多，但是明显能够感受到这是一次拥有共同目标的合作。这张床在规格上更适合小朋友的身高，小朋友可以将整个身体躺在上面。他们选择了用短圆柱和长木条来修床（见图 5 - 5）。床修好了以后，吸引了更多小朋友的围观。

小朋友们争先恐后地到闹闹的小床上躺一躺，闹闹在旁边露出一副得意的表情（见图 5 - 6）。比起他自己睡在自己的床上面，似乎同伴的认同给他带来了更大的满足感。

图 5 - 5　闹闹和两个同伴在修床　　　　图 5 - 6　小朋友们争先恐后地躺在修建的床上

我问闹闹："这次你修的床怎么睡过这么多人都没有塌呢？"闹闹回答我："是因为我们修得很结实啊。""为什么这次这么结实呢？"他回答："因为我们三个人一起修的……我们把每个积木都摆放得很整齐。"我不依不饶地进一步问："确实你们摆放得很整齐，但是我觉得上一次你们也摆放得很整齐。好奇怪哦，为什么上次只躺了两下床就塌了，这次躺了这么多下床都没有塌，到底这两次有什么不同呢？"闹闹很认真地想了一想，他说："因为这次这个床比较矮，所以才不容易塌。上次的那个比较高，就很容易倒。"看来他经过仔细思考，终于能够正确地归因了，相信这种感受会对他以后的修建有一些启发意义。于是我试着帮他归纳道："果然是这样啊，我看见你修了三次床，第一次是紧贴着地面的，那个床是怎么也睡不垮的。第二次是高高的，要很小心地睡上去，而且比较容易垮。第三次是高出地面一点点的，这样的床又像真床，又不容易垮。看来，床结不结实，和距离地面的高度有一些关系哦，是不是？"闹闹很认同地点了点头。

于是在游戏总结环节，我和小朋友们一起，专门讨论了建筑的稳定性问题。我们讨论了影响稳定性的因素以及可以修建得更加稳定的有效方法，也许正是这次分享，引起了后来快快和同伴对"雪橇"稳定性的关注和改良。

这是一个不断推进的活动过程。首先，闹闹一直在建筑工地里寻找他的兴趣点。

终于他想到了一个点子,于是有了一根"枕头",由枕头演变出平铺在地上的床,并对床进行了美化和装饰。接下来,闹闹又对床进行了两次重大的改进,那么在这个幼儿自发活动的不断推进的过程中,我们认为幼儿至少得到了这样一些发展。

交往方面:闹闹第一次修床时,是一个人的独自游戏。当他的修建行为引起同伴关注后,他们几乎没什么交流,所进行的是简单模仿的平行游戏。这个时候,幼儿的交往还并不深入。当闹闹第二次修床时,活动发展为同伴的合作游戏了,他们有很多的交流和讨论。第三次修床,不仅是幼儿自发的合作游戏,而且合作的水平更加深入,表现为合作的人数更多,幼儿的合作自然而顺畅,也具有了分工与合作的趋势。虽然在这短短的三次修床过程中,我们不能说,闹闹的交往能力是一个从无到有的巨大转变,但是在这三次活动中,幼儿所表现出的交往水平是逐渐提升的,而这个过程必然巩固了并促进着闹闹的社会性发展,使他的交往水平越来越高。

修建技能方面:第三次修床,由于幼儿运送材料的方式(先比较圆柱高矮,再批量运送材料)和修建方式的改变(先摆好支撑圆柱,再铺床板),修建越来越熟练(作品更复杂,耗时更少),作品的稳定性更强,作品的形象性更好(更像床了,也更适合幼儿的身高)。更值得一提的是,总是游荡在建筑工地里的闹闹,也越来越快地投入游戏中去。

(四) 大家的床

闹闹的修建,得到了同伴的关注、认同、模仿,对同伴产生了很大的影响。在闹闹第三次修床行为出现之后,我们看到更多的小朋友根据自己的需要,对床进行了一些改进和创造,修建出了双人床、为了"娃娃家"游戏而产生的道具床(见图5-7和图5-8)。

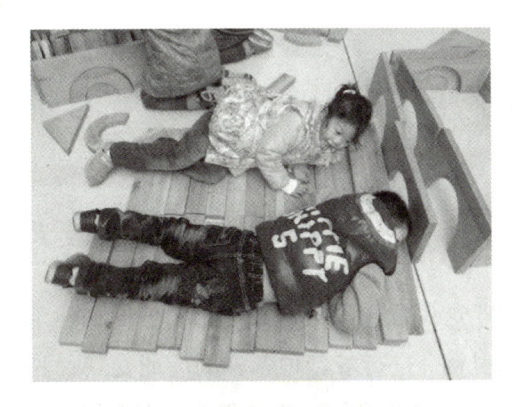

图5-7 小朋友们修建出双人床 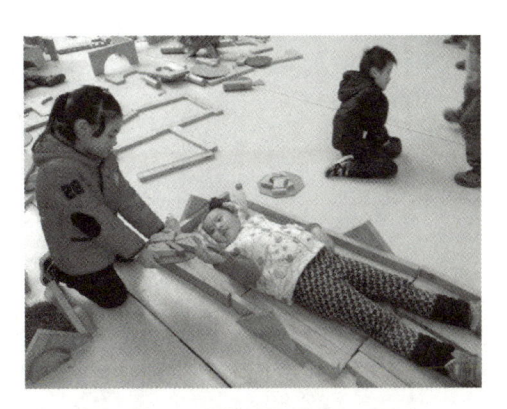　　图5-8 小朋友们修建出道具床

穿着绿色背心的快快在深入体验了闹闹的床之后，第二天就迫不及待地和好朋友远远一起修床了（见图5-9）。他们迅速地修好了床，觉得似乎不能满足他们的需求。这个时候，快快看到了建筑工地里的辅助材料拖把，产生了一个新点子，他对远远说："我们把它改成一个雪橇吧，一会儿我们去'滑雪'。"于是，两个小朋友说干就干，一个雪橇的雏形就形成了（见图5-10）。这个时候，远远发现，稍微剧烈的运动会让"雪橇"的边缘倒塌，于是他们用了很多短的圆柱在里面进行了填充加固，这下子，"雪橇"再也不容易塌了。

图5-9　快快和远远在修床　　　　图5-10　快快和远远在修建雪橇

又过了几天，更厉害的点子产生了，小朋友们修了这样一个东西，他们说这是"航空母舰"（见图5-11）。虽然已经看不出了床的样子，但是从结构上来看，这就是闹闹的床的更加复杂的变形。

图5-11　小朋友修建的"航空母舰"

闹闹的床就像是一根导火索，激发了幼儿这一段时间的修建热情。他们在建筑工地里反复地利用长木条、圆柱体以及其他材料，进行着各种各样的床的变式（见图5-12）。这些作品虽然各具形态，看似分散，却有着共同点和联系，它们似乎都有着闹闹的床的一点儿影子。当圆柱体遇见长木条，就具有了一定的典型性，这些作品更像是一系列的主题修建。作品不断地改进，不断地突破，不断地进步。幼儿的活动越来越深入和复杂，精彩依然继续。

图 5-12 小朋友们进行着各种各样的床的变式

三、分析与反思

从一根长木条，到"航空母舰"，这是一个多么神奇而又了不起的过程。这里面不仅充满了孩子们非凡的创意和智慧，也同时包含着教师的"作为"和"不作为"。

在教师的游戏指导中，教师可以注重三个方面的引导。第一，教师要保护和支持幼儿的游戏意义。对幼儿选择搭建的物品给予认同和支持，用适宜的方式，引起幼儿更深入的思考，激发幼儿的持续兴趣，引导并鼓励幼儿将这种游戏意义进行、延续和深入。第二，教师应给予幼儿的修建适宜的关注。教师的这种有意识的关注可以引起更多幼儿关注、欣赏、认同作品，产生连锁效应，提升修建活动的社会意义以及其他同伴的模仿与再创造。第三，教师要引导幼儿对修建经验进行归纳总结，帮助幼儿修建技能的提升。修建经验的集体分享，也有利于幼儿在潜移默化中提升修建能力，不断挑战更难、更复杂的作品。

⊙ 单元小结

本单元聚焦于建构游戏的观察与指导。

建构游戏是学前儿童非常典型的一种游戏形式。与角色游戏等其他游戏相比，建构游戏具有建构性、象征性、艺术性等特点，对材料、场地有一定的要求，也常常需要一定的建构技能的支撑。积木游戏是建构游戏中最为常见的一种，但建构游戏不只有积木游戏，其类型是多种多样的。

通常情况下，人们会通过观察建构游戏最终的作品来观察和解读儿童建构游戏的水平，这在各种专门性的积木游戏评价量表中体现得最为充分，这也是建构游戏比较独特的地方。但是，对儿童建构游戏的观察与解读，也还可以有其他维度，如建构游戏的过程，特别是建构游戏中儿童的主体性、学习品质的发展等。

与所有其他游戏的指导一样，建构游戏的指导必须基于观察与解读，避免干扰、打断儿童的游戏。建构游戏的指导，需要分清是模拟建构、主题建构还是自由建构，也要注意指导的年龄适宜性。

本单元的案例，都是理论联系实践的好案例。"床的变奏曲"，就是这样的建构游戏案例。当然，我们更期待大家的精彩案例。

对于建构游戏来说，指导的前提是观察，观察的前提是幼儿教师应该具有一定的建构游戏的知识。

⊙ 拓展阅读

［1］马祖琳，戴文清，臧莹卓，等．点燃孩子的创意火花［M］．南京：南京师范大学出版社，2013．

［2］刘焱．儿童游戏通论［M］．2版．北京：北京师范大学出版社，2008．（第八章第三节）

⊙ 巩固与练习

一、名词解释

建构游戏

二、简答题

1. 简述如何对建构游戏进行观察。
2. 简述建构游戏的指导要点。

三、案例分析

请扫二维码观看"多米诺游戏的7次探究"这一案例，对嘉阳的游戏行为及教师的观察、指导进行分析。

四、实践题

挑选一个建构游戏水平最低或最不喜欢建构游戏的幼儿，对其进行观察，分析其原因，并提出对其建构游戏进行指导的策略、方法。

多米诺游戏的7次探究

第六单元 表演游戏的观察与指导

导 言

一位幼教教研员问幼儿园教师:"你们班有表演游戏吗?"他们回答如下:

T1:有啊。小朋友最喜欢表演了,他们每天都在表演。

T2:我们班里有一个表演区。表演区里的游戏就是表演游戏。

T3:我们班的表演游戏主要是在各种节日活动当中。比如,六一儿童节、国庆节时,小朋友都要上台表演节目,每一个小朋友都会有角色的。

T4:我们幼儿园有固定的童话剧时间,所以是有表演游戏的。

T5:学习一个故事之后,最后我都会让小朋友表演一下的,这算吗?

T6:我们班本来有的,但是后来没有了,主要原因是太麻烦了,要制作道具、要布置舞台。

T7:表演游戏不太符合现在主流的游戏观点,是成人指定的、规定的,被我们园长取消了。其实我发现小朋友还是很喜欢表演游戏的。我一直有点儿不太明白为什么要取消表演游戏,不过我很赞成取消,因为这样解放了我自己。

这位幼教教研员又问幼儿园教师:"什么是表演游戏?"他们回答如下:

T1:我认为表演游戏就是根据故事进行表演。

T2：我认为孩子能够通过肢体动作、语言来表现或者表演出自己的情感世界，通过这样的方式来玩耍，这个应该就叫作表演游戏。

T3：表演游戏就是儿童用童话剧的形式进行表演，或者是将故事用表演的形式表达出来。

T4：幼儿自发地把生活经验以自己喜欢的方式展示出来的游戏，就是表演游戏。

如上是一些幼儿园教师对表演游戏的一些认识、看法。这些认识、看法正确吗？有什么样的误区吗？作为幼儿园教师，应该如何观察、了解幼儿的表演游戏需求？如何才能更好地指导幼儿的表演游戏？

☆ 学习目标

1. 掌握表演游戏的基础知识，特别是表演游戏的特点和价值，并能运用这些知识，观察、解读幼儿的表演游戏。

2. 能基于对幼儿的观察与解读，了解幼儿的表演游戏兴趣与需要，用多种方式指导幼儿的表演游戏，促进幼儿表演游戏持续、深入开展。

思维导图

- 表演游戏的观察与指导
  - 表演游戏的基础知识
    - 表演游戏概念及其特点
    - 表演游戏的价值
    - 表演游戏的类型
  - 表演游戏的观察与解读
    - 表演游戏观察与解读的计划
    - 表演游戏观察与解读要点
    - 表演游戏观察与解读工具简介
    - 各年龄班表演游戏解读
  - 表演游戏的指导
    - 表演游戏的指导原则
    - 表演游戏的指导策略
  - 案例介绍：表演游戏活动案例
    - 小班优秀案例与分析
    - 中班优秀案例与分析
    - 大班优秀案例与分析

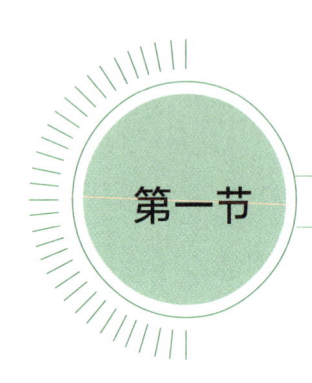

第一节 表演游戏的基础知识

一、表演游戏概念及其特点

（一）表演游戏的概念

表演游戏"胡宝"

表演游戏是指儿童依据童话或故事等文学作品中的内容和情节，运用一定的语言、动作和表情等表演技能扮演某一角色，再现文化作品内容（或某一片段）的一种富有创造性的游戏形式。表演游戏以儿童对作品自主、独立的理解为基础，并据此展开故事情节及其表演。它不仅是演给别人看，更多的是让儿童通过表演游戏得到满足和快乐。

我们可以从以下四个方面来理解表演游戏。

第一，表演游戏的角色。表演的角色可以来自故事、童话等儿童文学作品，也可以来自儿童、教师自主创编的故事和他们的亲历事件。对此，有两种观点：一是应纯化表演游戏，表演角色应主要来自儿童文学作品，特别是经典文学作品；二是应扩大其来源，各种作品（如影视作品）、生活经验都完全可以是表演角色的来源。后者可能出现表演游戏与角色游戏边界模糊的问题。

第二，表演游戏的结构。相对于自由游戏，表演游戏具有一定的结构框架。这既来自表演内容（儿童文学作品自身）的框架，也来自教师的指导框架。

第三，表演游戏的创造性。表演游戏的创造性程度受到表演内容的规范和制约，这要求儿童尽量将自己的言行与表演内容的事物和情节联系起来。表演游戏的创造性常常被人们忽视。

第四，表演游戏的性质。表演游戏不纯粹是表演，也不单纯是游戏（自由游戏），它兼具游戏和表演的双重特性，属于表演性游戏。

在英文文献中，没有与我们所理解的表演游戏完全对等的词语。表演游戏这一概念，更多地来自苏联的儿童游戏理论。

　　苏联学前教育学把幼儿园的游戏分为创造性游戏和规则游戏两大类。创造性游戏是指幼儿在教师的引导下自己创造出来的游戏，包括角色游戏、建构游戏、表演游戏三种。表演游戏是以"通过教养员的词（故事、朗读、谈话及看插图）所获得的观念为源泉的游戏"。可见，表演游戏在苏联学前教育学理论中具有两个内在规定性：①幼儿表演游戏的想法和内容来源于听（看）故事、朗读、谈话及看插图等活动；②教师的语言是幼儿获得故事、朗读、谈话及插图等内容的主要途径。

> **小贴士**
>
> 　　在西方，有几个词都与"表演游戏"相关或接近，例如 Dramatic Play，Creative Drama，Socio-dramatic Play，Thematic-fantasy Play 等。
>
> 　　Dramatic Play 可以翻译为戏剧表演游戏，其本质特点是"假装"或"象征"。它包括我们所说的角色游戏和表演游戏。有人依据是否有教师指导，把 Dramatic Play 分为两类。一种是幼儿自由的戏剧表演游戏；另一种是有教师指导的创造性戏剧表演（Creative Drama）。创造性戏剧表演主要包括主题角色游戏、故事剧、哑剧、木偶戏、故事表演、分角色阅读等活动。
>
> 　　Socio-dramatic Play 可以翻译为社会性戏剧表演游戏，是幼儿围绕共同的目标或主题（theme）进行的集体假装游戏（group pretend play）。该游戏强调的是幼儿的社会性发展水平与特征。
>
> 　　Thematic-fantasy Play 可译为主题想象游戏，最接近于我们所说的"表演游戏"。在这种游戏中，教师鼓励幼儿运用身体和声音来阐释或者扮演故事（诗歌）的部分或全部，将作者的言词变为幼儿自己的动作和语言。

（二）表演游戏的特点

1. 幼儿园表演游戏的游戏性

　　表演游戏最主要的特点之一是游戏性。表演游戏是幼儿自己"自娱自乐"的活动，幼儿只是因为"好玩"而在"玩"，并不是为了演给别人看。"目的在于自身"并"专注于自身"是表演游戏活动的本质特点。事实上，幼儿不太在乎有没有"观众"，促使他们持续进行表演游戏的原因是"好玩的"游戏过程本身，而不是外部的命令、要求或奖赏。因此，表演游戏在本质上是"自由游戏"。表演游戏是幼儿主动、自发的创造性活动。其创造性表现在幼儿表演游戏时可根据对作品角色和情节的感知、理解和体验，在语言与动作表现上有所增添或改动。例如，表演《狼和小羊》时，有的幼儿扮演成一只凶狠的狼，有的幼儿则扮演成一只狡猾的狼。幼儿的不同理解和表演为作品增添了新的亮点。

2. 幼儿园表演游戏的表演性

文学作品中的故事不是完全真实的生活故事，这决定了表演游戏具有夸张的戏剧成分。表演游戏的主题、角色、道具、服装、情节等也均有着鲜明的戏剧成分。表演过程中，幼儿的表演也并不是完全随心所欲的即兴表演，而是"源于生活又高于生活"的较为夸张的艺术表演。可以说，表演游戏中的表演性正是表演游戏不同于其他类型游戏的特点之一。在表演游戏中，幼儿需要运用一定的语气、语调、表情、动作等表演技能来充分地展现和表达作品中人物的内心情感，这更接近于文艺表演。当幼儿具备了一定的知识和经验以后，他们还能自编自演或开展即兴表演，进行有更高品质、更富有个性化戏剧色彩的游戏活动。因此，表演游戏如果缺乏"表演性"，也就缺乏了它自身作为一种游戏类型独立存在的依据。"表演性"之于表演游戏来说，是不可或缺的特性。

3. 幼儿园表演游戏的结构性

表演游戏虽然也是幼儿自己"创造的"游戏，但是，已有的"故事"规定了游戏的基本框架。表演游戏以"故事"为依据的特点决定了表演游戏的"结构性"。它要求幼儿以自身为媒介，运用语言、表情、动作姿势等手段来再现故事。正是这种"再现"构成了表演游戏"结构性"的特点。从选择和确定所要表演的故事或作品的那一刻起，表演游戏就已经有了一个规范游戏者的基本框架结构了，幼儿必须在这个框架中游戏。也就是说"故事"成为游戏者认可的标准和行为的框架，即便游戏所依托的故事是幼儿在活动过程中逐渐创编发展起来的，在每次表演之前也都会有一个脚本，角色的行为或多或少地都要受这个脚本规范，不能随意作为。而且"故事"作为表演游戏的"脚本"，需要所有游戏者的"认同"或"约定俗成"。

（三）表演游戏与其他活动

1. 表演游戏与角色游戏相比较

（1）相似之处。

表演游戏和角色游戏有很多相似的地方，导致许多人经常会将二者混淆起来。

第一，游戏的形式是相似的。表演游戏与角色游戏都有角色，都需要幼儿通过语言、行为、表情等相似的象征手段来扮演角色，演绎故事

表演游戏与角色游戏、儿童戏剧

情节。

第二，游戏都需要幼儿的想象力。表演游戏和角色游戏都属于象征性游戏或想象游戏。游戏的场景和所需道具需要由幼儿和教师或者同伴创造（制作或者寻找替代物）；游戏中对"故事"内容的再现也需要幼儿的想象和再创造。

（2）不同之处。

第一，角色来源不同。在角色游戏中，幼儿按照自己所熟悉的经验进行游戏。幼儿扮演的角色主要来自现实生活中的各种人物，具有社会性。而在表演游戏中，幼儿扮演的角色来自文学作品中的人物，具有艺术性。

第二，反映的内容不同。角色游戏反映的内容是幼儿的生活印象，幼儿以自己的生活经验为情节自由开展游戏，反映的是幼儿对自己生活的体验和感受。游戏的角色、情节、内容几乎可以完全由幼儿自由选择创造。表演游戏的内容则大多来自文学作品，以经过艺术加工的文学作品内容为情节来展开游戏。虽然可以适当根据兴趣和发展需要进行创造，但是更多地反映的是幼儿对作品的艺术审美特性。

第三，游戏要求不同。表演游戏中体现的故事（不论其来源是文艺作品还是幼儿自己创编的作品）在幼儿表演前就已经确定了游戏的基本框架。故事作为"脚本"规范着幼儿的行为，成为幼儿行为表现的框架和评价自己与他人游戏行为的尺度。在角色游戏中，幼儿可以自主选择游戏主题和情节，自由决定和改变游戏内容。每个游戏者头脑中都可以有一个自己的"脚本"，事先并不需要达成一致，并且还可以随着游戏过程的发展不断丰富或切换游戏的主题和情节。

2. 表演游戏与戏剧表演相比较

（1）相似之处。

第一，表演主题和角色来源相似。表演游戏与戏剧表演在表演上都依托文艺作品，表演的主题和角色均来自文艺作品。

第二，过程中所运用的技术手段相似。表演游戏和戏剧表演都需要按照文艺作品的情节和角色，运用语言、语调、表情、动作等对角色进行具有艺术性的塑造与再表达。活动过程中，二者也都需要遵循既定的"脚本"进行表演，行为表现受到一定框架的约束。

（2）不同之处。

第一，性质不同。表演游戏是幼儿自娱自乐的游戏，戏剧表演是一种演出。表演游戏是幼儿的一种游戏，幼儿投入表演只是因为幼儿关注的是活动本身，是因为表演游戏好玩儿。即使没有人看，幼儿也会独自兴致盎然地表演下去。因此，表演游戏只是一种幼儿自娱自乐的游戏。戏剧表演主要是演给别人看，必须有观众。戏剧表演除了有一定的娱乐性以外，更多的是对于表演最终呈现的艺术性与观赏性的要求。因此，幼儿园表演游戏的性质是"游戏"，而戏剧表演的性质是"表演"。如果缺乏"游戏性"，表演游戏就将失去其作为游戏活动的质的规定性。

第二，创造性发挥空间不同。性质的不同致使幼儿在两种活动过程中的自主性和创造性空间差异较大。表演游戏因其游戏的类属性而可以给予幼儿较大的自主性和创造性。幼儿可以根据自己对作品的理解、喜好和社会经验进行表演，每一次游戏都可以不同。在这样的活动中，幼儿的主动性、积极性和创造性可以得到充分的表现和发挥，幼儿能够体验游戏带来的愉悦感。但戏剧表演是以观众的反响和作品的还原与解读为指挥棒的。

第三，表演动机不同。在戏剧表演中，幼儿需要认真分析作品中的角色，严格依据"脚本"进行。因此，不同于表演游戏，幼儿进行戏剧表演的动机更多的是来自外部要求和奖赏。

二、表演游戏的价值

（一）表演游戏能促进幼儿对文学作品的感知和理解

表演游戏的过程是幼儿对文学作品的感知和学习的过程。在游戏过程中，各种语言信息伴随着具体的动作信息和情景信息一起进入幼儿大脑，与幼儿头脑中已有的表象融为一体，使得这些信息更容易为幼儿理解和记忆。借助表演游戏，幼儿能更好地掌握文学作品的人物角色、内容、情节和主题思想；更好地理解事件的先后顺序和逻辑关系，情节的发展和因果关系，人物的性格特征和人物角色之间的关系；更好地领会人物的思想感情，加深对文学作品的理解。表演游戏促进了5~6岁幼儿的心理理论发展。幼儿在表演游戏中通过分配角色实现同伴协商，有机会面对参与者的不同意愿，幼儿在反复的协调过程中建立了理解同伴心理的基础，由此具备了理解他人内心世界和心理活动的能力。幼儿在表演游戏中要表述剧本人物的对话，使得在类似的叙事情景中，幼儿能迁移在故事表演中习得的技能。

幼儿园教师：表演游戏的价值

（二）表演游戏能促进幼儿的情感表达

表演游戏帮助幼儿实现了对故事事件的描述以及对角色内在情感的表达。好的故事能够唤起幼儿强烈的情感体验，声音和语言是幼儿表达情感的有效方式，表演游戏则为幼儿提供了情感表达的场所。幼儿在故事表演的过程中，通过还原故事，努力呈现角色特点，感知情绪情感，进而将内在感受通过有声有形的方式予以传达。参与表演游戏的幼儿如果对故事角色的遭遇表示同情，不仅会通过语气、语调表现出来，还会利用肢体动作、面部表情来传递情绪。表演游戏作为一种情境式的游戏，叙述人物的对话带动了幼儿对他人心理的理解，对话情境也激发了幼儿的表现欲，幼儿生气、害怕、难过、愉快等情绪的表达也更加多样化。幼儿在进行情感表达时，会尝试学习以一种情感代替另一种情感，学习掩饰或夸大自己的情绪等。例如，涉及故事中的伤心事件，幼儿在讲述时会刻意降低语调，而涉及令人生气的事件，幼儿会双手交叉或眉头紧锁。

（三）表演游戏能促进幼儿形成良好的个性品质

表演游戏情境中含有较多的主动交往成分，增加了幼儿与同伴交往的主动性。这种积极主动的、放松的同伴交往情境充分体现了幼儿的兴趣性与愉悦性。幼儿在表演游戏中的行为是主动的、自愿的，情绪是正向的、积极的，这种积极的情绪在幼儿与同伴交往的认知活动中发挥着重要的作用。幼儿为了获得参与游戏的机会，体验游戏的快乐，必然要学会严格遵守游戏的规则、程序与语言等。在游戏中，幼儿通过与同伴的交往活动，学习如何共同商议分配角色，如何创设游戏情境，如何通过互相协作和配合让游戏玩得更有趣。当幼儿与同伴之间发生冲突时，还要逐渐学会如何处理和化解矛盾，如何坚持正确意见或放弃自己的想法。这就培养了幼儿的交往能力、合作意识、集体主义、自信心、表演欲望、积极的情感等，有利于幼儿形成良好的个性品质。

学习故事：我不演小孙悟空

（四）表演游戏能促进幼儿记忆力和想象力的发展

表演游戏需要幼儿熟悉文学作品的主要内容、情节变化、发展过程，需要掌握事件的逻辑性、连续性以及因果关系等。在表演游戏中，由于扮演角色的需要，幼儿必须积极地、自觉地、有目的地去回忆作品的情节，包括整个故事中各个角色的名称、出场的先后顺序、自己所扮演角色的动作和表情、角色间的对话等，这就有利于幼儿记忆力的发展。

表演游戏的过程是幼儿想象活动的过程。在表演游戏中，尽管幼儿所扮演的角色是假的，甚至他们所用的道具也可能是假的，但他们却要把这些当作真的来对待。这种以假当真的活动必须依靠想象才能进行。幼儿丰富的想象力使表演游戏呈现出多样性，幼儿想象力发挥得越充分、越丰富，表演也就越逼真、越生动、越有趣。幼儿以角色的身份、语言所进行的表达和行动都带有幼儿自己对人物的再创造，这就促进了幼儿想象力及创造性的发展。

（五）表演游戏能促进幼儿语言能力的发展

学前期是幼儿语言发展尤其是口头语言发展的关键时期，文学作品中的语言优美生动、句式丰富多变，不仅能吸引幼儿去模仿和表演，还对幼儿学习和掌握有关语言内容、语言形式和语言运用的经验具有特别意义。在进行表演游戏的时候，幼儿努力学习如何运用语调、表情、动作去表现人物的形象和情绪。语气、语调等声音效果作为语言技能的重要部分，最能烘托故事情节，表达角色心理感受，有效地刺激了幼儿语言技能的获得。此外，幼儿在进行表演游戏时会就游戏情节、游戏角色和道具使用达成共识，此种"非书面语言"的转换有助于形成幼儿与认知相关的叙事能力。加之，幼儿需要在表演时对故事内容进行重现，需要回忆大部分故事事件的序列，从而激发了幼儿对时间词汇（如从前、后来、然后）的知觉，有利于幼儿认知叙事能力的提升。

三、表演游戏的类型

表演游戏是幼儿根据文学作品的内容来进行表演，包括故事表演、童话剧、歌舞剧等，这些是幼儿园主要的表演游戏形式。幼儿园还有一种是幼儿利用各种辅助材料进行表演的形式。根据不同的辅助材料可以将表演游戏分为以下几类。

（一）桌面表演

桌面表演是指幼儿在桌面上以各种玩具或游戏材料替代作品中的角色，然后以口头语言（独白、对白）和操纵玩具角色等形式来再现文艺作品内容的一种表演游戏形式，这种游戏以个人游戏为主。桌面表演对幼儿的语言表达能力有一定的要求，尤其是幼儿讲故事时的语音语调。桌面表演要求幼儿在理解作品情节和体会角色情绪情感的基础上，能用不同的音调、音色、节奏来表现作品中角色的性格特征和情节的发展变化。

（二）木偶表演

木偶原本是指用木头制作而成的玩偶。幼儿园中，用各种材料（木、布、纸、盒子、蛋壳、泥等）制成的人物、动物及植物造型的玩偶都称为木偶。通过木偶来再现文学作品的内容，称为木偶戏。木偶戏的木偶可以分为手指木偶、布袋木偶、提线木偶等几种形式。幼儿游戏用的木偶大多以较简单的手指木偶和布袋木偶为主。幼儿喜欢看木偶表演，因为木偶形象夸张、造型生动活泼而有趣。同时，他们更喜欢自己操纵木偶，自编自演。

（三）影子戏表演

影子戏表演是根据光学原理，通过光的作用，利用物体的阴影来进行表演的一种游戏，一般可以分为人影游戏、手影游戏和皮影游戏等几种形式。人影游戏即以人身体的动作造型所形成的影子进行表演。手影游戏即以手的动作造型所形成的影子进行表演。皮影游戏即以皮革为材料，制成侧身造型的影人，用杆子或绳子进行操作表演。其中，手影游戏操作简单，不需要复杂的设备和材料。在光线的照射下，幼儿用双手做出各种各样的手势，投射到墙上就变成了活灵活现的黑影，勾勒出一幅幅神奇变幻的动画。皮影游戏是让观众通过白色幕布观看演员操纵的平面人偶的灯影，来达到艺术效果的表演形式。

（四）"小舞台"表演

"小舞台"属于幼儿园里常见的一个游戏区域。如今，幼儿园里很多班级游戏区域中都含有一块表演区，也常被称作"小舞台"。它通常是4平方米左右的场地，配有一定的辅助材料（如丝巾、头饰、服装等）。在"小舞台"上，幼儿可以伴随着录音机播放的音乐翩翩起舞。当然，也有少数一些幼儿园的"小舞台"让幼儿以故事为线索展开游戏的形式来玩木偶戏。

> **小贴士**
>
> 表演游戏的概念：表演游戏是指儿童依据童话或故事等文学作品中的内容和情节，运用一定的语言、动作和表情等表演技能扮演某一角色，再现文化作品内容（或某一片段）的一种富有创造性的游戏形式。
>
> 表演游戏的特点：幼儿园表演游戏具有游戏性、表演性、结构性等特点。表演游戏相较于角色游戏，第一，角色来源不同；第二，反映的内容不同；第三，游戏要求不同。表演游戏相较于戏剧表演，第一，性质不同；第二，创造性发挥空间不同；第三，表演动机不同。
>
> 表演游戏的价值：表演游戏能促进幼儿对文学作品的感知和理解；表演游戏能促进幼儿的情感表达；表演游戏能促进幼儿形成良好的个性品质；表演游戏能促进幼儿记忆力和想象力的发展；表演游戏能促进幼儿语言能力的发展。
>
> 表演游戏的类型：根据不同的辅助材料可以将表演游戏分为桌面表演、木偶表演、影子戏表演、"小舞台"表演。

第二节 表演游戏的观察与解读

一、表演游戏观察与解读的计划

1. 谁观察

由于表演游戏常常是多名儿童同时进行，且可能存在不同的场景，一名教师很难同时对所有的游戏场景和儿童进行观察。加上表演游戏的数量、频率可能不如角色游戏和建构游戏多、高，这也就意味着在做计划时，应首先计划好"谁观察"这个问题，且应计划好观察者之间如何做好配合。

2. 观察谁

在表演游戏中，角色是相对固定的（这一点与角色游戏中的角色是有区别的）。因此，可以通过观察表演游戏中不同角色的方法，实现观察表演游戏中的所有儿童的目的。

对于那些没有参加表演游戏的儿童，也应该纳入观察的计划之中。比如，没有参加表演游戏的儿童是一直都不参加表演游戏吗？原因可能是什么？

3. 观察什么

观察的重点应该是儿童在表演游戏中的各种游戏行为，以及这些行为所展现出的规律、特点，可能的思想、原因等。

表演游戏有多种类型，应该计划好对不同类型的表演游戏的观察，而不能只观察其中的某些类型。当然，这也与幼儿园是否开展表演游戏、开展哪些类型的表演游戏是直接相关的。如果幼儿园根本不开展表演游戏，教师也就不会有观察表演游戏的机会。

4. 在什么时间和地点进行观察

在不同的时间和地点，教师所看到的表演游戏可能是有差异的。比如，在理解文学作品的阶段、在道具制作阶段、在表演阶段，不同的儿童可能有着不同的表现，也体现出表演游戏不同的特点。

5. 怎么进行观察与记录

由于表演游戏的特殊性，教师对儿童表演游戏的观察可能是非常不充分的。除了教师之间通过计划进行分工、合作之外，也可以通过拍摄视频、回看视频的方式，实现观察与记录的目的。由于可以多次回放，每次回放重点观察 1～2 人，拍摄视频这种记录方法，是比较准确的。当然，拍摄视频的方法，也会使得教师的回放、记录工作量大大增加。在计划时，应充分考虑到这一特点。否则，拍摄视频会成为沉重的负担。

以上五个方面综合起来，构成了表演游戏的观察计划。这一计划，可以放到表演游戏的计划之中，成为表演游戏计划的一个小的部分，如一个段落或一个表格。

二、表演游戏观察与解读要点

（一）是否符合学前儿童游戏的特点

在本书第一单元的第二节中，我们分别从学前儿童游戏特点的一般描述、游戏性、儿童眼中的游戏三个角度分析、讨论了游戏特点问题。本部分依然可以沿着这一思路，观察与解读儿童的表演游戏。

幼儿园教师：好的表演游戏

1. 表演游戏是否具有学前儿童游戏的一般性特征

儿童的表演游戏活动，是否具有积极情绪、虚构性、内在动机、过程导向、自由选择这些特点？具体表现在什么地方？儿童在进行表演游戏时，非常严肃、认真甚至伤心地表演某一角色，这符合积极情绪的特点吗？当儿童参与表演游戏某一角色的表演时，具有自由选择、内在动机的特点吗？

表演游戏是否具有学前儿童游戏的这些一般特点，是幼儿园教师进行观察与解读时应该关注的一个要点。当表演游戏不具有甚至完全不具有积极情绪、虚构性、内在动机、过程导向、自由选择这些特点的时候，表演游戏就可能转变为一般性表演活动，而非游戏了。

2. 表演游戏是否具有游戏性

身体自发性、认知自发性、社会自发性、明显的愉悦性、幽默感五个游戏性的具体特征，可以作为幼儿园教师观察与解读表演游戏的要点。

3. 表演游戏在儿童眼中是什么样的

幼儿园教师还应该站在儿童的视角，对表演游戏进行观察与解读。

从儿童的角度来看，他们喜欢这个表演游戏吗？在他们心中，这个活动是游戏吗？好玩吗？儿童喜欢这个活动中的什么环节？喜欢其中的什么角色？比如，有的儿童并不喜欢语言、动作多的角色，甚至有的儿童喜欢演一棵树，因为不用动，还可以看别人的表演。有的儿童喜欢演"国王的宝座"中的各种"宝座"，而不是国王，因为演"宝座"的话，可以做出各种搞怪的动作，这些动作又是平时不被允许做的。

（二）是否符合表演游戏的特点

在本单元的第一节，我们阐述了表演游戏的游戏性、表演性、结构性三个特点。幼儿园教师在观察与解读表演游戏时，也可以从这三个角度进行。如果表演游戏不具有游戏性，就可能只是一个表演活动；如果表演游戏不具有表演性，就可能只是一个游戏活动或者一个好玩的活动。如果表演游戏不具有结构性，就可能只是一个即时性的角色扮演活动，或者是一个片段性的表演活动。

（三）儿童的学习与发展

儿童在表演游戏中有什么样的学习和发展吗？《3—6岁儿童学习与发展指南》可以成为观察与解读儿童表演游戏的一个具体的框架，这点与其他类型游戏的基本思路是一致的。

关于表演游戏中的学习与发展，在普遍关注的基础上，有3点特别值得关注。

一是表演游戏中儿童的学习品质情况。也就是儿童在面对表演游戏这样的活动时，所表现出来的态度、倾向、习惯、风格等品质。因为表演游戏不同于完全即兴而起的角色游戏，在表演游戏中特别能够看到儿童的学习品质，表演游戏也特别有利于培养儿童的学习品质。

二是表演游戏中儿童的创造性情况。表演游戏作为创造性游戏的一种类型，对儿童创造性的价值常常被低估或忽视。表演游戏既要基于作品，又要有所创造，这种创造与完全天马行空的自由想象有所不同。表演游戏的创造性，常常体现在儿童对作品的改编和增删上。

三是表演游戏中儿童语言领域的学习与发展情况。表演游戏是儿童对作品的理解与表达，这与儿童的语言学习，特别是比较正式的语言学习有一定关联。

学习故事：自信让你美美哒

（四）是否指向所有儿童、所有领域

这里的所有儿童，一是指参加表演游戏的所有儿童，教师对这些儿童都应观察、

解读。二是指班级里的所有儿童，包括在某一时间段里参加表演游戏和没有参加表演游戏的儿童。无论儿童参加游戏与否，教师都应该从表演游戏的角度对其进行观察和解读。

这里的所有领域，是指不同类型的表演游戏，以及与表演游戏相关的各种表演活动。教师可以将其综合起来，进行观察和解读。比如，节日中的节目表演、童话剧中的演出、表演区的表演等，可能不属于典型的表演游戏，但教师都可以对其进行观察与解读。

三、表演游戏观察与解读工具简介

从本质上讲，表演游戏是一种象征性的游戏扮演行为。因此，教师在对表演游戏进行观察与解读时，本书第四单元（角色游戏的观察与指导）所介绍的各种工具，都可以采用。本部分简要介绍一些可能用到的观察与解读工具。

（一）高瞻（HighScope）的儿童观察评价系统

高瞻（HighScope）的儿童观察评价系统，指向高瞻课程中的儿童学习与发展评价，共包括学习品质、社会和情感发展、身体发展和健康、语言读写和交流、数学、创造性艺术、科学和技术、社会学习、英语语言学习九大领域。每个领域下面有不同的评价条目，每一条目下有从水平0到水平7的具体标准（指标）、解释和例子。

高瞻的儿童观察评价系统中的学习品质、社会和情感发展、语言读写和交流、创造性艺术等，都可不同程度地运用于表演游戏。"创造性艺术"领域中的"假装游戏"这一具体条目，可直接用于角色游戏和表演游戏，其具体内容如下。[①]

水平0：幼儿观察并聆听他人说话。

水平1：幼儿模仿一个动物、物体或人的动作。

水平2：幼儿用一个物体代表另一个物体。

水平3：幼儿用语言和动作来扮演某个角色或人物。

水平4：幼儿参与重复的假装游戏剧情。

水平5：幼儿与两名或更多幼儿一起玩假装游戏，并能跳出游戏情境给予其他幼儿指导。

水平6：幼儿创造包含5个或更多细节的道具或服装来支持并拓展假装游戏。

---

① 美国高瞻教育研究基金会. 学前儿童观察评价系统［M］. 霍力岩，等译. 北京：教育科学出版社，2018：82－84.

水平7：幼儿以集体形式表演熟悉的故事、神话或寓言，在编剧过程中加入自己的想法。

从水平0到水平7，每个水平下均有对这一水平的解释和相应例子。以下仅列出水平7的解释和部分案例。

解释：幼儿集体表演曾经听过或读过的熟悉故事。对于如何表演，幼儿会分享自己的想法，如谁表演什么角色，怎么演，使用什么布景和道具，以及如何润色或修改故事。幼儿可能表演其中一个角色，也可能是协助别人表演。

案例6-1

5月16日。在读者剧场，塞巴斯汀扮演故事《三只小猪》中的第三只小猪。他用积木搭起一面墙作为砖房，他说："这些积木看起来很像砖。虽然他们是木头做的，但是它很坚固。"然后他帮着另外两只"小猪"找建房子的材料，他建议第一只"小猪"用吸管做稻草屋，第二只"小猪"用纸做木屋。当狼来到他家时，塞巴斯汀用自己想的台词，换音调对狼说："哦，不，狼，你不能这么做。只有别人邀请你时你才能过来做客，但我没有邀请你。"

（二）多彩光谱项目中的活动风格评价

多彩光谱项目中，有一个专门的评价项目是活动风格评价，对学前儿童学习品质评价具有一定的启示意义。学习品质是一个相对比较新的领域，可参考借鉴的评价资料相对较少，本书在此对多彩光谱项目中的活动风格评价进行简要的介绍。

多彩光谱项目根据多元智能理论，对学前儿童多个领域的能力进行评价。这些领域包括了运动领域、语言领域、数学领域、科学领域、社会领域、视觉艺术领域和音乐领域。在对这些领域进行评价的同时，进行对儿童活动风格的评价。

一般认为，在成人世界中，一个人的成功不仅仅与其专业能力有关，还受到一定的工作风格的影响，如专注、慎思、坚持力等。活动风格是从过程维度，而不是从结果上来反映儿童的学习或游戏。同时活动风格还反映出情感、动机与材料的互动，以及正式意义上所说的风格特征，如学习的速度、对信息线索的偏好（偏重于视觉、听觉还是美感方面）等。

多彩光谱项目中的活动风格评价是通过填写表6-1来收集资料的。

表6-1 活动风格检测表[1]

请标注出你所观察到的儿童的特殊活动风格。注意，只标注出那些表现明显的，每一对活动风格中有一个不必勾出。必要时写下评注和逸事，并用概括性的、总体性的词描述儿童进行活动的方式。用"*"号表示其突出的活动风格

儿童是	评注
容易参与活动的_____不愿参加活动的_____ 自信的_____试探的_____ 嬉戏的_____认真的_____ 专注的_____注意力易分散的_____ 坚持的_____容易受挫的_____ 冲动的_____反思的_____ 倾向于慢性的_____倾向于快速的_____健谈的_____安静的_____ 对视觉_____听觉_____运动_____线索做出反应 显示出计划性的方法_____ 活动中带有个人的力量_____ 发现内容的幽默_____ 创新地使用材料_____ 表现出实现的成就感_____ 注意细节，敏于观察_____ 对材料好奇_____ 关心"正确"答案_____ 重视与成人的互动_____	

（三）戏剧游戏：互动水平[2]

（1）操作水平：幼儿取出许多道具但不用；幼儿以不恰当的方式摆弄道具；幼儿拿着道具到处走；幼儿不用道具进行装扮。

（2）熟练水平：幼儿假装进行熟悉的生活常规；幼儿反复扮演同样的角色或情节；幼儿逼真地使用相同的道具或服装；幼儿重复相同的对话。

（3）意义水平：幼儿以新颖的方式扮演不同的角色；幼儿通过很多细节和对话来支撑情节；幼儿以创造性的方式使用道具玩假装游戏；幼儿没有道具也可以玩假装游戏。

---

[1] 克瑞克维斯基. 多元智能理论与学前儿童能力评价［M］. 李季湄，方钧君，译. 北京：北京师范大学出版社，2002：240-241. 引用时有调整。

[2] BEATY J J. 幼儿园自主性区域活动：环境、课程与儿童发展［M］. 5版. 邱学青，杨恩慧，等译. 北京：中国轻工业出版社，2021：124.

四、各年龄班表演游戏解读

（一）小班表演游戏的解读

根据皮亚杰的认知发展理论，小班幼儿的思维发展正从感知运动思维向象征性思维转变，这一阶段幼儿的思维发展是表面的、零散的。如果事物在眼前、身边，幼儿就会对其进行思考。如果事物不在眼前，幼儿很难在脑海中形成想象、思维。另外，小班幼儿的语言发展处于简单句阶段，能用基本的主语、谓语讲清自己的想法，但是语言还不够丰富和完善。所以小班幼儿的表演游戏具有以下特点。

1. 多用动作进行表达

在小班的表演游戏中，幼儿表演得很简单，且动作的表现远远超过语言的表达。小班幼儿喜欢重复一个简单的动作，并且沉浸其中，自得其乐。他们主要的游戏兴趣集中于玩各种材料（如甩动丝带、拿着话筒）和用材料装扮自己（如扎上丝巾，戴上头饰，反复照镜子），基本上不会就游戏本身的表演内容和方式进行言语或动作上的互动。

2. 喜欢简单、机械地重复故事中的主要对话

小班幼儿的认知特点决定了他们很多情况下不能完整地认知整个故事，而只是对自己感兴趣的某个片段留下较深刻的印象。因此，在指导小班幼儿表演游戏时，教师应注意选择故事情节相对简单，语言简洁精练且重复较多的故事。

3. 游戏中同伴合作很少，基本是单独表演

美国学者帕顿将幼儿的游戏分为偶然行为、旁观、独自游戏、平行游戏、联合游戏和合作游戏。从社会性发展水平上来看，小班幼儿处于平行游戏阶段，游戏基本上都是旁观、独自游戏、平行游戏的组合。他们已注意到其他孩子的行为，并出现了相互模仿的现象（如都要把丝巾扎在腰间并拖到地上），但彼此很少交流和合作。所以常常会出现某一种材料人人都想要，被幼儿相互争抢，而其他材料却又无人问津。

（二）中班表演游戏的解读

1. 能独立完成角色分配任务，角色更换意识不强

中班幼儿在有装扮材料的情况下，能较为顺利地完成角色分配任务。他们装扮好后，先要经过一段无所事事或者嬉戏打闹的时间，然后才渐渐进入游戏的计划、协商阶段。他们有一定的角色更换意识，但角色更换意识不强。

2. 游戏的目的性差，需要成人一定的提示才能坚持游戏主题

在社会性发展水平上，中班幼儿出现了联合游戏。幼儿之间会讨论一些与表演有关的问题，如出场顺序。但他们容易因为准备道具、材料而忘了游戏的最终目的。并且，中班幼儿的嬉戏性行为明显多于大班幼儿，这在一定程度上也说明中班幼儿以愉悦为游戏目的，任务意识不强。

3. 角色扮演以一般性表现为主，以动作为主要表现手段

中班幼儿在再现故事内容、扮演角色时所运用的表现手段，包括语言、动作、混合手段（指动作、语言、表情的综合运用）三种方式，并且主要以动作为表现手段。虽然中班幼儿的动作比小班幼儿丰富得多，但是总体上还是以重复动作为主。这一方面是因为中班幼儿的角色扮演意识不强，还不能很好地区分日常行为与扮演行为；另一方面中班幼儿有限的语言、移情能力等也限制他们的角色扮演能力。

（三）大班表演游戏的解读

1. 有较强的任务意识，行动的目的性、计划性较强

大班幼儿的游戏动作相对更为丰富，联合游戏的比例加重，还出现了很多合作游戏的成分。与中班幼儿相比，大班幼儿能迅速形成角色认同，就游戏的规则、情节、出场顺序进入游戏的协商和计划阶段。整个游戏过程呈现出"计划和协商—合作表现故事—再计划和协商"的鲜明的阶段性特征，并且，游戏过程中，大班幼儿的无所事事行为和嬉戏行为明显少于中班幼儿，而有目的角色行为明显多于中班幼儿。这表明大班幼儿更为关注同伴的行为和游戏的发展，较少游离于游戏之外。

2. 有较强的角色扮演意识，出现了"游戏头"

大班幼儿的角色扮演意识较强，他们能够自觉地等待着自己"上场"时候的到来，而且在扮演角色时能注意语气语调与日常言语动作的区别。在大班的游戏中，甚至出现了"游戏头"。"游戏头"具有很大的权利，在游戏过程中决定游戏的主要角色。"游戏头"还有最终改变或者不同意改变游戏规则的权利。他们通常是那些发展较好的幼儿，会在与一群幼儿共同协商和讨论中决定游戏的分工，如谁是"主持人"、出场顺序等，还有决定在一首曲子中谁能上场，谁不能上场的权利。

3. 表演技能增强，能灵活运用多种表现手段

相较于中班幼儿，大班幼儿的表演技能更强。在游戏过程中，他们的一般性表现行为和生动性表现行为基本相当。大班幼儿已经不只是简单地再现故事，而是能够根据自己的理解塑造角色，调整对白与动作。他们能根据情况灵活运用语言、动

作、表情等手段来再现故事内容，具有较高的表现能力。大班幼儿对故事的理解能力和再现故事的表演能力的提高有助于他们的角色扮演。

> **小贴士**
>
> 小班幼儿：多用动作进行表达；喜欢简单、机械地重复故事中的主要对话；游戏中同伴合作很少，基本是单独表演。
>
> 中班幼儿：能独立完成角色分配任务，角色更换意识不强；游戏的目的性差，需要成人一定的提示才能坚持游戏主题；角色扮演以一般性表现为主，以动作为主要表现手段。
>
> 大班幼儿：有较强的任务意识，行动的目的性、计划性较强；有较强的角色扮演意识，出现了"游戏头"；表演技能增强，能灵活运用多种表现手段。

第三节　表演游戏的指导

一、表演游戏的指导原则

（一）游戏性先于表演性

表演游戏是幼儿园一种较为常见的游戏形式，属于游戏而不是表演。所以，教师首先需要明确和承认表演游戏的游戏性，将表演游戏看作"游戏"而不是"表演"。教师应该按照游戏活动的本质特点来组织和指导幼儿的表演游戏，让幼儿在活动中产生"游戏性"体验（游戏活动不可或缺的重要心理成分和构成因素），而不是将自己对于文学作品的理解强加到幼儿身上，片面追求表演游戏的表演性。

基于"游戏性"的要求，表演游戏中的师生关系应当是一种民主

幼儿园教师：开展表演游戏的困难

平等的合作关系。教师是幼儿游戏的组织者和扶助者，而不是凌驾于幼儿之上的指挥者和领导者。教师应当为幼儿开展表演游戏创设宽松自由的游戏环境（包括时间和空间），给幼儿充分的时间和空间去协商与磨合而不是催促幼儿，鼓励和支持幼儿主动地探索和交往。同时，教师还应当保证幼儿拥有自由选择和自主决定的权利，即对作品或故事的理解、表现，以及表现的方式，幼儿应当拥有自己的自由，而不是听从教师或由教师规定。

（二）游戏性与表演性统一

"游戏性"应当是基本的，它体现在整个活动过程中。"表演性"则是逐渐提高完善的，由"一般性表现"向"生动性表现"发展，作为活动的结果显现出来。表演游戏的"表演性"并不一定要以牺牲表演游戏的"游戏性"为代价。要做到这一点，教师一定要学会"等待"，不要催促幼儿，不要对幼儿抱不切实际的期望，指望他们在听完故事以后能够立即"生动表演"。幼儿的表演游戏从"一般性表现水平"向"生动性表现水平"的提升是一个发展的过程，它需要时间，需要"重复"和"练习"。"重复"是幼儿学习的特点，而且幼儿也需要"重复"，喜欢"重复"。不给幼儿重复的机会不符合幼儿学习的特点。教师需要研究的是如何在活动的重复中引导和促进幼儿学习。"重复"不应当是简单重复，要维持幼儿对活动的兴趣，必须使重复具有新意和挑战性。

（三）遵循幼儿的年龄特点

小班幼儿处于表演游戏的学习阶段，以模仿学习为主。在小班幼儿的表演游戏中，教师主要应当通过带领小班幼儿共同游戏来为其示范表演游戏的方法，帮助小班幼儿为以后的创造性表演游戏积累经验。教师为小班幼儿表演游戏提供的道具应以简单、高结构性的材料为主。

中班幼儿可以自行分配角色，但角色更换的意识不强，游戏的计划性、目的性差，展开游戏需要较长的时间，且游戏中以动作性、一般性表现为主。因此，教师应为中班幼儿提供适宜的游戏空间，保证充足的游戏时间。并在游戏开始前和游戏过程中为中班幼儿做好分组工作，讲解角色更换原则，提高中班幼儿的角色表现意识。

大班幼儿能独立完成角色分配任务，有很强的角色更换意识，游戏的目的性、计划性也较强，具有一定的表演意识和表演技巧。在大班幼儿的表演游戏中，教师可以提供时间、空间和丰富多样的游戏材料，以鼓励和支持他们进行多样化探索。

二、表演游戏的指导策略

（一）亲身示范表演技巧

幼儿园教师：好案例

教师对表演内容的亲身示范是指导幼儿表演游戏的重要方式之一。教师可以根据班级幼儿的年龄特点，把自己理解后的故事、话剧、诗歌等文艺作品，以戏剧、歌舞、木偶、皮影等各种表演形式，在小舞台上向幼儿进行示范性演出。这一方面能够激发起幼儿的表演欲望，另一方面还能将各种表演技巧进行示范，以供幼儿模仿。同时，还能为幼儿选择和积累表演游戏的素材提供帮助。

（二）语言讲解作品内容

幼儿的表演内容一般是以文艺作品的内容为依据的，他们从电影、电视、图书等传播媒介中积累了不少有益的素材，从而为丰富表演游戏内容提供了可靠的保证。但是，幼儿对作品内容的理解能力和表现能力均有限。这将很大程度上影响幼儿对表演游戏的兴趣，限制幼儿对作品内容的再现。因此，在表演作品的选择和对作品内容的理解上，教师需要用幼儿能够理解的语言和方式进行悉心讲解。教师可以通过讲故事、谈话等方式对表演内容的中心事件、矛盾冲突、主题思想等进行充分讲解。

（三）开展练习游戏，提高幼儿表演技能

幼儿的表演技能一方面是在他们玩表演游戏的过程中逐渐积累的，另一方面是通过一系列练习性的游戏训练而获得的。为了让幼儿掌握某一方面的表演技能，教师可以把某一类表演技能集中起来，将其创编为一些练习性小游戏。幼儿在反复地玩这些练习性游戏的过程中，就能不知不觉地掌握表演所需的技能。

（四）参与表演，推动游戏进程

教师参与幼儿的表演，和幼儿同台演出，是教师对表演游戏进行间接指导的非常重要的一种形式。幼儿喜欢教师和他们一起玩游戏。教师的参与不仅能激发起幼儿更大的表演热情，还能在游戏中自然地推动游戏的进程。教师可以以角色身份出现，通过和幼儿一起商讨演出程序、选择游戏道具、布置环境等一系列活动给幼儿以一定的启示，使幼儿进一步理解作品内容，塑造出各种生动活泼的艺术形象。

（五）提供材料，丰富幼儿表演

"道具"在表演游戏当中具有十分重要的作用。表演过程中，往往适宜的表演材料能够推动情节的发展，而不适宜的材料会扰乱表演的节奏。需要注意的是，表演游戏中教师提供材料的目的是支持幼儿的游戏活动，而不仅仅是丰富表演的"道具"。所以，材料的提供应当以幼儿游戏时的情节和表现的实际需要为依据。当幼儿还没有产生需求时，教师不必立即呈现自己认为必要的材料或"道具"。在幼儿眼中，教师事先准备的精美的道具并不比他们自己制作的道具更具吸引力，而制作道具的过程本身就是一个可以给幼儿带来快乐、蕴含着丰富的学习机会的一种活动。

> **小贴士**
>
> 表演游戏的指导原则：游戏性先于表演性；游戏性与表演性统一；遵循幼儿的年龄特点。
>
> 表演游戏的指导策略：亲身示范表演技巧；语言讲解作品内容；开展练习游戏，提高幼儿表演技能；参与表演，推动游戏进程；提供材料，丰富幼儿表演。

第四节 案例介绍：表演游戏活动案例

一、小班优秀案例与分析

○小兔乖乖

目标：

进一步掌握故事角色的对话；初步学习角色的动作感受；体验与同伴共同游戏

的乐趣。

知识准备：

熟悉故事《小兔乖乖》。

物质准备：

歌曲音频，兔子、大灰狼的头饰，小棒，简单的场景，等等。

玩法：

（1）教师引导幼儿欣赏故事《小兔乖乖》，加深他们对故事中角色对话的记忆；

（2）教师引导幼儿记住故事中有几个角色，记住3只小兔的名字，记住它们都说了些什么；

（3）教师引导幼儿学学小兔、兔妈妈和大灰狼的动作；

（4）教师请几个孩子和自己一起来表演，其他孩子当观众，让孩子们说一说谁表演得最好，应该怎样表演更好。

评析：

孩子们都很喜欢《小兔乖乖》这个故事，他们喜欢扮演故事中小兔的角色，不愿意扮演大灰狼。在教师的带领下，孩子们基本能掌握故事角色中的一些对话。孩子们需要教师的引领，还不能独自进行动作性的表演，在教师的参与下，他们的表演效果比较好。有些胆子小的孩子不敢上来表演，游戏中教师可多请一些孩子与他们共同表演同一个角色，一起上来表演，给更多胆子小的孩子提供表演的机会。

指导要点：

教师要为小班幼儿选择情节简单、角色语言重复的故事作品，多引导他们进行动作性的表演，允许他们进行角色语言的重复。小班幼儿的表演游戏多以模仿学习为主，重在尝试、参与，建议教师有针对性地选择与幼儿生活经验有关的短小故事，通过与幼儿共同进行表演的方式开展隐性指导。小班幼儿还不能有意识地分配角色，教师可以指定表演角色。个别幼儿经常扮演主角，教师可以采用动员、轮流的方式让他们轮换不同的角色。

二、中班优秀案例与分析

⊙ 三只蝴蝶

目标：

喜欢欣赏故事《三只蝴蝶》，会认真观看同伴的配乐故事表演；知道《三只蝴蝶》故事的主要角色对话，懂得团结友爱、互助；喜欢参加《三只蝴蝶》的表演游戏活动，能用不同的语气、动作和外形特征来表现红、白、黄蝴蝶与红、白、黄花朵之间的角色对话。

知识准备：

熟悉故事《三只蝴蝶》。

物质准备：

扮演蝴蝶、花朵、太阳公公、乌云、雨等人物的头套道具，指偶及有关的道具，故事光盘。

玩法：

（1）教师出示"指偶"激发孩子们活动的兴趣；

（2）教师引导孩子们观看表演，帮助孩子们掌握表演的内容；

（3）教师引导孩子们跟着故事录音，进行同步自由表演，尝试模仿故事中各个角色的口气；

（4）教师简单讲评孩子们的表演情况：语言、表情、动作等。

评析：

教师以观看情境表演的形式，充分激发了孩子们表演的兴趣。教师先请一些能力强的孩子尝试进行表演，使其他孩子模仿其角色的特征进行表演。但大部分孩子们的表情、动作还比较生硬，动作、表情、语气还不够大胆、不够形象，需要继续加强。下一阶段教师将重点指导主要角色的对话，指导孩子们的表情、动作等，加强孩子们对故事情节的理解；在表演区角提供指偶，让孩子们有机会练习角色对话，使孩子们能较快掌握好角色对话。

指导要点：

教师应为幼儿提供一个相对封闭的空间和充足的游戏时间，并注意环境材料的结构化程度。教师不要过于干涉幼儿的游戏，不要急于示范，要耐心等待幼儿协商、讨论。中班幼儿的表演游戏主要以在游戏中提高能力为主。教师可以通过帮助幼儿理解作品的情节，分析角色的动作、表情、心理来提高幼儿的角色表现意识。教师要有选择性地参与幼儿的表演游戏，为幼儿提供隐性的示范。

三、大班优秀案例与分析

⊙母鸡萝丝去散步

目标：

模拟故事里的各种声音，用不同的乐器以及不同的方法进行演奏；尝试运用回旋曲，按照场景以小组轮换的方式进行表演，体验合作表演的快乐。

知识准备：

熟悉故事《母鸡萝丝去散步》。

物质准备：

各种乐器、故事场景图片、乐曲《稻草中的火鸡》的音频。

玩法：

（1）引出故事主题。教师先通过故事引出母鸡萝丝去散步的情境，让孩子们听音乐用肢体动作学母鸡萝丝散步，思考怎样表演母鸡萝丝悠闲散步的样子；

（2）讲述故事，组织讨论。教师先让孩子们回忆故事，思考：母鸡萝丝散步时会经过哪些地方？它先去了哪里，又去了哪里？在散步时发生了什么事情？狐狸的坏主意得逞了吗？然后，教师引导幼儿共同讨论声音的音色和出现的先后顺序，以及用什么乐器表现这些声音，边讨论边让部分孩子尝试表演；

（3）小组练习，共同表现。孩子们自由结伴，分别选择一个场景，共同商议选用的乐器。小组内进行分工，按声音出现的先后顺序进行练习，交流各组的表现，说说每个小组用了什么好办法。之后共同表演：由一个孩子扮演母鸡萝丝，用肢体动作表现散步的情境，其余各组孩子表现不同的场景。"母鸡萝丝"按照故事顺序分别经过各组，到达某一组的时候，该组立即用乐器表演故事场景，直至故事结束。

评析：

《母鸡萝丝去散步》是孩子比较喜欢的绘本故事。教师先让孩子们回忆故事，然后通过几个问题来激发他们的思考。在尝试表演的过程中，孩子们体验了表演的乐趣，运用了乐器去表现情境，在游戏中更好地理解了这个绘本故事。

指导要点：

教师可以为幼儿提供多样的游戏材料以鼓励和支持他们进行各种尝试性表演。在游戏的最初阶段，教师除了提供时间、空间和基本材料外，应尽可能少地干预。随着游戏的展开，教师应该及时为幼儿提供反馈，提高幼儿表现故事、塑造角色的能力。对于大班幼儿来说，教师反馈的侧重点应该在如何塑造角色上，要帮助他们运用语气语调、夸张的动作、生动的表情来塑造角色。对于大班幼儿的表演游戏，教师可以适当放手，以幼儿自主探索为主。

⊙ 单元小结

本单元聚焦于幼儿园表演游戏的观察与指导，而观察与指导的前提是幼儿园教师必须具备一定的表演游戏的基础知识。表演游戏与角色游戏、建构游戏一样，同属创造性游戏。表演游戏的内容常常来自儿童文学作品，角色游戏的内容则常常来自日常生活。因为表演游戏要基于作品但又可以自由创造，所以对儿童的学习与发展具有非常独特的价值。

幼儿园表演游戏指导的前提是对表演游戏的观察与解读。观察与解读需要提前做好计划，需要掌握好观察与解读的要点，需要借助一定的工具。

相对角色游戏和建构游戏，儿童开展表演游戏需要教师更多的帮助、支持。比如，儿童对作品的理解，是表演的非常重要的基础，需要教师的帮助和支持，但却常常遭到教师的忽视。

⊙ 拓展阅读

［1］刘焱. 儿童游戏通论［M］. 2版. 北京：北京师范大学出版社，2008.（第八章第二节）

［2］刘焱，李霞，朱丽梅. 幼儿园表演游戏现状的调查与研究［J］. 学前教育研究，2003（3）：32-36.

⊙ 巩固与练习

一、名词解释

表演游戏

二、简答题

1. 简述表演游戏与角色游戏的区别与联系。
2. 简述表演游戏的指导要点。

三、论述题

举例论述表演游戏的独特价值。

四、案例分析

运用表演游戏观察与指导的相关知识，分析：为什么幼儿园在开展表演游戏时会存在下述问题？有何解决办法？

以北京市9所一级一类幼儿园的9个班（大、中、小班各3个）为样本，我们对幼儿园表演游戏的现状进行了研究。结果表明，幼儿园开展表演游戏的实际情况不容乐观。不仅幼儿园平时很少开展表演游戏，而且从教师按照要求专门组织的表演游戏来看，从故事选材到教师的组织指导，都存在着一些不容忽视的问题，具体如下：

歌舞表演活动被当作表演游戏；表演游戏的功能狭窄；科学与童话的对立；表

演游戏成为教师指导下的集体活动；重表演、轻游戏；选材上存在问题，如作品的年龄适宜性被忽视，选择的作品承载了过多的德育成分、主题单一。

五、实践题

访谈幼儿园教师对幼儿园表演游戏的看法，可以包括但不仅限于下列问题：你觉得什么是表演游戏？表演游戏与角色游戏、音乐表演、戏剧表演、童话剧等，有何异同？表演游戏有何独特的价值？为什么幼儿园的表演游戏越来越少？

第七单元 规则游戏的观察与指导

🎓 导 言

　　幼儿园一个班级里的幼儿正在玩"抢椅子"的游戏。幼儿人数会多于椅子数，一般来说是人数比椅子数多1。比如，8个小朋友，只有7把椅子。教师通常将椅子摆放成圆形。音乐响起，幼儿围着椅子走动，音乐一停，幼儿要立即去抢椅子坐。没有抢到椅子的幼儿被淘汰，就不能继续玩了。接下来，拿走一把椅子，继续玩下去，直至2个人抢1把椅子，抢到椅子者即为胜者。

　　你也应该玩过这个游戏吧？没有玩过，也应该看到别人玩过！

　　大家都觉得这是一个挺好玩的游戏。但有一位幼儿园教师，她站在幼儿园教育的角度来思考这个"抢椅子"的游戏，觉得有一些不妥当的地方，或者说，有一些可以改进、调整的地方。

　　以8个小朋友抢7把椅子为例，第一个没有抢到椅子的小朋友，很有可能是动作不够灵活、反应比较慢。从教育的角度来看，恰恰是那个需要锻炼的人，却被淘汰出去，最先失去锻炼的机会。那这样就出现了一个比较滑稽的场景：一个最需要锻炼灵活性的儿童，在旁边看着一群比自己灵活的同伴，在那里灵活地"抢椅子"。

　　那么，是否有可能调整一下"抢椅子"的游戏规则，使之更具有"教育性"呢？

　　第一种方式，是让被淘汰出去的人，有机会复活，这样被淘汰的人就可以继续抢椅子，锻炼灵活性了。

第二种方式，是让被淘汰出去的人，再组一个组，这样被淘汰的人也就有了抢椅子的机会。也就是说，音乐一响，大家都在抢。所有的人都在动、都在抢，没有旁观者和等待者[①]。

"抢椅子"是一种较为典型的规则游戏。很多在成人社会里开展的有趣、好玩的活动，也都是规则游戏或由规则游戏改编而来。比如，体育活动、棋牌活动、团队建设活动等。在幼儿园游戏的观察与指导中，规则游戏常常被忽略，教师对于规则游戏的观察和指导往往是指导多、观察少，直接指导多、间接指导少。本单元将与大家一起来讨论幼儿园规则游戏观察与指导中的基本问题。

☆ 学习目标

1. 掌握规则游戏的基础知识，特别是规则游戏的特点和价值，并能运用这些知识，观察、解读幼儿的规则游戏。

2. 能基于对幼儿的观察与解读，了解幼儿的规则游戏兴趣与需要，用多种方式指导幼儿的规则游戏，促进幼儿规则游戏持续、深入开展。

3. 掌握一定数量的规则，并能与幼儿一起玩这些规则游戏。

[①] 根据上海市教委教研室徐则民老师讲座时提到的案例改写。改写时也参考了以下文献：KAMII C, DEVRIES R. 幼儿团体游戏——皮亚杰理论在幼儿园中的应用［M］. 高敬文，幸曼玲，译. 台北：光佑文化事业股份有限公司，1999.

思维导图

- 规则游戏的观察与指导
  - 规则游戏的基础知识
    - 规则游戏概念及其特点
    - 规则游戏的价值
    - 规则游戏的分类
  - 规则游戏的观察与解读
    - 规则游戏观察与解读的计划
    - 规则游戏观察与解读要点
    - 规则游戏观察与解读工具简介
  - 规则游戏的指导
    - 好规则游戏的标准
    - 规则游戏的编制
    - 规则游戏的基本过程与指导
    - 规则游戏指导中的注意事项
  - 案例介绍：规则游戏活动案例
    - 瞄准游戏
    - 赛跑游戏
    - 躲藏游戏
    - 猜测游戏
    - 口令游戏
    - 纸牌游戏

第一节 规则游戏的基础知识

一、规则游戏概念及其特点

（一）规则游戏概念

吹球进门

顾名思义，规则游戏就是有规则的游戏，但这种理解是表面的、粗浅的，因为所有游戏，甚至所有活动，都是有规则的。如果按照"规则游戏是指至少有两人参与的、按照一定的规则进行的一种游戏活动"[1]，这样的关于规则游戏的定义，那么，"医院里的医生正在给病人看病"这样的角色扮演游戏，似乎也符合这个定义，但却不是典型的规则游戏。

规则游戏对应的英文是 game，而非 play。在韦伯斯特英文字典中，对 game 的解释是：一种运用知识、技能、机遇，遵循较为固定的规则，以赢得竞争对手或解决难题为目标的心理或身体上的活动。在这一定义中，我们可以看到规则游戏的更多要素。比如，规则游戏的"规则"不是一般性的规则，而是较为固定的规则，通常是游戏前就已被教师非常明确、清晰地界定出来。再比如，规则游戏的目标可能表现为赢得对手，或是解决难题（如猜谜、走迷宫、拼图等游戏）。

当成人使用"游戏"一词描述和形容成人的活动时，更接近于规则游戏的含义。不少青少年和成年人迷恋的网络游戏，以及棋牌活动、体育运动等，就是规则游戏，或者说，具有规则游戏的特征。

---

[1] 刘焱. 儿童游戏通论 [M]. 2 版. 北京：北京师范大学出版社，2008：564.

（二）规则游戏的特点

如同游戏的定义一样，简单地将焦点集中在规则游戏是什么的讨论上，常常不得要领。相反，当我们进一步陈述规则游戏的特点时，常常有利于我们理解规则游戏是什么、不是什么。

规则游戏的特点

一般认为，规则游戏具有如下特点。

第一，规则性。如前所述，所有游戏都有规则，但规则游戏中的规则与角色游戏、建构游戏、表演游戏中的规则有所不同。规则游戏中的规则是外显的，相对比较固定、稳定的。虽然这些规则也可以改变，但改变常常需要游戏者一致的认同，而其他游戏的规则是内隐于角色、情景中的，常常因个人的理解不同而有较大的差异，不断变化、随时变化的可能性也非常大。规则游戏的规则，通常是指向如何算输、如何算赢、如何计分的，是指向结果的，而其他游戏中的规则，常常是为了保证游戏的顺利进行，是指向过程的。游戏时，有的儿童说"你犯规了"，就是指有游戏者违反了大家约定俗成的游戏规则。

第二，竞争性。在规则游戏中，游戏者之间常常存在竞争关系，是相互对立的。游戏者都希望自己赢得游戏，让对方输掉游戏。规则游戏的竞争性，将规则游戏与有规则的游戏区分开来。儿童在规则游戏中，有着强烈的追求赢（结果）的动机，但当输了时，也常常可以用"这是游戏"来加以调节，不至于过于沮丧。因此，虽然规则游戏是有竞争性的，但与完全竞技性的活动相比，又有所区别。儿童用扑克牌玩规则游戏，与成人用扑克牌赌博是有差异的。

第三，机遇性。规则游戏是以一定的知识、技能为基础的，如果规则游戏中的儿童不断积累经验，思考自己为什么输、为什么赢，其游戏水平就会不断提高，越玩越聪明。但规则游戏也是有一定运气成分的，即使是像足球比赛这样的正式性竞技活动，其"挑边"（攻哪边、守哪边）也是诉诸运气的。规则游戏的机遇性特点，也使得规则游戏更加的刺激、具有不确定性。幼儿园教师应该认识规则游戏的机遇性特征，也可以有目的地利用这一特点。比如，当有的儿童老是输时，可以适当加入运气的因素，淡化规则游戏给儿童带来的消极体验。

⊙ 学习活动

以"捉迷藏"游戏为例，每位同学都叙述一下怎么开展"捉迷藏"游戏。并进一步分析这一游戏是否属于规则游戏，是否具有规则性、竞争性、机遇性的特点，并陈述理由。

同学们也可以分析其他游戏。如果时间允许，注意比较不同版本"捉迷藏"游戏的相同和不相同之处。

（三）规则游戏与其他游戏的关系

1. 规则游戏与教学游戏

有的时候，一些人将规则游戏基本等同于教学游戏，甚至将二者不加区分地混用。在一些教材里，曾经出现过"规则游戏，即教学游戏……"或"教学游戏，即规则游戏……"这样的表述。

在1990年出版的《教育大辞典》中，规则游戏的定义是"为实现教育、教学目的而专门创编的有规则的游戏，包括智力游戏、体育游戏和音乐游戏等"。这一关于规则游戏的定义，与今天我们理解的教学游戏，是比较一致的。教学游戏服务于明确的教学目的，比如，为了达到身体的灵活性、节奏的准确性等，而创编的体育、音乐教学游戏。教学游戏可能是规则游戏，也可能不是规则游戏。比如，体育游戏和音乐游戏可能是有竞争性的，也可能是没有竞争性的。那些具有竞争性的教学游戏，才是规则游戏。

关注规则游戏和教学游戏的区别与联系，是有其现实意义的。在今天的学前教育领域，很多学前教育工作者会更看重教学游戏，因为教学游戏能更好地帮助教师实现教学目的。而规则游戏，常常成为教学游戏的代名词。这就可能会导致教师忽视了规则游戏的独特价值。

2. 规则游戏与有规则游戏、规则性游戏

有规则游戏和规则性游戏是与规则游戏非常接近的词语。从字面意思上看，"有规则游戏"和"规则性游戏"这两个术语，可以理解为某种游戏是有规则的、具有规则的。实际上，其含义与规则游戏非常接近，加上"有""性"两字，则突出强调了规则游戏在低幼儿童阶段的初始、启蒙状态。比如，父母与孩子（特别是三四岁以下的孩子）玩规则游戏，和五六岁以上的孩子玩规则游戏，就有很大的区别，前者更倾向于是有规则游戏、规则性游戏，其竞争性也相对弱一些。

3. 规则游戏与游戏规则

规则游戏是一种游戏类型，而游戏规则强调的是游戏的规则，二者所指向的重点是不一样的。规则游戏一定是有游戏规则的，但游戏规则既可能属于规则游戏，也可能属于非规则游戏。

二、规则游戏的价值

每一种游戏都有其价值，有其独特的、其他游戏不可替代的价值。对规则游

的价值越是有清楚的认识，越是能够开展好规则游戏，越是能够在时间、场地冲突的情况下，依然坚持开展规则游戏。

然而，在幼教实践中，人们常常只关注规则游戏某方面的价值。"对于规则游戏，我国幼儿教育工作者比较注重它可以作为编制教学游戏的形式的价值，而不大注重这种游戏本身的发展意义，或者仅仅把规则游戏当作娱乐、当作动静交替的手段或身体练习活动，更多地从帮助幼儿学习遵守规则，培养幼儿勇敢、灵敏、应变的角度来认识规则游戏的意义"[①]。规则游戏的类型也是多种多样的，不少人常常会根据自己的经验，朴素地将规则游戏的价值窄化为某一种规则游戏的价值。比如，一个人之所以认为规则游戏有价值，是因为认可棋类游戏对儿童认知发展的价值，认为会玩棋的孩子聪明。

（一）规则游戏对幼儿教师的价值

1. 在规则游戏中实现教师专业成长

规则游戏的组织与开展，特别有利于提升教师的专业性。这是因为，规则游戏常常需要幼儿园教师很懂儿童。对游戏规则的理解和改编，更是深刻地指向幼儿园教师的核心素养：掌握儿童的知识、掌握教育方法的知识。

2. 利用规则游戏设计、改编、开展活动

规则游戏通常具有明确的目的、玩法以及结果判断，幼儿园教师就可以利用规则游戏的这些形式，来实现自己的教育目的。最为直接的利用，就是利用规则游戏编制教学游戏。比如，利用"抢椅子"的游戏，编制一个训练儿童注意倾听、训练儿童动作灵活性的教学游戏。

一些"游戏化"的活动，通常就是在利用规则游戏开展活动。比如，数学活动游戏化，就是在数学教育（教学）活动中，利用规则游戏的形式（如棋类游戏），使原本的教学活动具有游戏的味道。

在一些非游戏活动的某些环节，教师可以利用规则游戏来吸引儿童兴趣、转移儿童注意等。比如，在活动开始时，通过一个类似"我们都是木头人"之类的游戏，吸引儿童注意，将儿童的注意力转移到活动当中来。

（二）规则游戏对幼儿发展的价值

1. 对幼儿身体健康发展的价值

规则游戏中有相当一部分都是运动性、身体竞赛性的游戏，在这些游戏中，儿

---

① 刘焱. 儿童游戏通论［M］. 2版. 北京：北京师范大学出版社，2008：570.

洞洞墙

童的身体一直在"动",游戏对儿童的锻炼价值是显而易见的。以"丢手绢"游戏为例,丢手绢的人和"被丢"的人,是需要奔跑的。儿童的走、跑、跳、投、平衡、钻、爬,任何一个基本动作,都可以有对应的规则游戏。

《幼儿团体游戏——皮亚杰理论在幼儿园中的应用》一书的第二章,将团体游戏分成了瞄准游戏、赛跑游戏、追逐游戏、躲藏游戏、猜测游戏、口令游戏、纸牌游戏、盘面游戏8类,并列举了一些游戏实录。如积木赛跑游戏、抓人游戏、背对背游戏、弹珠游戏、给驴子添尾巴游戏、抢椅子游戏等。仅从这些名称,我们就可以看到规则游戏对儿童身体健康发展是很有意义和价值的。

2. 对幼儿认知发展的价值

首先,规则游戏中有输赢,幼儿为了赢得胜利,就必须对自己的游戏行为、游戏中的策略进行反思和调整,这是非常有利于幼儿的认知发展的。以"抢椅子"游戏为例,这一游戏让幼儿有机会思考自己为什么输了、为什么赢了、怎么才能赢得胜利等。

其次,规则游戏中常常是有"对手""队友"的,幼儿需要去猜测"对手""队友"的心理,需要站在对方的角度来思考问题,这就给幼儿提供了"去自我中心"的机会。我们都知道,幼儿的一个显然特点就是"自我中心",幼儿更多的是从自己的角度和立场思考问题,而发展就意味着"去自我中心"。规则游戏,正是提供了这样一种非常好的机会。

以上只是分析了规则游戏对儿童认知发展中的两个突出方面。事实上,儿童的感知、注意、记忆、思维、想象、创造等,在规则游戏中都是能够得到发展的。比如,规则游戏中就有专门的注意游戏、记忆游戏等。

3. 对幼儿社会性发展的价值

因为规则游戏是2人以上的活动,所以规则游戏一定意味着同伴交往。比如,"队友"之间的合作,"对手"之间的竞争,游戏过程中的协商、讨论、轮流,游戏冲突和纠纷中的问题解决等,对儿童来说,都是非常好的社会性发展的机会。规则游戏提供了让儿童理解集体、进入集体、被集体接纳的非常好的机会,这种机会是实践性、体验性的,与说教式课堂、活动相比,更有实效性,让儿童有更深刻的体验。比如,儿童在规则游戏中体会到的"公平"问题,就非常直接。或许儿童讲不出来,但内心一定是体验到了的。

在此,我们想特别强调的是,规则游戏对儿童规则教育的价值。规则在一个儿童成长的过程中,是非常重要的一个部分。儿童是否能够融入集体、适应集体生活,常常与其对规则的理解和遵守有关。《新时代公民道德建设实施纲要》在提到个人品德时，要求"明礼遵规"；在提到社会公德时，要求"遵纪守法"。规则游戏最大的特点之一就是规则，就是有明确的、外显的，甚至非常严格的规则。规则游戏中的规则制定、规则理解、规则遵守等，无不渗透着规则教育。在规则游戏中进行规则教育，正是寓教于乐、"玩出好品格"、用社会主义核心价值观铸魂育人的具体体现。

在幼儿阶段的规则教育中，规则意识比规则能力、方法更加重要。在这一阶段，要想培养出幼儿非常强的遵守规则的能力、行为，是不太现实的，但规则意识的培养，是可能的。规则意识意味着幼儿能够意识到规则的存在，能够做出努力去遵守规则。学前教育阶段，幼儿的态度、情感、倾向性，是更加重要的。规则游戏在幼儿规则意识的建立上，也是大有作为的。

4. 对幼儿情绪情感发展的价值

规则游戏对幼儿情绪情感发展的价值，常常被人们忽略。事实上，规则游戏具有竞赛性，常常存在游戏中的输与赢。输赢的结果，会导致幼儿的情绪变化。幼儿赢了当然高兴，输了肯定也会沮丧。因此，幼儿如何面对规则游戏中的输赢，输赢之后我们应该如何指导幼儿，这不仅仅是一个认知上的"归因"问题，同时也是一个情绪情感的教育问题。

如何处理游戏中的输赢？

有的儿童只想赢、不想输。输了之后就会大哭大闹、情绪沮丧，继而发展为不喜欢游戏、害怕游戏，不愿、不敢参加可能会输的游戏，避免、拒绝较大可能会输的游戏。一个儿童如果不能正确面对输赢，失败就不可能成为"成功之母"。对有的儿童而言，失败完全是无效的。失败，是一连串失败的原因，是兴趣消失、信心丢失的原因。儿童对输赢的态度，其实是成人输赢观的映射。一方面，成人要帮助儿童面对输赢，正确处理、调控消极情绪；另一方面，也是更重要的一个方面，成人自己应该有正确的输赢观，看到失败中的发展和教育价值。一个活动的教育价值，有时不在活动过程之中，而在活动结束之后。

⊙ 学习活动

以"丢手绢"游戏为例，分析这一游戏可能具有的价值。具体指出游戏中的什么言行，产生了什么样的价值。

三、规则游戏的分类

根据不同的分类标准，可以将规则游戏分成不同的类型。

（一）以游戏者之间的关系为依据

根据游戏者之间的关系，可以将规则游戏分为平行性规则游戏和互补性规则游戏。

1. 平行性规则游戏

在平行性规则游戏中，所有的游戏者之间的关系是一种平行关系，即所有的游戏者都做同样的事情。比如，赛跑、拍球、单人跳绳等游戏，活动中每个人的身份、角色都是一样的，游戏者做相同的事情，跑得快、拍得久、跳得多的人，获得胜利。

2. 互补性规则游戏

在互补性规则游戏中，游戏者做不同的事情，但这不同的事情之间是互补关系，合起来构成一个完整的活动或事件。比如，追逐打闹游戏中的"追者"和"被追者"，做的是不同的活动，但二者互补，正好构成了一个完整的"追逐"事件。再比如，捉迷藏游戏中，"捉者"和"藏者"，要做不同的事情，但也因此，构成了一个完整的活动。如果只有"追者""捉者"，或者只有"被追者""藏者"，都无法构成一个完整的活动，也就不可能存在追逐打闹、捉迷藏这样的游戏了。

在一个具体的规则游戏中，很有可能这两种关系同时存在。比如，在"老鹰抓小鸡"的游戏中，"老鹰"和"鸡"之间是互补关系，"小鸡"之间是平行关系。

（二）以游戏指向的发展领域为依据

根据游戏指向的发展领域，可以将规则游戏分为体育游戏、语言游戏、数学游戏、音乐游戏等。这些类型的游戏常常用儿童发展领域（如健康、语言、认知、社会、艺术）或教育领域（如德育、智育、体育、美育、劳动教育等）的名称直接命名。这些规则游戏因指向儿童发展或教育的具体领域，也就常常被教师在开展各个领域的教育活动时，加以利用。也正因为这样，这些类型的规则游戏，也可能被称为教学游戏。我们可以回忆或翻阅每一个领域的教育活动设计与指导的教材，常常就会发现规则游戏的内容。

在指向发展领域的各种类型的规则游戏中，较为普遍的是运动性规则游戏（或称竞技性游戏）和智力性规则游戏（或称益智游戏）。运动性规则游戏可以是有器物的，如踢球、拍球、跳绳、跳房子、抽陀螺、滚铁环等游戏，也可以是没有器物的或不主要依赖器物的，如老鹰抓小鸡、老狼老狼几点了等游戏。智力性规则游戏，如拼图、棋类等游戏，常常需要仔细观察、认真思考、发散思维，才能又快又好地完成游戏。

（三）以游戏中竞争性方式为依据

以规则游戏的竞争性方式为依据，可以将规则游戏划分成如下三种类型。

第一，以个体为单位的竞争性游戏。在这种游戏中，所有的参与者关系都是平行的，每一个人都与其他人（可能是一个，也可能是几个）竞争。在这种游戏中，每一个参与者"各自为战"，须同时与一人或多人竞争，只有唯一的一位赢者。比如，下棋游戏、扑克牌游戏中的"争上游"等。

第二，以小组为单位的竞争性游戏。在这种游戏中，游戏者是以小组的形式在竞争，换句话说，小组内是合作关系、组与组之间是竞争关系。比如，拔河游戏，扑克牌游戏中的"升级"等。在这种游戏中，游戏者既要关注自己的竞争对象，也要关注自己的队友，当与自己的队友很好地合作，甚至达成默契时，往往会赢得比赛。有对手、队友的游戏，常常都属于以小组为单位的竞争性游戏。

第三，"个体"对"全体"的竞争性游戏。在这种游戏中，常常是某一个体对抗全体，这一个体常常是"输"了的人，但这个个体又常常是游戏的中心。比如，"老鹰抓小鸡"游戏中的"老鹰"，"丢手绢"游戏中的"丢者"（上一次被丢的人）。这种游戏中的"个体"，常常是小朋友既喜欢又害怕（紧张）的，小朋友既想当这个"个体"，又有些许担心。

（四）以游戏中的动作为依据

这是国外学者凯米和狄佛瑞斯在《幼儿团体游戏——皮亚杰理论在幼儿园中的应用》一书中提出的一种分类，书中以游戏中的动作为依据，将规则游戏分为瞄准游戏、赛跑游戏、追逐游戏、躲藏游戏、猜测游戏、口令游戏、纸牌游戏、盘面游戏等。这里的盘面游戏，类似于我们所讲的棋类游戏，即在棋盘（纸）上开展的游戏。

第二节 规则游戏的观察与解读

幼儿园教师对规则游戏的观察与解读，是指导规则游戏的基础和前提。儿童的经验及其改造是连续的，基于观察与解读的指导，会更有实效性。观察是解读的基础和前提，基于观察的解读，会更有针对性，是对儿童真实情况的展现。

但是，在当前幼儿园游戏实践中，更多的是对角色游戏、建构游戏等的观察与解读，对规则游戏的观察与解读，相对比较少。对规则游戏，幼儿园教师相对更多的是提供游戏条件，或者是介绍规则、指导游戏，对幼儿的观察与解读严重不足，这也在一定程度上导致了规则游戏的开展存在问题，规则游戏的价值没有得到充分的发挥。

本书其他单元讲到的游戏观察与解读的相关知识，比如第二单元所呈现的游戏观察的策略、要点等，幼儿园教师可以直接或稍加改动用于规则游戏的观察与解读。在本节，我们将更加直接指向"规则游戏"，提供一些规则游戏观察与解读的要点、策略。

一、规则游戏观察与解读的计划

1. 谁观察

教师在对规则游戏进行观察与解读时，有一些层面是可以直接看到的（如谁输谁赢），但更重要的儿童的内心世界，是要透过规则游戏中儿童的言行推测出来。因此，观察者需要"静"下来，较长时间地持续观察儿童。这就要对"谁观察"做好计划，并且在做计划时考虑到这一特殊情况。同时，也可以不同的观察者有目的地观察相同的儿童，通过不同观察者的交流、对比来解读儿童。

2. 观察谁

一个班里的儿童，同时在进行非常多的活动。观察谁、不观察谁，应有所计划。当然，强调计划，并不意味着只观察计划好要观察的儿童，没有在计划名单中的儿童就不观察。教师可以在后期多次的规则游戏中，完成对那些之前没有被列入计划的儿童的观察与解读。

3. 观察什么

观察的是规则游戏、规则游戏中的儿童。关键是，规则游戏有不同的类型，这就意味着不同类型的规则游戏都需要观察，教师不能只观察某些类型的规则游戏。比如，有的幼儿园教师认为棋类游戏有价值、重要，就更多地观察棋类游戏，而对牌类规则游戏，就不怎么观察。规则游戏也有不同的阶段，教师不能只观察与解读某些阶段，而忽略了其他阶段。比如，有的幼儿园教师更多地关注规则游戏的输赢，而没有关注到儿童是如何应对输与赢的。

4. 观察的时间和地点

对于那些由幼儿园教师组织、发起的规则游戏，或者是在指定时间（如区角游戏时间）允许玩的规则游戏，教师通常是清楚规则游戏的时间和地点的，需要的是将其纳入计划之中。

另外还有一类规则游戏，常常是由儿童发起的。幼儿园教师需要对这类规则游戏发生的时间和地点有所认识。比如，在什么时间和地点最容易发生规则游戏？否则，也就无法将这些游戏列入计划之中，进行观察了。

5. 怎么观察和记录

有些运动性的规则游戏，幼儿园教师可以采用拍照片、录视频的记录方式，对其进行观察与解读，并且可以后期进行再次的观察与解读。教师还可以采用检核表的方式，观察与记录规则游戏。

二、规则游戏观察与解读要点

（一）是否符合学前儿童游戏的特点

1. 规则游戏是否具有学前儿童游戏的一般性特点

第一，积极情绪。规则游戏常常意味着输赢、竞争，因此，在游戏过程中，游戏者常常是高度参与的，其面部表情、动作等也常常表现为投入、专注，甚至严肃、认真、紧张。成功了，幼儿可能表现出高兴、喜悦；失败了，则可能会懊恼、失望，甚至哭泣等。这就需要幼儿园教师正确解读规则游戏中的积极情绪，要从幼儿内在的情绪体验，从总体上来看待规则游戏是否具有积极情绪这一特点。

第二，虚构性。规则游戏的情景和角色具有虚构性。比如，"老鹰抓小鸡"的情景，以及"老鹰""母鸡""小鸡"这些角色，都具有虚构性。

第三，内在动机。好的规则游戏，能够激发儿童玩游戏的兴趣，让儿童越玩越想玩。幼儿园教师应善于运用游戏的内在动机这一特点观察与解读规则游戏。

第四，过程导向。与其他游戏相比，规则游戏比较强调结果，因而被误认为不具有过程导向。在规则游戏中，游戏者即使输了，也还想尝试，而且更想参与游戏，这本身体现出规则游戏的过程导向。幼儿园教师在观察与解读时，要关注儿童规则游戏是否具有过程导向的特点。

第五，自由选择。即使不是儿童自己发起、选择玩某个规则游戏（比如，是教师说"我们来玩'老狼老狼几点了'这个游戏"），儿童在游戏中也同样可能有自由选择。一方面，游戏是儿童自己想玩的、是好玩儿的，另一方面，游戏过程中有着大量的自由选择机会，比如，选择往哪个方向跑、如何跑等。幼儿园教师要注意关注儿童规则游戏是否具有自由选择的特点。

2. 规则游戏是否具有游戏性

一个规则游戏有没有游戏性、好不好玩儿，非常重要。幼儿园教师应善于借用游戏性的各种维度、指标、要点等，对一个规则游戏进行观察与解读。

3. 规则游戏在儿童眼中是什么样的

对于某个规则游戏，儿童是如何看的？儿童是否喜欢？儿童是否觉得好玩儿？儿童的视角是幼儿园教师观察与解读规则游戏必须具备的。一些传统游戏、民间游戏，可能会勾起不少成人的童年回忆，成人非常喜欢，但今天的儿童未必喜欢。

（二）是否符合规则游戏的特点

如前所述，规则游戏具有规则性、竞争性、机遇性三个特点。从这三个特点的角度，幼儿园教师能够很好地观察与解读一个规则游戏。很多时候，游戏的"玩法"，影响甚至决定着一个游戏的好玩儿与否、价值大小、发展方向等。如本单元一开始提到的"抢椅子"游戏，不同的规则，使得游戏有不同的价值、取向。

（三）儿童有什么样的学习和发展

规则游戏，通常有着较为外显的和明确的目标、目的，加上其竞争性（有输赢）的特点，观察与解读儿童在规则游戏中的学习与发展，并不是一件困难的事情。有两点需要提醒。

第一，规则游戏除了最直接、明显的目标之外，常常还有一些比较隐性但同时也是非常重要的价值，幼儿园教师也应对其进行观察与解读。比如，规则游戏对儿童心理弹性的价值。

第二，规则游戏中儿童的学习与发展，有些是快速的、立即可以观察到变化的，有些则是比较缓慢的、长期的。比如，儿童面对困难、挫折、失败的态度等。

（四）是否涵盖所有儿童、所有领域

幼儿园教师在对规则游戏进行观察与解读时，特别容易关注某些儿童（如赢了游戏或输了游戏的儿童、承担某些角色的儿童），而忽略其他儿童。所有参加规则游戏的儿童，都需要观察、需要解读，他们都是一个个具有灵性的生命体。此外，那些总是不参加规则游戏的儿童，或是总是不参加某类规则游戏的儿童，幼儿园教师也应该对其进行观察与解读。

规则游戏的类型是多种多样的，不能只是关注某些类型的规则游戏。比如，有些老师对某些类型的规则游戏（如智力游戏）比较偏爱，认为很有价值，而对另外一些类型的规则游戏则不提倡，甚至反对。

三、规则游戏观察与解读工具简介

由于规则游戏的类型多样，目前并未发现典型意义上的观察与解读工具。结合规则游戏观察与解读的要点，以及规则游戏实践中的经验，本部分从规则游戏的基本要素的角度，提供一些可以在一定程度上起到"工具"价值的资料。

（一）对规则游戏条件提供的观察与解读

本书第三单元，分别从理念、时间、空间、特殊情况等维度，讨论了游戏条件提供问题。这些维度，可以具体到规则游戏上，以观察一个幼儿园、一个班级，是否为幼儿提供了这些游戏条件。幼儿园教师也可以用这些维度，来反思自己的班级，反思幼儿是否具有这些规则游戏的条件。

第一，从基本理念的角度，对规则游戏进行观察与解读。比如，幼儿园教师是否为幼儿提供了规则游戏的权利？幼儿园教师是否将规则游戏与其他游戏一起作为一个整体、系统来安排？幼儿园教师是否做到了规则游戏条件的提供与利用并重？幼儿园教师是否做到了所提供游戏条件的低成本、有质量？等等。

第二，从游戏时间提供的角度，对规则游戏进行观察与解读。既包括从成人的角度，观察与解读幼儿园为幼儿的规则游戏提供了什么样的时间条件，也包括对幼儿开展规则游戏的实际时间进行观察与解读。

第三，从游戏环境创设的角度，对规则游戏进行观察与解读。既包括观察成人为儿童规则游戏提供了什么样的游戏环境，也包括观察儿童是如何利用这些游戏环境的。

第四，从特殊情况下游戏开展的角度，对规则游戏进行观察与解读。比如，观察在大班额情况下，规则游戏的开展情况。

如上这些内容，只要我们认真学习第三单元的相关知识，不难厘清一些观察与解读的要点，在此不再赘述。

（二）对规则游戏中儿童的规则情况进行观察与解读

规则性是规则游戏的突出特点，也是幼儿园教师在对规则游戏进行观察与解读时应该抓住的一个关键要点。同时，理解并遵守规则，也是儿童成长过程一个非常核心的素养，既与儿童的知识、能力有关，也与儿童的态度、价值观有关。幼儿园教师观察与解读儿童在规则游戏中的

规则游戏中，教师的看和听

规则情况，不仅仅能观察到规则游戏本身，也能透过规则游戏，看到儿童的身心发展规律、特点和方式。

1. 规则的执行、遵守情况

教师可以通过观察儿童的行为，判断儿童是否执行了规则、遵守了规则。这意味着儿童必须按照规则要求行动。一般来说，规则的执行、遵守是以对规则的理解为前提的，但也未必一定如此。比如，有时候儿童并没有理解规则，但也会表现出执行规则、遵守规则的行为。"从众"就属于没有理解规则，但执行了规则。

2. 规则的理解情况

教师可以通过儿童是否执行、遵守规则来判断其是否理解了规则，但也应注意的是，不能通过一次行为就判断其是否理解规则。教师常常需要通过多次观察，才能准确判断儿童对规则的理解情况。而且，有些时候就算多次观察到儿童遵守规则，也未必是儿童理解了规则。有时还需要对儿童进行一些访谈，以更深入地了解儿童的想法、认识。教师还可以通过调整和改变游戏的环境、条件，来判断儿童是否真正理解了规则。

3. 规则意识

规则意识不同于遵守规则的能力、知识。规则意识常常表现为一种态度、倾向性。一个很有规则意识的人，其遵守规则的能力、知识不一定高。规则意识常常意味着愿意遵守规则，这种"愿意"是出自内心的、心甘情愿的。规则意识强的人，常常也同时对规则是比较敏感、敏锐的，能够快速意识到遵守或违反了规则。

4. 规则的协商、制定

儿童与同伴一起协商、制定规则，意味着儿童已经度过完全的规则他律阶段，开始意识到规则是可以协商的，是可以通过协商来制定规则的。当儿童表现出规则的协商、制定行为时，意味着这名儿童已经能够理解规则的不合理，需要调整规则，更好地为自己的游戏服务。

小脚丫撕报纸

（三）对规则游戏中儿童的游戏策略进行观察与解读

与其他类型的游戏不同，规则游戏通常是存在竞争、存在输赢的。为了能够赢（自己不输，让对方输），每一个儿童都会想办法，这里就存在一个策略问题。比如，捉迷藏时，找的人总是想尽一切办法把藏的人找出来，而藏的人则总是想尽一切办法不让别人找到。这里的"想办法"，就是儿童的策略。拥有策略，意味着儿童越玩越会玩，越玩越聪明，越玩越有办法。

可以从如下四个方面观察与解读儿童的游戏策略。

第一，游戏策略是什么。比如，在捉迷藏游戏中，儿童找人的策略可能是找前面藏过的地方，也可能是想自己可能藏在什么地方。

第二，游戏策略是如何来的。游戏策略是别人教的、告诉的，还是儿童观看别人模仿而来的，或者是自己慢慢琢磨出来的？

第三，游戏策略的熟练程度。儿童是已经非常熟练地掌握游戏策略，还是不太熟练？

第四，游戏策略的有效程度。儿童的游戏策略是非常有效的，还是不太有效的？

（四）对规则游戏中儿童对输赢态度的观察与解读

规则游戏有输赢的这一特点，是一把双刃剑。一方面，输赢可能给儿童带来巨大的压力，让儿童输不起，或者是在不断输的过程中，让儿童逐渐失去自信、信心、成就感，变得不敢面对输赢、想赢怕输。另一方面，也可能会产生"失败是成功之母"的效应，让儿童从失败中站起来。

实际上，关键不在于输赢，而在于面对输赢的态度。所谓"失败是成功之母"，一定意味着有一个引向成功的"失败"。在现实生活中，我们看到过太多的人不断失败，这些失败并没有引向成功。从最终成功的角度来看，有些失败是无效失败，有些失败是有效失败。

第三节 规则游戏的指导

一、好规则游戏的标准

（一）游戏有趣、好玩儿，具有挑战性，能让儿童思索如何玩

1. 一个好的规则游戏，应该是有趣的、好玩儿的

一个很有价值的游戏，如果不能吸引儿童去玩，其价值也是无法发挥出来的。

游戏活动应该具有游戏性，就是对这一标准的概念性表达。游戏性中的身体的自发性（如运动性规则游戏）、认知的自发性（如认知类规则游戏、棋牌游戏等）、社会的自发性、明显的愉悦性、幽默感等，都展现出规则游戏有趣、好玩儿的标准。

夹豆子比赛

2. 一个好的规则游戏，应该具有挑战性

这种挑战性，如同"最近发展区"所指出的"跳一跳摘到果子"，如果不跳就能摘到或无论如何跳都摘不到，那就不是好游戏。这常常意味着这样的规则游戏是有不同级别的，最初的级别很容易达到和实现，但游戏难度在不断增加。这种不同难度的级别，既可能是教师设计的，也可能是儿童自己设定的，属于儿童的自我挑战。游戏的挑战性，常常可以通过改变游戏的规则来实现。

3. 一个好的规则游戏，是能够让儿童自己思索如何玩的

一个好的规则游戏能够让儿童自己思索如何玩意味着，儿童能够理解规则的意义，能够遵守规则、利用规则，能够越玩越会玩、玩得越来越好、越玩越有水平。如果儿童在玩规则游戏的过程中，常常感觉莫名其妙、不知道该怎么办、只能靠运气，那么规则游戏就不符合这一标准。

（二）可以使儿童自己评判

规则游戏通常意味着竞争，输赢的判断应该是儿童自己就可以做出的。规则游戏也就是有规则，有没有遵守规则、有没有犯规，也应该是儿童自己就可以判断的。

要使儿童能自己进行评判，首先，需要规则游戏中的行为结果是比较确定的、能够立即看到的，而非模棱两可的、很久才能显现结果的。比如，如果在投掷的过程中，儿童看不清落点在哪里，也就可能无法比较谁投的远、谁投的近，特别是在两个落点比较接近的时候。其次，也需要将评判的机会交给游戏的儿童，而不是一直掌握在教师那里。如果每次游戏行为，都由教师来判断谁输谁赢，都由教师来喊出犯规或没有犯规，这会导致儿童依赖权威来判断，而不是自己根据规则进行判断。

（三）在整个游戏过程中，能让所有儿童主动参与

这一标准的含义非常简洁、清晰、易懂，但却并不容易做到。显然，如果参与某个规则游戏的部分儿童只是被动地参与，对这些被动参与的儿童来说，游戏也就不是好游戏了。

主动参与，意味着所有的儿童在游戏中都是有事可做的，输赢与自己是有关的。对儿童来说，如果什么都不需要做，或者说输赢与自己完全无关，也就无所谓参与

的积极性、主动参与了。在一些有主角、配角的规则游戏中，当配角的儿童，就很容易产生这种感受。比如，在"老鹰抓小鸡"的游戏中，那些充当"小鸡"的儿童，如果只是简单地随大溜，或者"母鸡"太厉害，"老鹰"根本不可能抓到"小鸡"，就可能出现这种情况。

本单元一开始提到的"抢椅子"的游戏中，那些被淘汰的儿童，也就没有什么参与可言了，因为他们只能在旁边看着同伴玩游戏。这里的参与，既可能是身体的参与，也可能是心理的参与。如果能够调整规则，让被淘汰的儿童继续参与"抢椅子"，就是更好的规则游戏。

二、规则游戏的编制

幼儿园里的规则游戏，常常是需要教师进行设计、编制的。当然，这种编制常常是一种改编，是基于已有规则游戏、民间游戏、教学游戏的改编，不一定是完全创新。

幼儿园规则游戏的编制项目一般包括：游戏名称、适用年龄、游戏目标、游戏准备、玩法及规则等。

（1）游戏名称应简明扼要、一目了然，儿童一看、一听就知道这个规则游戏怎么玩。比如，石头剪刀布、弹珠迷宫、丢沙包等游戏名称。

（2）适用年龄应指出这个规则游戏符合什么样年龄段的人玩。适用年龄常常也与玩法有关。比如，玩扑克牌这样的游戏，是可以从幼儿玩到老年的，关键是玩法。

（3）游戏目标应指出这个规则游戏所期望达到的目标。比如，某个规则游戏可能指向儿童学习与发展的关键领域。

保龄球

（4）游戏准备应指出这个规则游戏需要什么样的材料，这些材料可以来自哪里、如何制作等，以及这个规则游戏所需要的场地、知识经验等。

（5）玩法应指出玩这个规则游戏的方法。教师通常可以通过指出玩的过程、步骤、阶段等，来阐明游戏的玩法。

（6）规则应指出这个规则游戏中必须遵守的基本守则。教师通常可以通过指出什么是不允许、做什么要被惩罚的等，来阐明游戏的规则。

三、规则游戏的基本过程与指导

集体性的规则游戏，与角色游戏、建构游戏等相比，其过程更类似于集体教育活动，有比较固定的过程。

（一）开始阶段

如果是新的规则游戏，教师就需要介绍游戏的规则与玩法。如果是已经玩过的规则游戏，教师需要回顾上次游戏，提醒儿童应注意什么，或者介绍新增加的规则、要求等。

在介绍游戏的规则时，不能全部是口头语言的介绍，而应考虑儿童的年龄特点，结合游戏的具体场景（现场或图片等），一边介绍一边示范。第一次可以是教师示范，逐渐部分幼儿示范。在示范时不仅可以示范正确的做法，也可以示范不正确的做法，或指出示范中的犯规行为。

在介绍规则时，教师还可以将规则分解成不同的部分，而不是一次将所有规则就介绍完。比如，有的规则游戏中可能有两个主要的规则，教师可以分开进行介绍。

（二）基本阶段

走绳索

这一阶段，儿童在玩游戏，教师的任务是观察、指导游戏。与其他所有游戏一样，教师对规则游戏的指导应该建立在观察的基础上。但在规则游戏开展过程中的指导，其实更难把握，既可能产生因指导而干扰、中断儿童游戏的现象，也可能产生因不指导而使儿童玩不下去游戏或者完全南辕北辙地"乱玩"。

一般而言，在新玩一个规则游戏的初期（前几次），教师的打断、讲解可以有一些，但随着儿童对游戏的熟悉，教师的直接介入应该大大减少，不宜在游戏过程中直接进行干扰、中断。

（三）结束阶段

这一阶段，教师可以对规则游戏的情况进行一些小结，指出玩得好的地方和玩得不好的地方。小结可以是教师为主的小结，也可以是儿童为主的小结。有的幼儿园教师还将游戏的小结与其他活动进行整合，如用绘画的方式进行小结。

四、规则游戏指导中的注意事项

（一）重视规则游戏，以多种形式开展规则游戏

规则游戏是幼儿园游戏的一种类型，有其特殊的价值。但不管是理论研究还是实践探索，目前的规则游戏都没有受到应有的重视，甚至有被忽视、异化、消失的现象。幼儿园的规则游戏，被各种游戏化教学活动所取代、掩盖。从实践来看，不

少教师也会开展规则游戏，但大多只是凭直觉和经验开展。

幼儿园的规则游戏，至少有四种形式。

一是全班性（或集体性）的规则游戏。这种形式类似于集体教学活动，是比较典型的规则游戏。当前，这种类型的规则游戏更多地依附于集体教学，特别是某些领域的教学活动，规则游戏成为这些教学活动的一个"添头"，用以吸引儿童注意、活跃气氛等。将某一规则游戏作为一个单独的活动来开展，这种情况并不多见。

二是区角性（或区域性）的规则游戏，即在众多区角中的一个游戏区角（如益智区、棋类游戏区、牌类游戏区等）内开展的规则游戏。有些幼儿园、班级，已经没有类似的区角，有这些区角的幼儿园，大多也只是提供了游戏条件，儿童是怎么玩的、玩成了什么样，教师通常较少关注。相对而言，这样的区角，不会像建构区角等其他区角一样，容易出彩、容易出现儿童学习与发展的精彩时刻。

三是其他游戏中自然产生的规则游戏。如在玩沙、玩水的过程中，两组幼儿修出了不同的河道（或者水渠之类），比赛哪一组的水多、哪一组的水流得快之类；在建构游戏中，幼儿搭建出一个斜坡，用于比赛谁滚动得快。因为这种规则游戏常常与其他游戏整合在一起，所以是被教师允许的。但有相当多的这种游戏行为，都被当作玩沙、玩水游戏，建构游戏，角色游戏的一个部分，没有引起教师充分的观察与解读。

四是偶发性的规则游戏。如儿童在集体教育活动中、排队中、散步中，与自己熟悉的同伴发起的规则游戏。这种游戏可能很快开始、很快结束，是熟悉的伙伴之间心照不宣的游戏行为，也常常是不被教师允许的。

（二）更充分地看到规则游戏的价值

规则游戏具有重要而独特的价值，但规则游戏也常常被误用或过度使用。规则游戏演变成教学活动，或者是教学活动的工具、教学活动的"奖品"，就像教师手中的奖品，或者像吃了很苦的药之后，又吃的一颗糖。

规则游戏对儿童健康、认知、社会、情绪情感等领域的学习与发展的价值，前面已有论述，此处不再重复。除此之外，规则游戏中的"规则性"这一特点，其价值是非常巨大的，却没有得到教师充分的认识。儿童成长的过程，首先是一个不断理解、融入社会的过程，一个社会化的过程。玩好一个规则游戏，常常需要认识规则、制定规则、理解

关于规则的规则游戏

规则、遵守规则、调整规则等过程，这些过程是儿童融入集体（一起玩规则游戏的群体）的过程，也是逐渐融入社会的过程。

⊙ 学习活动

设想你到一个班级见习（实习），第一次与班上儿童见面。指导教师给你时间，让你组织小朋友玩一个规则游戏。你会组织什么规则游戏？如何向小朋友介绍规则？预计一下过程中可能会出现什么问题。

规则游戏还具有"竞争性"的特点，意味着比赛、输赢。人的一生，总会有得有失、有输有赢，关键不在得失、输赢本身，而在于如何面对。所谓"失败是成功之母"，不是指"失败一定会成为成功之母"，面对失败拥有什么样的态度，决定失败是否成为成功之母。一个人的抗逆力（心理弹性、复原力），是非常重要的。而规则游戏，可能就具有发展儿童抗逆力的价值。这些价值是否发挥出来，与成人的态度、倾向，与成人如何组织开展规则游戏有关。

规则游戏不仅仅对儿童发展有重大的价值，对幼儿园教师的专业成长的价值也是很大的。创编改编、组织开展好的规则游戏，需要教师对儿童特点的理解与把握，对规则玩法的精心研究，对场地材料的深刻理解，而这些，就是幼儿园教师专业素养的重要组成部分。

（三）在传统与现代之间平衡

很多规则游戏，同时也是传统游戏、民间游戏，比如跳橡皮筋、丢手绢、老狼老狼几点了、老鹰抓小鸡、棋牌等游戏。这些传统游戏，其玩法、规则，经过时间、历史的检验被世代传承，具有一定的经典性，其意义和价值值得被挖掘与发扬。

冰棍冻、冰棍化

但是，我们也在很多地方看到，这些传统游戏更多的是成人的一厢情愿，儿童对这些传统游戏的热情并不是太高，特别是与现代各种屏幕游戏相比，传统游戏常常受到儿童的忽视。同学们可以试着做一个调查，观察一个 3~6 岁的儿童在玩什么、喜欢玩什么，再去访问其父辈、祖辈玩过哪些游戏。如果是女孩，可以访问其母亲、外婆小时候玩过哪些游戏；如果是男孩，可以访问其父亲、爷爷小时候玩过哪些游戏。三代人之间的游戏会有何异同？哪些游戏在传承？哪些游戏在断裂？

在传统与现代游戏之间，一方面，我们需要继承传统；另一方面，我们又需要与时俱进。显然，妥善处理传统与现代的关系，非常重要。简单地强调某一方面，都可能有失偏颇。

> **小贴士**
>
> 《老游戏》一书记录了20世纪50至70年代流行于中国中部、南方的100种现存或是已渐渐消逝的民间老游戏，这些民间老游戏如下：
>
> 放漂流瓶、埋财富、滚铁环、踩高跷、抽陀螺、打弹弓、竹弩、水枪、橘子皮枪、玩泥巴、捏石膏、鼓疯子、纸艺及纸编、放风筝、拍洋画、集糖纸、赌烟盒、拼书纸、装矿石收音机、打弹珠、坐滑梯、斗鸡、跳八关、踢盒子、拍三角、捉迷藏、踢毽子、抬轿子、叠罗汉、骑马打仗、扳手劲、玩沙、过家家、对掌、下腰、伸一字、倒立、铁牛耕地、扔飞刀、扭扁担、甩沙包、砍尜儿、跳绳、抓布子、抓拐、交线戏、跳房子、抓棋子儿、斗蟋蟀、粘知了、捉蚂蚱、养蚕宝宝、烧蚂蚁、摔泥炮、老鹰抓小鸡、贴大饼、击鼓传花、万花筒、丢手绢、木头人、定身法、弹球、三个字、海陆空、玩触电、打电话、天下太平、迈步、猜字、掼刀、花窖、打水仗、剪纸、制作琥珀、滑轮车、皮枪、挖地道、竹马、划甘蔗、挤刨花、挑棍儿、打雪仗、揪冰溜子、梭豆腐块、竹蜻蜓、套圈、打饵、照妖镜、设圈套、拨巴郎鼓、斗草、打水漂、演幻灯、四顶与五顶、打棍子、打瓦、拾子与撑子、玩杠子、荡秋千、放河灯。
>
> 资料来源：蒋蓝. 老游戏 [M]. 重庆：重庆大学出版社，2008.

（四）规则游戏指导要点[①]

1. 让大多数幼儿参与而非旁观、等待

幼儿园教师应该尽可能选择可以让大多数幼儿能够参与而不是旁观、等待的游戏。与其让幼儿过长时间地等待，或者只能坐着看，都不如让幼儿参与游戏，让幼儿游戏起来。当然，幼儿是有权利选择旁观、等待的。有些时候，做观众比亲自参与更有价值，但前提是幼儿自己的选择。

2. 随机分组

游戏如果需要分组的话，幼儿园教师最好采用随机分组的方式帮助幼儿分组。如果采用非随机分组方式，比如用性别、能力、性格等进行分组，会让一些幼儿感受到被忽视、被拒绝。

---

① 刘焱. 儿童游戏通论 [M]. 2版. 北京：北京师范大学出版社，2008：582-583.

3. 让幼儿体验到游戏成功的快感而不是挫折

规则游戏存在输赢，而失败总是会带来一定的挫折感，一个永远输的幼儿，是很难有成就感和快感的。有时候，让游戏增加一些运气的因素，或许是一个不错的策略。

4. 保持规则的灵活性

规则具有灵活性即老百姓常讲的"规则是人定的"。在大家都同意的前提下，规则是可以调整和修改的。一个好的规则游戏，其规则规定下的游戏本身，也是有灵活性、层次性的。

5. 降低游戏的竞争性

规则游戏具有竞争性，但教师不需要随时都强调竞争性。比如，教师可以更强调游戏的过程，而不是结果；可以更突出幼儿在游戏中采用了什么方法、策略，既关注赢者的方法、策略，也关注输者的方法、策略。

6. 注意幼儿的年龄特点

小、中班幼儿，通常比较关注游戏本身，教师指导的要点应放在提醒幼儿如何玩和游戏技能上。大班幼儿，常常会更加关注游戏的规则和策略，教师的指导也应有所调整。

7. 让幼儿基于自愿原则参与游戏

幼儿参与游戏必须基于自愿原则，教师应允许个别幼儿在集体游戏的时间独自游戏。

第四节 案例介绍[①]：规则游戏活动案例

一、瞄准游戏

（一）下丢瞄准游戏

丢衣夹。让孩子试着把衣夹丢进地上的纸盒内。孩子们站在纸盒旁边，瞄准纸

[①] KAMII C，DEVRIES R. 幼儿团体游戏——皮亚杰理论在幼儿园中的应用［M］. 高敬文，幸曼玲，译. 台北：光佑文化事业股份有限公司，1999. 引用时有修改。

盒往里面丢衣夹。每人丢 10 次，丢进最多衣夹者，便赢得此次游戏。

游戏还可以做多种变化，如让孩子单手把衣夹靠在脸颊或把手伸直再往下丢，或改用瓶口较窄的塑料瓶子。

（二）投掷瞄准游戏

（1）套环。把椅子倒过来，在地板上画一道线，让孩子站在线后，用套环来套椅子的脚，套中一只脚就得一分。

游戏变化 1：把沙袋丢进桶内。

游戏变化 2：让孩子把 6 块或更多块塑料积木排成他们喜欢的任何形状，作为靶子（见图 7-1），打倒最多积木的孩子就是赢家。

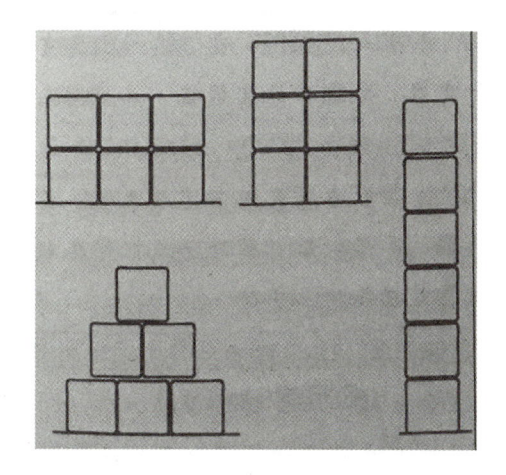

图 7-1　多种形状的塑料积木靶子

游戏变化 3：把篮筐吊在适合孩子的高度，大家来玩投篮游戏。

（2）打"牛眼"。在墙上摆一块塑料或是纸做的靶子，让孩子拿皮球试着打中它（打中靶心俗称打中"牛眼"）。

（3）丢沙包。与孩子围成一圈，选出三个或四个人站在圈内。圈上的人试着用沙包打中圈内的人，圈内的人则想办法闪躲。圈中的人被打中后就要与打中他的人交换位置。

（三）滚、撞的瞄准游戏

（1）滚积木。让孩子把积木滚到事先画好的指定区域。

（2）撞球。首先围成一个长方形的区域，在里面散置大小、重量不同的球（如玻璃球、乒乓球、铜珠、木球等）。让孩子拿一块长积木当撞球杆，试着以球击球。

（3）保龄球。将 10 个保龄球瓶（或积木、长方形纸盒和塑料瓶）排成 V 形，让孩子站在起点线后用球撞瓶，看谁撞倒的瓶子最多。

（4）打弹珠。把珠子置于地上所画的方框内，在方框外某处画一道线。让孩子站在线的后面，试着用弹珠去打方框内的珠子，被打出框外的珠子为其所有，打出最多珠子者获胜。

（5）曲棍球。在桌上或地上用积木围成包括两个球门的游戏区（见图7-2），两个游戏者A、B各自拿一根短棍，像玩冰上曲棍球那样，试着把球击入对方球门，同时防止对方攻进自己的球门。

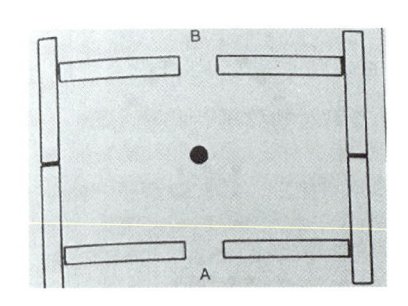

图7-2 积木围成的游戏区

（四）蒙眼瞄准游戏

给驴子添尾巴。墙上贴着没尾巴的驴子的图片，并发给每个孩子一条纸尾巴。每个人轮流蒙起眼睛，试着把尾巴贴在驴子图片的恰当位置，最接近正确位置的人获胜。

游戏变化1：游戏可改用皱纹纸剪成驴子的样子，让孩子不纯靠运气而是借着触摸轮廓，推想出贴驴尾巴的正确位置。另外，可把驴子的图片向不同角度转动。这时，孩子需要思考动物身体各部位间的关系。

游戏变化2：还可以帮"卡车"贴上轮子，帮"花"贴上茎、叶等。

二、赛跑游戏

（一）添加动作的赛跑

（1）汤匙赛跑。孩子们手握汤匙赛跑，汤匙上摆一个网球，跑的时候，网球不能掉下来。如果一路上都没有掉球，又可以最先把球放进终点线的容器内，就算赢了游戏。

（2）吹球赛跑。每个孩子自己选一个气球，最先把气球吹到终点线的孩子就是赢家。孩子可以用嘴吹，用吸管吹，或用扇子扇。

游戏变化：在终点处放置一件有扣子的衣服，让孩子跑向终点处的衣服，穿上它，扣好扣子再跑回起点，看谁最快。

（3）车轮赛跑。游戏者A握住游戏者B的脚，让游戏者B以手前进，如此一对对地赛跑到终点。

（4）两人三脚赛跑。两人一组并肩站着，把一个人的左脚和另一个人的右脚绑在一起，两人三脚赛跑至终点。

（二）空间与时间条件可以变化的赛跑

（1）抢椅子。先把数量比参加人数少1的椅子背对背排好。音乐开始，孩子绕椅子前进，音乐一停，孩子就赶紧找椅子坐下来，找不到椅子的孩子就算出局。接下来移走一张椅子，游戏继续，重复进行，最后谁抢到最后一张椅子，谁就获胜。

（2）换椅子。孩子们全部坐在椅子上，"猫"则站在大家面前，当"猫"喊换的时候，大家必须站起来换位置，"猫"也趁机赶紧抢椅子坐下来。抢不到椅子的孩子就当下一次的"猫"。

（三）重复动作的赛跑

花生赛跑。在起点处摆放三颗花生在每个孩子面前，又在终点处各放一个碗。每个孩子用汤匙捡起一颗花生跑向终点，把花生放入碗内，再回到起点捡第二颗花生，最先把三颗花生放入碗内的孩子获胜。

三、躲藏游戏

躲藏游戏可以帮助孩子减少"自我中心"的倾向。孩子需要设想别人是怎样想的，以此来找到较好的躲藏地方。躲藏游戏对于孩子思考大小关系也有帮助，有时孩子需要判断某地方是否足够大，能让自己躲进去。

（一）藏人的游戏

（1）捉迷藏。"猫"遮起眼睛数到十后，开始找躲起来的人，第一个被找到的人就当下一次的"猫"。

（2）母鸡找小鸡。一个孩子蒙住双眼当母鸡，找丢掉的（藏起来的）"小鸡"，"母鸡"叫"咯咯咯"的时候，躲起来的"小鸡"必须回答"吱吱吱"，最后一个被找到的"小鸡"下一次就当母鸡。

（二）藏东西的游戏

(1) 小狗，你的骨头不见了。所有的"小狗"都离开房间，只剩一个孩子藏"骨头"（如积木），这个孩子藏好了"骨头"，就喊"小狗们，你们的骨头不见了"。"小狗们"就都进来找，最先找到"骨头"的人，下回就让他藏骨头。

游戏变化：可以分成两组，一组藏"骨头"，一组找"骨头"，藏的"骨头"也可增加为两根。

(2) 纽扣在哪里。每个孩子都合掌坐着，围成一圈或半圈。"猫"也合掌，但在掌心放一颗纽扣（也可以是铜板或其他小东西）。"猫"绕圈而走，用双掌轮流在每个孩子的双掌中间按一下，在过程中偷偷将纽扣掉在某一个孩子手中，但不让别的孩子看到或猜到他这样做了。等他绕完圈子后，选一个孩子来猜纽扣在谁那里。

四、猜测游戏

猜测游戏可以给孩子提供许多机会去进行超过现有资料的推论，也可以让线索提供者参考别人已经提出的线索再想出新的线索。

（一）根据触觉线索猜谜

(1) 神秘袋。每个孩子闭着眼睛，用手摸东西，然后猜它是什么。东西可以放在袋子里，或者放在孩子背后。如何轮流、一人可猜几次等规则可以视情况规定。

(2) 十四，停。蒙眼的"猫"站在中间，其他人围成一圈。"猫"由一慢慢地数到十四，其他人可以自由移动十四步。当"猫"喊停时，所有的人必须站住且不出声，"猫"便开始摸索着去找人，碰到其中一人时，摸那个人的衣服，并猜他是谁。被认出来的人当下一次的"猫"。

（二）根据听觉线索猜谜

(1) 是我。"猫"坐在椅子上。一个孩子由后面拍拍他的椅子，"猫"问"是谁"，拍的人就用假装的声音回答"是我"，"猫"就猜拍他的人。若猜对，则由拍的人当"猫"，若没猜对，则换另一个孩子来拍椅子。

(2) 动物园（适合于会替自己蒙眼的大孩子）。两人一组，每组各选一种他们想要模仿的动物声音，然后所有人都蒙上眼罩，分散到房间各处。等信号一响，每人发出其所模仿的动物声音去寻找同伴。找到时，就拿掉眼罩一起跑向终点，最先到达终点的那一组获胜。

（三）根据视觉线索猜谜

（1）猜领袖。"猫"离开房间，然后其余的人围坐一圈，选出一人当领袖。"猫"回来时，领袖带领大家做一连串不同的动作，让大家跟着做。比如，两手做对称的动作、用一只手指挥动、用手指向某人等。借着观察整个团体模仿领袖的动作，"猫"需要猜出谁是领袖。

（2）猜动作。一个孩子表演动作，例如倒果汁，再由其他人来猜他在做什么，猜对的人就当下一次的表演者。如果是大一些的幼儿，可以做一些修改，例如准备一些人物的图片（如警察、小提琴家等），让"猫"选择一张，表演给大家猜。

（3）我看到……。"猫"说："上学途中（可以自由更改），我看到……"然后表演他所看到的，由其他人来猜。没有猜对时，"猫"就来公布答案。如果"猫"表演得不像，他就不能再当"猫"，但如果他表演得很好而没人猜出，则他继续当"猫"。

（四）根据语言线索猜谜

（1）警察。当警察的人离开房间，其他人选择一个人当走失的孩子，然后"警察"再回到房间，他可以随意叫一个人来形容这个"走失的孩子"（例如他穿了什么颜色的衣服）。"警察"可以根据这些线索来猜"走失者"，那个引导"警察"得到正确答案的人就当下一个"警察"。

（2）茶壶。当"猫"的人要先离开房间，然后其余的人挑出房间中的某样东西给"猫"来猜。"猫"一回来，他可以随便叫个人来形容那件东西，每个被叫到的人用一句话来形容该物，但都用"茶壶"开头，如"茶壶是在桌子上"，让"猫"猜对结果的线索提供者就当下一个"猫"。

五、口令游戏

（一）带诡计的口令

（1）家长说。首先由家长下达命令，如，爸爸说"翘起大拇指""举起右手"等。有以"××说"开头的句子时，所有人都要跟着做动作。但没有以"××说"开头的句子，如果跟着做了动作就算出局，没有按照"××说"的口令做动作的也算出局。

（2）我说蹲下。领导者或站或蹲，并且在做动作时说"我说站起来"或"我说蹲下"。有时候，领导者是蹲下去却会说站起来，或是站起来却说蹲下。大家要按照他说的做，而不是按照他做的动作做动作，做错的人就出局。留到最后的人当下一位领导者。

(3) 鸭子会飞。领导者说"鸭会飞，鸟会飞，马会飞……"，当他所说的东西是会飞的，其他人就挥动双臂。当他所说的东西是不会飞的，其他人就抱紧双臂。做错的人就出局，最后剩下的人当下一个领导者。

（二）听口令做动作，但可设法作弊而不被抓到

向前两大步。"猫"站在房间一头的终点线后面，其他孩子站在房间另一头的起点线后。由"猫"下达命令，如"向前两大步""向后三大步"，其他孩子按照口令做动作。但是只要不被"猫"抓到，他们就可以偷偷前进几步。"猫"一旦抓到偷跑的，就命令那个人回到起点重新开始。只要"猫"不抓，偷跑的人就可以平安无事，最先到达终点的人当下一个"猫"。

（三）和同伴一起听命令

背对背。每两个人配成一对。当"猫"说出身体某部位，每对孩子就要使那个部位互相碰触。"猫"可以下的命令包括"背对背""脚对脚"等。当"猫"说"变换"时，包括"猫"在内的每个孩子都要去找新的配对伙伴，没有配对的那个孩子则当下一个"猫"。

六、纸牌游戏

（一）认牌：辨认某些牌

（1）找人像牌。先将52张牌发完，然后每个孩子把自己的牌面向下放在自己面前。接着发牌人左边的孩子翻开自己牌堆最上面的一张牌，并放在桌子中间，其他孩子轮流做同样的事情。他们持续这样做，直到有人像牌（J、Q、K牌）出现。打出这张牌的人就把中间所有的牌全部拿走，放在身边。所有的人面前的牌翻完了，游戏就结束，拿到最多牌的人获胜。

（2）抢拍王子。先将52张牌发完，每个孩子把自己的牌面向下放在自己面前。大家同时翻看自己牌堆最上面的一张牌，看到J牌出现时，就抢着去拍它，最快拍到的孩子把所有朝上的牌拿走。所有的人面前的牌都翻完了，游戏结束，拿到最多牌的人获胜。

（二）找同类

以下纸牌游戏需要孩子找出两张或更多牌之间的关系。皮亚杰指出，儿童对复杂逻辑关系的了解是建立在稍早所创造的两因素之间的关系上。与配对有关的纸牌

游戏是孩子较喜欢的游戏。在与配对有关的纸牌游戏中，孩子既可以做知觉的辨别，也需要运用记忆与逻辑推理能力。

（1）配牌。首先选择几对容易辨认的牌（如同样颜色的 A、K、Q、5 等各两张），将牌面朝下，在桌子上排放整齐。孩子轮流翻两张牌，一次一张，看是否能够配对。若配对成功则将牌拿起，继续翻牌；若配对失败则要把那两张牌恢复成牌面朝下，由下一个孩子来翻牌。拿到最多对牌的孩子获胜。

（2）抢说同牌。先将 52 张牌全部发完，每个孩子不看牌，用一只手把自己的牌面向下握着。大家同时翻开自己最上面的那一张牌放在桌上，任何孩子看到两张同样的牌出现时，要大叫"同牌"。喊得最快的人收起已经翻开的牌放在自己的牌堆下。如果牌都不相同或错喊"同牌"，就要从他的牌堆中拿走一张牌作为处罚。直到有人把所有牌都赢了或是所有发的牌都翻过了，游戏结束。

（三）排顺序

（1）纸牌接龙。将扑克牌里的人像牌抽出后一一发牌。手上有 A（代表数字 1）的人先拿出来，在桌子上排成一列，大家轮流出牌，一次一张，不漏掉任何一个数字而连接成四条数字线条所构成的矩阵。比如，第一个孩子可以接上任何的 2。他如果摆下红心 2，下一个人接着摆的牌，可以是红心 3 或其他任何花色的 3，没有牌可以接龙的人就跳过。最先把手上牌打完的人就是赢家。

（2）吹牛。先将 52 张牌全部发完。第一个孩子拿出一张 A，牌面朝下，说"一"。第二个孩子拿出一张 2，说"二"。大家轮流出牌，一直排到"十三"。假如手上没有应该出的牌，任何人都可出其他牌，并希望这张假牌可以过关。若有人认为那是假牌，就说"你吹牛"。如果翻开那张牌后，证实是假牌，则被抓到的孩子要把桌上所有牌收下，放在自己的牌堆底下。如果不是假牌，则指证他吹牛的孩子，就要收下所有的牌。谁最先打完手上的牌，谁就赢了。

（四）比大小

大吃小。先将 52 张牌全部发完。大家都不看牌，把个人的牌整理好，牌面朝下摆在个人面前，然后一起同时翻开最上面的一张牌。谁翻开的牌比较大（四个人玩的时候），谁就把四张牌都拿走。胜利者是拿走最多张牌的人。"大吃小"的纸牌游戏给孩子提供了判断哪个数目比较大或最大的思考机会。

（五）跟牌

魔牌 8 号。每人发 5 张牌，剩余的牌面朝下置于中央，成为抽牌堆。翻开第一

239

张牌放在牌堆旁。每个孩子轮流一次打一张牌，试着把手上的牌打完。由发牌者左边的孩子开始，每个人出和桌面纸牌相同数字或花色的牌。例如，桌面牌是红桃2，可以打任何花色的2，或任一张红桃牌。各花色的8是魔牌，可以不用配合桌上的牌就打出来，并可要求大家改变花色。手里没有可以配合的牌，又没打魔牌的孩子，要继续抽牌直到他抽到可以打出的牌为止。如果所有牌都抽完却还没抽到，他就通过，轮由下家出牌。先把手上的牌打完的人就赢了。

（六）数的合成

合七。先把24张牌（从A到6）叠成一堆，然后翻开最上面3张，在桌上一列排开。该牌戏目标是找到两张可组成数字7的牌（如1+6，2+5等），轮到谁拿牌，他就可以把合成7的两张牌捡起来，再从牌堆中翻开两张牌来替换。如果他没办法完成就跳过，轮到下一个孩子翻开一张牌，试着和桌上那3张牌合成7。若不行，则把那张牌丢进废牌堆，轮到下个孩子翻牌。依序进行，直到有人成功合七，这堆废纸牌就放回原来的牌堆底下，继续再玩。游戏结束后，成功合七最多的人获胜。也可改成合其他数字。

⊙ 单元小结

本单元聚焦于规则游戏的观察与指导。规则游戏常常被误解，主要原因就是人们对规则游戏的特点、价值等缺乏清晰的把握，而且常常将规则游戏简单地等同于教学游戏。规则游戏具有规则性、竞争性和机遇性的特点，规则游戏正是因为有这些特点，也才有相应的价值。比如，规则游戏的竞争性会带来输赢，如何面对输赢就具有教育价值。

规则游戏是需要观察与解读的。但是在幼儿园教育实践中，教师们常常只是提供规则游戏的条件，即使观察，也只是一般性的、浏览性的观察。对规则游戏的观察与解读，特别是基于规则游戏特殊性的观察与解读，是幼儿园教师专业成长中的重要方面。

规则游戏的编制与指导，需要建立在大量案例和对儿童的观察与解读的基础之上。

⊙ 拓展阅读

[1] KAMII C, DEVRIES R. 幼儿团体游戏——皮亚杰理论在幼儿园中的应用[M]. 高敬文，幸曼玲，译. 台北：光佑文化事业股份有限公司，1999.

[2] 教育部基础教育司. 游戏·学习·发展——全国幼儿园优秀游戏活动案例

选编［M］．北京：人民教育出版社，2020．（新版"老狼老狼几点了"）

⊙ 巩固与练习

一、名词解释

规则游戏

二、简答题

1. 简述规则游戏的特点。

2. 简述观察与解读规则游戏的要点。

三、案例分析题

分析以下规则游戏的价值。

游戏名称：摇摇晃晃

合适年龄：4~6岁幼儿

游戏设计：上海杨浦区控江四村幼稚园

游戏目的：通过控制盘中乒乓球的滚动，锻炼幼儿手眼协调能力和上肢控制能力。

材料及准备：

（1）材质、大小不同的盒盖若干个，如饼干盒盖、蛋糕盒盖。

（2）将若干贴纸面朝上均匀放在盒盖上。

游戏玩法：幼儿取一个乒乓球放在盒盖上，轻轻晃动盒盖，控制好乒乓球的走向，以将所有贴纸粘到乒乓球上且乒乓球不落地为赢。

游戏规则：

（1）可1人进行，也可2人竞赛，率先让乒乓球粘上所有贴纸者为胜。

（2）既要让乒乓球粘上贴纸，又不能让乒乓球落地。

（3）游戏过程中双手不能触碰乒乓球。

四、实践题

1. 对一个规则游戏进行观察与解读，特别关注规则游戏中赢者和输者的表现，并推测其内在心理状态。

2. 尝试对一个规则游戏的规则进行调整，使游戏更有可玩性。

第八单元 其他游戏的观察与指导

导 言

有人对幼儿园提交的几千个游戏案例进行了统计，发现大班游戏案例占总数的60%以上，中班和大班游戏案例占总数的95%。于是，有人问"小班的儿童哪里去了，他们不玩游戏吗？"幼儿园教师的回答是"小班的儿童太小了，他们不会玩游戏"。一个教研员与几所幼儿园的小班老师一起，要求家长提供一段孩子入园前在家玩游戏的视频。教研员要求教师们一起观看、分析、解读这些没有进入幼儿园的孩子的游戏，他们发现这些孩子也很会玩游戏。实际上，很小的孩子，在家里就会玩游戏，其最常见的就是亲子游戏。

在经济欠发达地区的幼儿园里调研，常常听到"我们条件不行，没有玩具""我们这里的实际情况是，班级规模太大了"这样的话。确实，很多基本条件，都会影响、制约游戏的开展。在联合国儿童基金会的一个材料中，我们发现有人将游戏分成"需要材料的游戏"和"不需要材料的游戏"，这非常有意思。是的，一方面，我们抱怨资源不足；另一方面，我们又在浪费资源。这不，身体就是我们最重要的资源。有手、有脚、有嘴、有脑、有心，就可以有游戏。

游戏是有很多种类型的。不同的分类，能够揭示出游戏的不同特征。本单元将从不同的维度，选择一些不同类型的游戏，并对其进行简要的介绍。

☆ 学习目标

1. 理解亲子游戏、手指游戏、音乐游戏的特征与价值，能对各种类型的游戏做出必要的区分。
2. 能够运用相关知识对幼儿园的游戏实践进行分析、解读。
3. 能利用亲子游戏、手指游戏、音乐游戏等，开展家园共育、教育教学活动。

思维导图

其他游戏的观察与指导
- 亲子游戏的观察与指导
  - 亲子游戏的基础知识
  - 亲子游戏的观察与解读
  - 亲子游戏的指导要点
  - 案例介绍：亲子游戏活动案例
- 手指游戏的观察与指导
  - 手指游戏的基础知识
  - 手指游戏的观察与解读
  - 手指游戏的指导要点
  - 案例介绍：手指游戏活动案例
- 音乐游戏的观察与指导
  - 音乐游戏的基础知识
  - 音乐游戏的观察与解读
  - 音乐游戏的指导要点
  - 案例介绍：音乐游戏活动案例

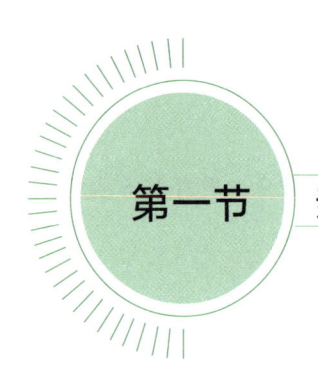

第一节 亲子游戏的观察与指导

著名儿童教育专家陈帼眉教授认为,"家长对小孩子的教育,第一是培养良好的生活习惯,第二就是跟孩子做亲子游戏"。当前越来越多的家长开始重视亲子游戏,通过亲子游戏增进亲子感情,开展儿童启蒙。学前教育工作者,一方面,应了解家庭中的亲子游戏,使得机构中的学前教育具有连续性;另一方面,也应承担起指导家庭亲子教育的任务。

一、亲子游戏的基础知识

亲子游戏的各种定义

(一)亲子游戏的概念

"亲子"一词中的"子",是指"子女""孩子"。广义的"亲"是指"亲人",包括家庭内部的所有成员,如父母、爷爷、姐姐、外公、外婆等。狭义的"亲",仅指父母。近年来,亲子活动、亲子关系、亲子教育,逐渐受到研究者和实践者的关注。

亲子游戏也有广义和狭义之分。广义的亲子游戏,是指家庭中的成年亲人与年幼子女共同参与的游戏。狭义的亲子游戏,是指家庭中的父母与年幼子女共同参与的游戏。这里的"家庭中",不是对游戏地点的限制,而是对游戏参与者身份的限制。亲子游戏可以发生在家庭中,也可以发生在小区里、公园里、托育机构里、幼儿园里。这里的"成年亲人",如果是外公外婆、爷爷奶奶,亲子游戏也被称作"隔代亲子游戏"。"成年亲人"是否包括叔伯姑姨舅、成年的哥哥姐姐,较少有文献讨论,笔者倾向于认为包括。一位已成年的哥哥姐姐(如已经在读大学的你)与自己年幼的弟弟或妹妹在家玩的游戏,属于广义的亲子游戏。这里的"年幼子女",一般指的是学前儿童,特别指 0~3 岁的儿童。

（二）亲子游戏的特征

亲子游戏，随时随地可以开展，可以根据儿童的状态来开展。具体来讲，主要有以下几个特征。

第一，亲情性。亲子游戏是成年的亲人与年幼的儿童之间的游戏活动，亲子游戏中的参与者，是具有血缘关系的亲人。亲子游戏与幼儿园等机构中的游戏、小区里小朋友之间的游戏，有着非常大的区别，最突出的特点是亲情性。亲子游戏是以亲子感情为基础的游戏。

第二，灵活性。大部分亲子游戏的开展场所是家中或者社区内，但在任何一个地方都是可以开展亲子游戏的。例如，在汽车里、商场里、公园里，都可以开展亲子游戏。亲子游戏开展的时间也是灵活的，睡觉前、起床时、散步时、等待时，都可以开展亲子游戏。亲子游戏的开展，真可谓随时随地。亲子游戏的灵活性，还指游戏时长、游戏形式、游戏内容等的灵活。

第三，针对性。亲子游戏常常是多对一或一对一，因此，家长可以依据儿童的状态有针对性地选择游戏。儿童对游戏的开展也是有自己的想法的，尤其在三岁之后，他们有时候会想玩乐高、磁力片等建构类玩具，也有时候会想玩画笔、颜料。亲子游戏的特别之处，就在于家长可以根据自己孩子的特点、状态和认知能力，有针对性地选择亲子游戏。

第四，情感性。家长是孩子的亲人，而非教师。因此，在开展亲子游戏的过程中，家长需要考虑到，亲子游戏要让双方感受到快乐，让孩子在亲子游戏中感受到成就感和亲密感，也让自己在亲子游戏中感受到天伦之乐。这样，才能让亲子游戏更具有持久性。

（三）亲子游戏的价值

1. 亲子游戏对儿童发展的价值

如同其他所有游戏一样，亲子游戏对儿童的发展具有不可替代的价值，对儿童健康、语言、社会、情感、认知、艺术等领域的学习与发展，都有价值。可以说，亲子游戏促进儿童多元智能发展。其中，如下三个方面的价值是亲子游戏特别具有的。

第一，对儿童语言发展的价值。亲子游戏更加便于儿童语言的发展。游戏中，儿童在表达时，用词可能会不够准确，家长可以潜移默化地给出更加合适，甚至更加高级复杂的词汇，这样就自然而然地提高了儿童的语言能力。

第二，对儿童社会性发展的价值。亲子游戏的过程，就是儿童与他人互动、交往、社会化的过程。亲子互动是儿童日后同伴关系、与其他非血缘成人关系的基础。

第三，对儿童情感发展的价值。亲子游戏中，不管是儿童还是成人，因为有血缘关系，其情感投入是非常深入的。在亲子游戏中积淀起来的情感体验，是儿童未来情感发展的基础。

2. 亲子游戏对家庭的价值

亲子游戏可以增加家长和儿童的感情，亲子游戏几乎可以说是最好的教导孩子的方式，说教、惩罚，甚至"真诚对话"，其教导效果都不如亲子游戏。有些心事，儿童永远不会说给我们听，但是会玩给我们看。在亲子游戏中，家长和儿童发生了联结，家长也有机会去处理和修复之前与孩子之间的旧伤。

在亲子游戏中，孩子处于最放松的状态。有些在其他地方发生过的事情，在亲子游戏中，孩子会自然而然地讲出来，这是在正襟危坐的对话中很难获得的信息。

亲子游戏的过程，也是家长观察孩子的好时机。在亲子游戏过程中，家长可以更加直观地了解孩子所擅长的领域。例如，孩子是擅长精细动作还是大运动？是喜欢逻辑思维还是喜欢语言表达？这些信息都是孩子成长过程中的非常重要的参考内容，便于家长帮助孩子更好地发挥特长，走好人生路。

亲子游戏对整个家庭成员之间的相互理解、交流、沟通，也具有意义和价值。孩子的父母之间、父辈与祖辈之间，都可以在积极良好的亲子游戏中，实现情感和理念的沟通。因此，亲子游戏有利于民主、和谐的家庭氛围的构建。事实上，一些家庭的矛盾，可能就因抚育孩子而起，这些矛盾可以通过亲子游戏所提供的机会，得到分析、解决。

疫情时期学前儿童家庭游戏指南

3. 亲子游戏对教育机构的价值

亲子游戏是幼儿园、托育机构开展家园共育活动的一种方式。比如，幼儿园可以在六一儿童节、家长开放日等时间，组织开展亲子游戏活动。

> **小贴士**
>
> 中国学前教育研究会游戏与玩具专业委员会疫情期间的行动：
>
> 1. 编写《疫情时期学前儿童家庭游戏指南》
>
> 2020年2月1日上午，中国学前教育研究会游戏与玩具专业委员会主任鄢超云接到中国学前教育研究会虞永平理事长的电话，虞永平理事长表示希望中国学前教育研究会游戏与玩具专业委员会尽快为疫情形势下的儿童、家庭提供专业帮助。7天之后，也就是2月8日下午，中国学前教育研究会游戏与玩具

专业委员会组织专家撰写的《疫情时期学前儿童家庭游戏指南》（以下简称《游戏指南》），在中国学前教育研究会官方微信公众号发布，奉献给0~6岁儿童家长六类宅家陪娃游戏活动攻略详解。该《游戏指南》在网上被疯狂转发，两小时内阅读量即超过10万，最终阅读量近百万。通过幼儿园教师，《游戏指南》被传递给广大家长，成为当时家庭开展游戏活动的重要参考。

2. 开展40期"早安宝贝"活动

"早安宝贝"项目由联合国儿童基金会发起，中国学前教育研究会和中国儿童中心共同实施和推动的一个项目。其中，3~6岁儿童活动由中国学前教育研究会游戏与玩具专业委员会负责组织实施，由鄢超云、杨川等人具体负责。项目从3月9日到4月29日共持续了7周，主要通过微信公众号、微博及各大网站，以线上推送的方式，连续推文40期，分享了156个活动和4个微课，总计浏览量超千万。

幼儿园等机构，还可以通过指导家庭开展亲子活动，实现指导家庭教育的目的。比如，在新冠肺炎疫情期间，不少幼儿园都开展了家庭亲子游戏指导活动，以帮助家长在疫情期间能够更好地养育儿童。

二、亲子游戏的观察与解读

亲子游戏多元价值的实现，离不开家长对儿童行为的细致观察与准确解读。其实对儿童的观察，是高质量陪伴的关键，而亲子游戏恰好给家长提供了非常好的观察时机。因为在亲子游戏中，孩子会将他的所思所想"玩"给家长看。如下要点，是家长（父母或者祖父母）观察与解读亲子游戏时需要注意的地方。

受传统思想的影响，家长在亲子游戏中，依旧有很高的权威感。亲子游戏中的平等性不高，家长偏向于认为自己是游戏的引导者和控制者。其实，与此相反，在亲子游戏中，家长更加需要放手，可以将更多的时间用来观察儿童。在游戏当中，儿童通常会突破舒适区，完成一些日常没有做过的事情，家长切记不可剥夺了孩子的游戏权利和错过了观察和了解孩子的机会。

第一，亲子游戏前。家长可以依据日常生活中对儿童的了解和观察，一起商议亲子游戏的主题，还可以通过与儿童一起制定规则，来观察和了解儿童的认知能力。

第二，亲子游戏中。儿童天生喜欢到处探索，求知欲望很强烈。也许，有时候儿童在游戏中表现得会不如家长所期待的那样，但此时家长不应有失望的心态，而是要因势利导，抓住儿童的兴奋点，设法满足儿童的这种"好动"和求知的心理发展需求。家长应该将儿童过剩的精力、体力发挥在亲子游戏中，让儿童通过亲子游戏不断地获取知识，不断地提高能力，更重要的是让儿童在游戏中体验和感悟到快乐，回归生活本质。

第三，亲子游戏后。家长可以与儿童一起或者引导儿童自己收纳玩具，并且可以观察儿童收纳玩具所依据的方法。儿童有时候会依据颜色、有时候会依据大小来对玩具进行分类、归纳和整理，家长也可以适时地问一下儿童他们是怎么想的，这样既能了解儿童的想法，也能提高儿童的语言表达能力。

三、亲子游戏的指导要点

亲子游戏是深受儿童喜爱的活动，对儿童来说，亲子游戏不仅可以与父母、兄弟姐妹一起玩，而且不管祖父母的文化程度如何，自己都可以在游戏中与他们一起度过快乐的时光。在各阶段亲子游戏的指导中，家长需要重点关注如下六个要点。

第一，掌握相应的儿童心理学理论，遵循科学的方式方法，进一步了解儿童的心理、生理特点。在亲子游戏中，家长不仅仅需要引导、陪伴儿童，还需要观察儿童。3~6岁是儿童个性倾向开始萌芽的时期，这一阶段的儿童以具体形象思维为主，对于自己感兴趣的主题和游戏，可以更加集中注意力。家长在日常生活中，要了解儿童的兴趣和发展水平，根据儿童的实际状况来选择活动。

第二，注重儿童的情感体验和情绪培养。良好的情绪和性格，是一生的基石。在亲子游戏过程中，家长不仅仅要关注儿童知识技能的培养，更重要的是，儿童情绪情感的引导和培养。尤其在家庭这样的环境中，儿童首先需要的不是知识和技能，而是满满的爱。另外，儿童在游戏的过程中往往是非常放松的状态，这是他们打开心扉的时候，家长可以趁这个机会疗愈儿童在社交过程中产生的消极情绪（如果有的话）。

第三，鼓励儿童独立游戏。在亲子游戏的过程中，家长不可以"越俎代庖"，去代替儿童游戏。游戏之所以是一个获得成长和收获比较好的载体，主要是因为儿童在游戏中拥有"试错"的机会。因此，家长需要保持高度的耐心，在儿童的尝试过程中，家长不能因心急而去替代儿童。儿童靠自己的耐心想到解决办法后，将会收获巨大的成就感。

第四，鼓励儿童创新。开展亲子游戏时，家长可以从游戏规则入手，让儿童参与设计。使用自己设计的规则来开展游戏，势必会极大增加儿童的自信心和成就感。家长可以在家里设置一个百宝箱，来收集一些半成品和废旧物品，方便儿童寻找替代物；还可以经常带儿童去不同的地方参观旅行，给儿童增加更多的生活经历和生活体验，便于儿童更好地创新。

第五，注重收纳整理。关于游戏之后的整理工作，家长对不同年龄的幼儿应该有不同的要求。对于小班幼儿，家长应主要是以培养他们整理的意识为目标，请小班幼儿一起整理玩具和场地；对于中班幼儿，家长应以培养他们收拾玩具的能力为目标，即以幼儿为主、家长为辅，家长在必要时给予帮助；对于大班幼儿，家长应要求他们独立做好整理玩具和场地的工作，只要给予一定的提醒和督促就好了。

第六，父母尤其是父亲应该多多参与亲子游戏。很多父亲由于工作忙或者没有假期等，陪伴儿童的时间比较少，而父亲恰好是体育类亲子游戏最合适的人选。运动可以加速血液循环、促进新陈代谢，还可以为大脑提供高品质的营养，让头脑更加灵活。父亲可以在亲子游戏当中更加坚强、大胆，更有决断力地去鼓励儿童探索自然和环境。

父亲参与游戏：
好玩的短棍

四、案例介绍：亲子游戏活动案例

（1）扔枕头大战游戏。这个游戏很简单，玩法就是家长和儿童之间相互扔枕头，但是能收到意想不到的效果。扔枕头的过程能极大程度地释放儿童的"攻击"需求（需要家长关注好周围的环境，保证安全）。

（2）猜物游戏。让儿童闭上眼睛，再让儿童用手轻轻地抚摸物体，感受物体的质地和大小，让儿童去猜是什么物体。这个游戏能够培养儿童的想象力。还可以让儿童准备一些物体，家长闭上眼睛，请家长来猜。

（3）比手比脚游戏。很多家长都十分重视儿童的数学思维能力，但是与其让儿童背数字，还不如让儿童更多地接触"大数学"的概念。家长可以让儿童和自己比较手的大小、手指的长短，也可以让儿童和自己比腿长、比身高，又或者比较胳膊的粗细。这个游戏还可以拓展到儿童日常熟悉的各种物品，例如蔬菜、水果和玩具等。

家长还可以与儿童玩很多种角色扮演的游戏，可以参考第四单元的内容。

⊙学习活动

设想你工作的幼儿园准备将"六一儿童节"变成"六一游戏节"，即"六一"那一周儿童将玩各种各样的游戏，其中有一个半天家长将会来到幼儿园，与儿童一起玩游戏。

设计三个亲子游戏，其中一个适合父亲与孩子玩，一个适合母亲与孩子玩，一个适合祖辈与孩子玩。

第二节 手指游戏的观察与指导

手指游戏是陪伴儿童童年生活,儿童对其乐此不疲的一种游戏形式。手指游戏因简单、便捷、易操作、趣味性强以及对儿童发展具有重要价值而备受幼儿园教师青睐,从而被广泛应用于幼儿教育。但在实践中,人们更多依从惯有的经验来操作使用手指游戏,相关研究文献与书籍中鲜有对手指游戏的论述与阐释。可见,理论与实践层面,都缺乏对手指游戏的系统研究与说明,缺乏对手指游戏基础理论知识与指导策略等基本问题的介绍。手指游戏理论研究的空白与其在实践中的大量运用和重要价值极不相称。

基于此现状,本小节致力于厘清手指游戏的含义,梳理其特征与价值,试图帮助幼儿园教师明晰手指游戏的概念,把握手指游戏的观察与解读要领,提升手指游戏的设计、组织与指导质量,充分发挥手指游戏在增进幼儿幸福童年体验与促进幼儿身心全面发展中的重要作用。

一、手指游戏的基础知识

(一)手指游戏的含义

教育的难处之一是教育专业人员和一般社会大众往往因共同使用了代表不同意义的语词而产生了误解。当大家使用了相同的语词,但其意义大不相同时,混淆与误解于是产生[1]。为了避免不必要的混淆与误解,对手指游戏的探讨,需首先厘清其基本内涵。

广义的手指游戏泛指一切以手指作为"玩具",通过操作手指来表达自己关于

---

[1] KAMII C,DEVRIES R. 幼儿团体游戏——皮亚杰理论在幼儿园中的应用[M]. 高敬文,幸曼玲,译. 台北:光佑文化事业股份有限公司,1999.

世界的认知与情感的游戏活动。这一含义拥有较为宽广的外延，如利用光与影的特性，通过手指的组合与变化，在光的照射下投射出各种有趣的造型影像，并由此获得乐趣的活动就属此类。广义的手指游戏，其内容与形式都相对开放，边界较为模糊，也没有明确的规则框架。相对而言，狭义的手指游戏边界则更为清晰，内容、形式与规则都更加明确。

炒鸡蛋

狭义的手指游戏是指手部动作配合富有节奏的儿歌、童谣等语言元素共同创造游戏情境，以此反映与表现社会生活的一种游戏形式。儿歌、童谣等语言元素为手指游戏提供内容素材及规则框架，是手指游戏的语言及韵律性脚本。创造性的手部动作则是手指游戏的主要表征方式，是对儿歌、童谣等内容的直观动作诠释。手指游戏中的手部动作与儿歌、童谣等元素形成一种融合关系，彼此互相支撑、互作解释，共同创造出一种独特的乐趣。

本书所讨论的手指游戏主要指狭义的手指游戏。

（二）手指游戏的特征

几乎所有的游戏都具有愉快与严肃共存、过程与结果并重、自由与约束兼有、假想与现实同在等特性，手指游戏也不例外。除了这些所有游戏都具有的普遍特性以外，因独特的游戏内容与方式，手指游戏也表现出其他游戏所不具有的显著特征。

第一，动作性。手指游戏是通过手部动作来创造性地表征凝聚在儿歌、童谣等元素中的社会现象、生活体验及知识经验。动作既是手指游戏的内容，也是其主要表现形式。动作性是手指游戏最直观、最凸显，也是最主要的特性。手指游戏中的动作不是随意而为的动作，是直观反映儿歌、童谣等内容的动作，是对儿歌、童谣等内容的动作化表征。手指游戏的动作主要表现为灵活变化与巧妙组合的手部精细动作，可易可难，富于变化，既便于掌握又具有挑战，能满足不同年龄阶段、不同能力水平儿童身体活动的需要，是手指游戏乐趣的重要源泉。

泡泡糖

第二，节奏性。手指游戏是以手部动作对儿歌、童谣等内容进行表征的一种游戏形式，动作和语言（儿歌、童谣等）是手指游戏必不可少的构成要素。儿歌、童谣等元素的一个共同特点是都体现出较强的节奏感，这决定了手指游戏中的动作不是自由、随意、松散的动作，而是按照一定的节奏框架与规律所组织的动作。手指游戏中的动作与语言都呈现出节奏性的特点。正是特有的语言与动作节奏营造出了手指游戏所独有的趣味。

第三，韵律性。手指游戏中的动作性、节奏性及儿歌、童谣本身所包含的韵律感一起创造了手指游戏的韵律性。

第四，便捷性。便捷、易操作是手指游戏受到广泛青睐的重要原因，与建构、角色、表演等游戏的开展较大程度依赖于宽敞的空间、充足的时间及丰富的材料所不同的是，手指游戏的开展十分便捷，对空间、时间及材料的要求都较低。儿童可以在任意时间、任何地点，并且不借助于任何材料进行手指游戏。手指游戏的便捷性还体现在，儿童既可以自己独自玩，也可以和朋友合作玩，还可以整个班一起玩；既可以站着玩，也可以坐着玩；既可以蹲着玩，也可以躺着玩。手指游戏的便捷性对于地处游戏资源较为匮乏的边远贫困山区的孩子尤为重要，能让这些孩子在资源十分有限的情况下也获得愉悦的游戏体验。

（三）手指游戏的价值

手指游戏是配合手指动作进行演绎的语言诵唱活动，是一种既能愉悦幼儿身心，让幼儿获得有趣游戏体验，又能促进幼儿多方面能力提升，兼具多元发展价值的游戏样式。手指游戏的价值可以从本体价值与工具价值两个维度加以分析，其本体价值是玩手指游戏本身所带来的乐趣（身心的自由、放松与愉悦）。手指游戏的本体价值是基于幼儿立场与视角的价值，是手指游戏满足幼儿游戏需要，使幼儿获得积极游戏体验的价值。幼儿玩手指游戏仅仅是因为好玩儿，手指游戏本身即是幼儿玩游戏的目的。除了本体价值，手指游戏还具有一定的工具价值，即幼儿玩手指游戏所附带的语言、动作、社会情感等方面的发展价值。正是因为人们看到了手指游戏的多元价值，手指游戏才受到积极的关注，并被广泛运用于幼儿教育中，帮助幼儿的学习和发展。

1. 手指游戏的本体价值：享受自由、愉悦身心、体验乐趣

猴子荡秋千

愉悦身心，获得积极的情感体验是幼儿玩手指游戏的直接动因，幼儿不为发展自身语言与动作能力而玩手指游戏，仅因其本身趣味而玩。让幼儿享受自由、愉悦身心、体验乐趣是手指游戏的首要价值，也是手指游戏的本体价值，是其他工具价值实现的基本前提。只有当幼儿在玩手指游戏中得到了身心放松，享受到有节奏的语言元素配合手指动作表演所带来的特殊乐趣，进而自愿积极主动参与手指游戏，其所附带的语言、动作、社会情感等发展价值才能更好地发挥效用，否则手指游戏只能异化为一种外在强加的任务，从而致使游戏性的丧失。

2. 手指游戏的工具价值：丰富经验、提升能力、促进发展

手指游戏的工具价值体现在玩手指游戏能实现儿童多方面的经验丰富与能力提

升，进而促进儿童的全面发展。手指游戏是伴随着节奏性语言诵唱的手指动作表现活动，儿童在游戏时需调动脑、口、手等多个身体器官，并统筹协调好各种不同的经验信息。在手指游戏中，儿童要通过口来朗诵儿歌、童谣，手做动作，大脑则在协调口、手一致的同时想象相应的情景画面。手指游戏需要儿童在大脑中对语言与动作信息进行快速加工，将二者建立适宜且有效的连接，最后脑、口、手一致地对游戏内容加以展现。手指游戏在锻炼儿童手部肌肉的灵活性与协调性、在促进儿童精细动作发展的同时，也促进着儿童词汇、句式等语言经验的丰富及表达能力的提升，还促进着儿童大脑联想与想象、经验连接与信息整合能力的发展。手指游戏中语言与动作的节奏性，还能促使儿童获得基本的节奏感，无意中提升儿童的审美感受与表现力。此外，有的手指游戏需要儿童与同伴协同完成，这些游戏的顺利开展依赖于伙伴间的有效协商与默契配合，儿童的社会性交往及合作能力自然能在此过程中得以发展。

需要注意的是，作为教育工作者，我们常常过于强调手指游戏的工具价值而忽略其本体价值，过于注重儿童通过手指游戏所获得的发展而忽视儿童在游戏中的身心体验。我们应该清楚地认识到，手指游戏工具价值的实现是以本体价值的落实为基础的，本体价值是工具价值的保障，本体价值的实现更能促进工具价值的有效发挥。幼儿手指游戏活动的开展应着力于本体价值与工具价值的共同达成，避免因过度重视工具价值而致使本体价值的缺失。

小花猫上学校

二、手指游戏的观察与解读

手指游戏活动多元价值的实现，离不开教师对儿童行为的细致观察与准确解读。观察与解读儿童手指游戏是了解儿童兴趣与需要的重要途径，是评价儿童发展现状的基础保证，是创造游戏条件、制订游戏计划的主要依据，也是有效组织实施手指游戏活动的必要前提。幼儿教育工作者需要把握不同阶段手指游戏的观察与解读要领，并以此为基础进行有针对性的指导，帮助儿童既体验到手指游戏的乐趣又获得有意义的发展。

总体而言，对儿童手指游戏的观察与解读应渗透于幼儿园一日生活的各个环节，教师应该就儿童手指游戏的兴趣、需要、能力发展水平、玩耍时间、场所、频率、存在的主要问题等信息，对儿童手指游戏进行整体把握并做到心中有数。具体到游戏的不同阶段时，则针对实际情况对儿童手指游戏进行有所侧重的观察与解读。

（1）手指游戏实施前：兴趣、需要、能力诊断。手指游戏实施前的观察与解读重点应聚焦于把握儿童的游戏兴趣、需要及其所处的发展水平。因手指游戏是由手指动作与节奏性语言共同构造情景的游戏活动，观察与解读的要点也应包含儿童动作与语言的发展情况。手指游戏实施前，教师应着重观察儿童手部动作、语言词汇掌握和句式表达等方面的已有经验，以及儿童的兴趣需要。如，儿童精细动作的发展处于何种水平？儿童喜欢并能进行哪些手指动作的具体操作？儿童对反映什么现象的儿歌、童谣等感兴趣？怎样的语言动作组合适宜儿童操作又能满足其兴趣与需求？

（2）手指游戏实施中：重点、难点、问题点发现。无论是集体、小组还是个别手指游戏活动，无论是老师发起还是儿童自发的手指游戏活动，手指游戏实施中，教师都可以考虑从两个维度对儿童行为展开观察与解读。一个维度是关注儿童对游戏内容本身的具体反应，即关注儿童在具体操作手指游戏时，语言与动作表现方面存在的难点与问题。观察儿童的语言与动作表现中哪些是需要重点指导或做出调整的地方，儿童手部动作与口中语言的配合是否协调一致等情况。另一维度应当重点观察儿童在手指游戏中所表现出来的学习品质，如游戏中儿童的兴趣度、专注度、坚持性、情绪表现及合作情况等。

（3）手指游戏实施后：自发创造性手指游戏情况观察。手指游戏实施后的观察与解读重点主要集中于幼儿是否自动发起手指游戏，幼儿一般在何时何地如何玩手指游戏，幼儿自发开展手指游戏的频率如何，幼儿自发生成的手指游戏活动在内容与形式上有无创新以及如何创新等问题。教师应该基于这些问题的观察、解读与分析，对手指游戏活动的实施效果做出客观判断与反思，并以此为依据进行后续游戏的安排与规划。

教师对儿童手指游戏的观察与解读，除了需注重不同阶段的要领外，还应灵活采用扫描式、追踪式等不同观察方法，对不同年龄阶段儿童集体、小组及个别手指游戏行为展开全面而深入的了解，为实施适宜而有效的手指游戏指导提供参考。

三、手指游戏的指导要点

与其他游戏不同，儿童很难凭空自发地进行手指游戏，手指游戏的开展依赖于成人或年长儿童的示范指导。教师指导的适宜性是影响手指游戏质量的重要因素。手指游戏的指导应纵横兼顾，全面而具体。从横向来看，教师在对手指游戏进行指导时，应考虑到构成手指游戏的动作与语言（包括儿歌、童谣等）；从纵向来看，教师在对手指游戏进行指导时，应根据不同年龄阶段儿童的发展差异，进行有针对性的引导。

（一）小班幼儿手指游戏指导要点

小班幼儿年龄小，生活经验有限，身体各器官机能发育还很不成熟。他们好奇、好动、好模仿，基本能用口头语言表达自己的需求及对周围世界的认识，但手部小肌肉灵活性、协调性水平较低，思维表现出明显的直觉行动性，大脑统筹协调信息的能力还很不完善。教师为小班幼儿提供的手指游戏语言与动作都应当尽可能源自幼儿的真实生活，手指游戏中的语言内容应当便于理解，动作应当直观具体而生动形象，语言与动作间的联系应当直接而明显，动作可由手部整体动作出发逐渐转向简单的手指分化动作。如"小手小手拍拍，我的小手举起来……""一个手指点点，两个手指剪剪……"这两则手指游戏，语言与动作间的关系都直接而明显，语言本身动作性强，前者指向整体手部动作，后者倾向于简单的手指分化动作，幼儿易于操作与掌握。

小班幼儿手指游戏的实施以模仿为主，教师的准确示范、情绪带动、兴趣激发是小班幼儿手指游戏指导的关键。教师的语言动作示范应与幼儿的节奏保持一致，让幼儿体验到语言与动作协调所带来的乐趣。此外，小班幼儿多独自进行手指游戏，与同伴一起合作游戏存在较大难度，但与教师的互动合作能给予幼儿积极体验。小班幼儿手指游戏活动中，教师可适当创造与集体、小组或个别儿童互动合作的环节，一来可以增进师幼亲近感，二来可以帮助幼儿萌发初步的合作意识。如游戏"顶锅盖、炒白菜，辣椒辣了不要怪"，教师既可和个别幼儿玩，也可和小组幼儿合作玩。教师一只手掌手心向下扮演锅盖，幼儿伸出一食指顶住"锅盖"，同时随儿歌节奏晃动手指。当念到儿歌最后一个字"怪"时，教师用扮演锅盖的手去抓幼儿顶"锅盖"的食指，幼儿则需迅速收回自己的手指以防被抓住。随着幼儿游戏经验与能力的提升，可由幼儿来扮演锅盖或换其他手指顶"锅盖"。

（二）中班幼儿手指游戏指导要点

中班幼儿认识范围日渐扩大，生活经验逐步丰富，语言与手部精细动作能力也在小班基础上有较大发展；中班幼儿手指的灵活度与协调性更好，通过手指动作表达的知识经验与情感内容更为复杂，手指动作变化、组合等操作能力也有所提升，能进一步掌握更为分化的手指动作；中班幼儿自主意识更强，虽然未能完全脱离教师的示范引领而自发创造游戏，但他们自主发起手指游戏的频率增加。除了重复通过模仿习得的游戏外，他们也乐于尝试将新的语言与动作经验植入熟悉的游戏中，通过新元素的添加，部分调整或转换游戏语言内容与动作方式，增添手指游戏的乐趣；中班幼儿还在一定程度上表现出与同伴合作开展手指游戏的愿望，但常因缺乏合作技能或语言动作节奏不一致而导致合作失败。

基于中班幼儿的发展特点,教师为中班幼儿选择的手指游戏语言与动作材料都应该具有一定的复杂度与挑战性。语言所反映的生活经验可以更为宽泛,可以适当尝试增加难度,对幼儿手指控制能力有更高的要求。如游戏"上敲鼓咚咚,下敲咚咚鼓,上下一起敲,小鼓咚咚咚",在这一游戏中,幼儿用手指动作来演绎敲鼓,需打破惯用的手指分工方式而形成全新的组合模式,这对幼儿手指控制能力构成一定挑战。中班幼儿手指游戏指导重点在于鼓励幼儿自发的手指游戏行为,保护幼儿对手指游戏的持续兴趣,组织幼儿进行手指动作开发,探索手指动作的多种可能性,为幼儿创造通过手指动作来表现所见、所闻、所思、所想的条件,鼓励幼儿尝试对手指游戏中的语言与动作元素进行改编,帮助幼儿获得合作开展手指游戏的技能与方法。

敲鼓

(三)大班幼儿手指游戏的指导要点

大班幼儿已经积累了比较丰富的手指游戏经验,对语言与动作的操作能力日益成熟,手指灵活性、协调性更高,对手指的控制也更为自如;大班幼儿掌握了较为多元的手指动作模式,也更有能力进行创造性的手指动作表达;大班幼儿大脑对语言与动作信息的加工与统筹协调能力日趋完善,能够通过联想与想象将不直接相关的事物或情景建立联系;大班幼儿不但能够理解相对远离自身生活的复杂现象,还能敏锐地把握事物间含蓄而隐秘的关系,也善于用语言与动作表达这些现象与关系的细节;大班幼儿乐于接受新的挑战,喜欢竞争,合作能力也在增强。

教师为大班幼儿选择的手指游戏语言与动作可以更有难度、更具挑战性,语言与动作间的关系可以更为隐秘,语言与动作节奏可更加复杂并富于变化。幼儿自身也应该成为手指游戏语言与动作素材选择与创造的重要主体。鼓励创造是大班幼儿手指游戏指导的核心,一方面,教师可以从语言经验出发,引导大班幼儿先将生活经验编构成具有一定节奏性的儿歌、童谣,然后进行动作探索与挖掘,形成与语言相呼应的一套动作表达;另一方面,教师可以从幼儿动作经验入手,鼓励大班幼儿基于动作展开语言内容的组织与建构。教师应该帮助大班幼儿整理与提炼手指游戏的创造经验,鼓励大班幼儿讨论问题、分享经验、合作游戏,不断提高手指游戏的水平。

手指谣

教师对幼儿手指游戏的指导,除了需要依据不同年龄阶段幼儿的发展特点进行有针对性的指导外,还应注意避免手指游戏活动实施中存在的问题。有研究发现,当下手指游戏开展中存在三大主要问题:一是游戏中的成人痕迹明显,二是游戏水平低且重复多,三是教师对游戏的认识和思考不够①。笔者的观察也一定程度上印证了这些问题,笔者发现幼儿园手指游戏的开展呈现出一些固有模式。如,幼儿园常在一日生活的过渡环节或集体教学活动的某个环节开展手指游戏;手指游戏多由教师带领幼儿集体开展。在实践中,手指游戏或者扮演着填充幼儿过渡时间,对幼儿实施行为管理的角色,或者作为向幼儿传递知识的手段和途径,幼儿对其自主操作的空间十分有限。

手指游戏在幼儿教育中的角色应当得以转换,我们需要意识到,无论是手指游戏的内容选择还是组织实施,都应当能充分调动幼儿的主观能动性。在指导手指游戏时,教师应避免因自上而下的单向思维导致的"只见教师、不见幼儿"的现象;教师应克服手指游戏模仿有余而创造不足的问题,为幼儿的创新提供条件与支持,让幼儿想创新、敢创新、喜欢创新,并能得到积极回应;教师应接纳幼儿在手指游戏创造中出现的无厘头与不合理,坚决杜绝以指导手指游戏之名行操控管理幼儿之事的现象,将手指游戏还给幼儿。只有幼儿真正体验到手指游戏所带来的乐趣,进而积极主动投入游戏,成人所期待的发展才有可能发生,毕竟幼儿的发展只能通过幼儿自身而实现。

四、案例介绍:手指游戏活动案例

(1) 适宜于小班幼儿的手指游戏,语言与动作都应当尽可能源自幼儿的真实生活。语言内容应该简单易懂且有趣,语言本身的动作性应该较强,便于幼儿进行手指动作表现。语言与动作间的关系直接而明显,动作可由手部整体动作出发逐渐转向简单的手指分化动作,可适当重复,不宜变化太快、太频繁。小班幼儿手指游戏以单独操作或师幼、亲子合作操作为主。

《小手拍拍》

小手小手拍拍,我的小手举起来,

小手小手拍拍,我的小手转起来,

小手小手拍拍,我的小手藏起来,

小手小手拍拍,我的小手放下来。

玩法:幼儿一边念儿歌,一边随儿歌节奏拍手。念到"举起来""转起来""藏起来""放下来"时,分别做双手上举、双手握拳在胸前转动、双手藏在背后、双手放在膝盖上的动作。幼儿熟悉游戏玩法后,教师可引导幼儿发现自己的小手还会

---

① 蒋惠娟. 幼儿园开展创意手指游戏活动的策略 [J]. 学前教育研究,2018 (5):61-63.

做哪些动作，如"变朵花""切西瓜"等，鼓励幼儿将其编进儿歌并进行动作表现。

《虫虫飞》

虫虫虫虫飞。

虫虫虫虫飞，

宝宝宝宝追。

虫虫虫虫跑，

宝宝宝宝找。

玩法：幼儿一边念儿歌，一边将双手食指随儿歌节奏相互碰撞，念到"飞"字时，双手食指迅速分开做"飞"状。幼儿熟悉基本玩法后，可在"追"和"找"字部分，由一根食指缩回躲藏，另一只手迅速去抓缩回躲藏的那根食指。该游戏可由亲子或师幼合作完成，亲子或师幼一人出一根食指，动作同前。在念到"追"和"找"时，幼儿食指躲藏，父母或教师抓，也可以角色互换，父母或教师食指躲藏，幼儿抓。教师可鼓励幼儿探索发现食指多样的躲藏方式。

《公鸡头母鸡头》

公鸡头，母鸡头，

公鸡母鸡在哪头？

公鸡头，母鸡头，

公鸡母鸡吃豆豆。

玩法：幼儿与教师一起双手握拳，教师其中一个拳头里捏有一颗蚕豆或花生。幼儿和教师一边念儿歌，一边随儿歌节奏双拳交叉往上叠。在双拳交叉重叠的过程中，教师迅速将拳头里的蚕豆换手，结束后请幼儿猜测蚕豆在哪只手上。教师可鼓励幼儿尝试做藏蚕豆的人。

《手指歌》

一个手指点点，

两个手指剪剪，

三个手指弯弯，

四个手指叉叉，

五个手指变朵花。

玩法：幼儿朗诵儿歌，双手随儿歌节奏依次出示食指，做"点"的动作两次，出示食指和中指做"剪"的动作两次，出示食指、中指和无名指做"弯"的动作两次，出示食指、中指、无名指和小手指做四指交叉动作两次，最后出示五个手指在胸前变朵花。教师可鼓励幼儿发现"点点""剪剪"等儿歌中提及的动作之外的其他手指动作，尝试将其编进儿歌并用动作表现。

《手指谣》

大拇哥，

二拇弟，

三中郎，

四小弟，

小妞妞，

来看戏，

手心，手背，

心肝宝贝！

玩法：幼儿朗诵儿歌并随儿歌内容与节奏依次出示双手的大拇指（大拇哥）、食指（二拇弟）、中指（三中郎）、无名指（四小弟）、小拇指（小妞妞），双手小拇指做招手状（来看戏），然后出示双手手心、手背，双手在胸前交叉示意爱，随后上举（心肝宝贝）。

《顶锅盖》

顶锅盖，炒白菜，

辣椒辣了不要怪。

玩法：教师或父母一只手掌手心向下扮演锅盖，幼儿伸出一食指顶住锅盖，同时随儿歌节奏晃动手指。当念到儿歌最后一个字"怪"时，教师或父母用扮演锅盖的手去抓幼儿顶"锅盖"的食指，幼儿则需迅速收回自己的手指以防被抓住。游戏可由教师与幼儿一带一合作完成，也可一带多完成。若幼儿愿意，教师还可鼓励幼儿尝试扮演锅盖。

（2）适合中班幼儿的手指游戏，语言内容所反映的生活经验可以更为宽泛，教师可让幼儿适当尝试有一定难度，对幼儿手指控制能力要求更高、变化更多的动作。

《敲鼓》

上敲鼓咚咚，

下敲咚咚鼓，

上下一起敲，

小鼓咚咚咚。

玩法：双手五指并拢，大拇指与其他四指分开。幼儿朗诵童谣，上敲鼓咚咚（双手食指往上做开合状，其他三指并拢，一字一动），下敲咚咚鼓（双手小拇指往下做开合状，其他三指并拢，一字一动），上下一起敲（双手食指向上，小拇指向下，同时做开合状，中指和无名指并拢，一字一动），小鼓咚咚咚（双手食指和中指并拢，无名指和小拇指并拢，做开合状，一字一动）。

《小花猫上学校》

小花猫，上学校，

老师上课它睡觉，

左耳朵进，

右耳朵冒，

你说可笑不可笑。

玩法：幼儿朗诵童谣，小花猫，上学校（双手五指分开，做小猫状），老师上课它睡觉（双手合十，放于脸的一侧，做睡觉状），左耳朵进（左手指左耳朵），右耳朵冒（右手指右耳朵），你说可笑不可笑（伸出右手食指，左右摆动）。

（3）适合大班幼儿的手指游戏，语言与动作可以更有难度、更具挑战，语言与动作间的关系可以更为隐秘，语言与动作节奏可更加复杂并富于变化。大班幼儿的手指游戏还应该便于幼儿合作及创造性表现。

《丁丁和冬冬》

两只小鸟坐在大树上，

一只叫丁丁，一只叫冬冬，

丁丁飞走了，冬冬飞走了，

回来吧丁丁，回来吧冬冬。

玩法：幼儿伸出右手握拳，伸出食指和小拇指扮演两只小鸟，随儿歌第一句有节奏地做曲直动作。一只叫丁丁（食指曲直做丁丁打招呼状），一只叫冬冬（小拇指曲直做冬冬打招呼状），丁丁飞走了（出示左手握拳，右手与左手碰撞，并同时收回右手食指伸出左手食指），冬冬飞走了（右手与左手再碰撞，并同时收回右手小拇指伸出左手小拇指），回来吧丁丁（左手与右手碰撞，同时收回左手食指伸出右手食指），回来吧冬冬（左手与右手再碰撞，同时收回左手小拇指伸出右手小拇指）。该游戏可由师幼或幼幼一起合作完成，师幼或幼幼一人出一只手配合儿歌内容与节奏完成上述动作。

《王婆婆卖茶》

王婆婆在卖茶，

三个观音来喝茶，

后花园，三匹马，

两个童儿打一打，

王婆婆骂一骂，

隔壁子幺姑儿说闲话。

玩法：幼儿伸出双手，大拇指、中指和无名指指尖捏在一起形成一个孔，食指和小拇指伸直，双手保持该手型。左手手心向上，右手手心向下，右手食指伸进左手的孔，左手小拇指伸进右手的孔，右手小拇指尖搭在左手食指指尖上。右手食指为王婆婆，左手指尖捏在一起的大拇指、中指与无名指为三个观音，右手指尖捏在一起的大拇指、中指与无名指为后花园里的三匹马，指尖搭在一起的右手小拇指和左手食指是两个童儿，左手小拇指则是隔壁子的幺姑儿，这些角色分别随儿歌内容做节奏动作。该游戏也可由师幼或幼幼合作完成，教师还可鼓励幼儿依据手型特点，创编新的语言内容，或同时创编新手型及语言内容展开游戏。

第三节 音乐游戏的观察与指导

中国近现代音乐家冼星海说："音乐，是人生最大的快乐；音乐，是生活中的一股清泉；音乐，是陶冶性情的熔炉。"哈佛大学人类学家和进化生物学家用科学研究证明"音乐是人类的通用语言"。音乐，是一种艺术形式和文化活动，由有组织的、有规律的声波构成，包括音高（音的高低）、音长（音的长短）、音强（音的强弱）和音色（声音的特性）四大基本要素。这些基本要素相互结合，形成音乐常用的"形式要素"，如节奏、曲调、和声，以及力度、速度、调式、曲式、织体等。

音乐游戏是游戏与音乐的有机融合，是音乐教学不可缺少的活动形式和内容，是幼儿喜欢参与并乐于投入的活动，也是幼儿园常见的活动形式。《幼儿园教育指导纲要（试行）》中艺术领域目标描述：①能初步感受并喜爱环境、生活和艺术中的美；②喜欢参加艺术活动，并能大胆地表达自己的情感和体验；③能用自己喜欢的方式进行艺术表现活动。《3—6岁儿童学习与发展指南》在艺术领域的两大子领域"感受与欣赏""表现与创造"中提出了4个目标：喜欢自然界与生活中美的事物；喜欢欣赏多种多样的艺术形式和作品；喜欢进行艺术活动并大胆表现；具有初步的艺术表现与创造能力。这些都为音乐游戏的开展以及教师对幼儿发展的支持指明了方向，也引发教育者和研究者的深入思考与探究。

一、音乐游戏的基础知识

（一）音乐游戏的概念

音乐游戏是指幼儿在音乐伴随下进行的与音乐有关的各种游戏，其中以有一定规则、主要目标为发展幼儿音乐能力的规则游戏为主，同时也包括幼儿自发产生的与音乐密切相关的自主性游戏。音乐游戏是幼儿喜欢的、充满音乐美的活动。

在音乐游戏中，音乐和游戏是相互促进、相辅相成的。音乐指挥、促进和制约着游戏活动，而游戏动作又能帮助幼儿更具体、形象地感受与理解音乐，使幼儿在乐此不疲的游戏中潜移默化地感受音乐及其文化，调节情绪和愉悦心情，更有趣地游戏、合作与交往。

找一个朋友碰一碰

（二）音乐游戏的价值

音乐游戏能够激发幼儿对音乐的兴趣，提高幼儿对音乐美的敏感性，促进幼儿音乐感知能力（对音高、节奏、曲式、力度、音色的感知，对音乐中悲伤、高兴、激动、平静、调皮等情绪情感的感知）的发展，使幼儿在愉快的音乐游戏中潜移默化地了解声乐体裁和器乐体裁。音乐游戏还能促进幼儿音乐表现能力（如演唱能力、演奏能力、律动能力、综合表演能力等）与创造能力的提升，实现幼儿身心全面发展（身体动作、语言理解与表达、认知与情感、个性与社会性的等综合全面发展）。

（三）音乐游戏的分类

根据目前幼儿园音乐游戏活动的实践，可以大致对音乐游戏进行以下分类。

第一，以游戏的内容和主题为依据，可以将音乐游戏分为有主题的音乐游戏和无主题的音乐游戏。有主题的音乐游戏，是指有主题内容或情节构思的音乐游戏，这种音乐游戏一般还有角色扮演。儿童在音乐游戏中根据游戏角色模仿一定的形象，完成一定的动作，如"小鱼游"游戏。无主题的音乐游戏，一般没有主题内容与情节构思，儿童在游戏中只是跟随音乐做动作，但这种动作带有一定的游戏性，如"抢椅子"游戏。

第二，以游戏的规则为依据，可以将音乐游戏分为音乐规则游戏和自主音乐游戏。音乐规则游戏，指伴随音乐，按照音乐的内容、节奏、情绪、结构等某些特定的音乐规则要求进行的游戏。规则可以是既定规则，也可以由师幼共同确定。音乐规则游戏形式上可以是单人规则游戏、联系性规则游戏，也可以是合作性规则游戏。

自主音乐游戏，指以音乐为游戏的推进线索，幼儿自主自发、无特定规则的音乐游戏，如自主音乐游戏"捏面人"等。

第三，以游戏的形式为依据，可以将音乐游戏分为听辨游戏、节奏游戏、表演游戏、歌舞游戏。听辨游戏，一般没有固定的游戏情节或内容，把音乐的要素，如音的高低、强弱、快慢，音色，乐句等融入游戏规则，幼儿通过聆听、理解、分辨音乐要素参与游戏。例如以分辨乐器音色为主的游戏"听声乐，找乐器"、以分辨声音大小为主的游戏"我的小鼓"等。节奏游戏，是指感知音乐节奏变化，并用肢体动作、器械等表现音乐节奏的游戏。例如游戏"我的身体会唱歌""敲杯子"等。表演游戏，是指根据音乐内容中的情节和角色，用声音、肢体动作来表现音乐内容的游戏，或根据故事情节设置角色和动作，选择适宜的音乐，将动作、音乐、情节、角色等融为一体，进行综合表演的游戏。这类游戏可以增加场景、道具等，具有较强的表演性。例如"猫和老鼠"表演游戏。歌舞游戏，是指按照歌词、节奏、乐句和乐段的结构，载歌载舞的游戏。这类游戏可以有较明显的游戏主题、内容，也可以没有专门表现情节和角色的音乐，比较侧重于儿童的创造性动作表现。例如根据歌曲《小星星》设计而成的游戏。

第四，以游戏与音乐活动类型结合的内容为依据，可以将音乐游戏分为欣赏游戏、歌唱游戏、韵律游戏、演奏游戏。欣赏游戏，是指在具有鲜明形象的音乐背景下，师幼通过故事、图画、肢体表达、辅助活动等，开展的以倾听为主要形式、调动多种感官、支持幼儿个性化音乐理解的游戏活动。歌唱游戏，是指常见的歌唱活动（独唱、齐唱、接唱、对唱、领唱、轮唱和合唱）与游戏融合而产生的规则或无规则的游戏。韵律游戏，是指师幼用生活化动作、角色模仿动作、舞蹈动作等形体动作，感受和再现音乐中音的高低、强弱、长短、快慢，音色，性质的变化，尝试表达音乐结构、形象、情节等方面的游戏。韵律游戏可分为节奏性律动游戏、生活模仿性律动游戏、综合性律动游戏和舞蹈游戏。演奏游戏，是指师幼利用肢体、自然材料和废旧材料等身边材料，以及购买的打击乐器（木制、金属等多种乐器），伴随音乐节奏，根据音乐情节，进行有规则或自主创意的配音演奏游戏。

在实践中，幼儿音乐游戏的呈现，可能是单一类型的，也可能是组合后的综合类型游戏。

二、音乐游戏的观察与解读

为观察幼儿在音乐游戏中的情感态度与表现行为，以更好支持幼儿在音乐游戏

小老鼠上灯台

中学习与发展，参照《3—6岁儿童学习与发展指南》，以四类音乐活动中的游戏为例，通过定点观察、追踪观察等方法（可选用描述记叙法或图标记录等适宜的观察记录方法），从情感态度、游戏规则或玩法认知、表达与创造音乐的能力、情绪情感和情节故事的可视化表达的维度，笔者梳理出了音乐游戏观察与解读的思路，可供幼儿园教师做参考。

（一）要点1：情感态度

（1）情感态度即幼儿对音乐游戏的情绪情感，包括积极参与的态度、专注投入的状态、轻松愉悦的体验。同其他类型游戏一样，教师可以通过观察幼儿的眼神、面部表情、肢体动作、与同伴合作完成音乐主题下的游戏时长、游戏过程中语言的表达等来判断幼儿的情感态度。

（2）解读：教师可以分析幼儿是否对音乐游戏中的音乐、游戏形式、游戏内容感兴趣。

（二）要点2：游戏规则或玩法认知

（1）教师可结合游戏规则，观察幼儿参与音乐游戏的行为表现来判断幼儿对音乐规则或玩法的掌握情况，同时可辅以观察幼儿的眼神和面部表情。教师也可以通过适宜的访谈来了解幼儿的掌握情况。

（2）解读：教师可以分析幼儿是否知道、掌握并熟练按照音乐游戏规则与玩法参与游戏，也可以观察游戏规则是否能激发幼儿参与的兴趣，并有效地支持幼儿音乐认知与音乐能力的发展，同时也可以分析幼儿的规则意识，了解和掌握幼儿规则下的自我管理能力。

（三）要点3：表达与创造音乐的能力

（1）教师可观察幼儿在游戏情境下、角色里、规则中，通过歌唱的声音、肢体的动作、情绪情感，对声音的高低、长短、强弱、音色等要素组合构成的节奏、节拍、速度、力度、旋律、音区、和声等感知后的表达与创造能力，不同年龄段幼儿的表达与创造能力存在差异。

（2）解读：教师可以分析幼儿的发声、呼吸、咬字吐词的现状；可以分析幼儿对音乐元素的认知与表达的现状；可以分析幼儿对音乐与规则的理解与行为表达的现状；可以分析幼儿在游戏中创造性表达音乐的意识和能力的现状；等等。

在歌唱游戏中，幼儿用歌唱的声音去表达创造能力，教师在规则游戏或角色扮演游戏中，需要观察幼儿的语言表达（吐字、发音、呼吸）；观察幼儿在起止、音准、节奏、速度、力度、音量、发声方法，以及情景中歌唱的风格、情绪情感，角色扮演歌唱中的音色模仿等方面的表现。对于融入式的歌唱游戏，教师还需要观察幼儿角色扮演的情况、肢体动作对情节的表现表达（节奏、意境、情绪情感等）。歌唱游戏中，幼儿会综合运用自己的呼吸器官、发声器官、吐字器官和共鸣器官等，教师可以从多维度进行观察解读。

在韵律游戏中，幼儿会将生活化动作（走、跑、跳、拍手、点头、摇头、拍腿、跺脚等动作）、模仿性动作（模仿起床、刷牙、洗脸、梳头等日常生活的动作；模仿刮风、下雨、花朵开放等自然现象的动作；模仿扫地、拖地等日常劳动的动作；"小兔"跳、"小鸭"走等模仿小动物的动作；"小小解放军"等模仿人物形象的动作）、舞蹈动作等与音乐融合。教师应注意观察幼儿动作呈现的形象，注意观察幼儿在音乐配合下的动作节奏、快慢、强弱，情绪，表达信息，美感，创意表现等。教师可以解读幼儿对音乐和音乐游戏的理解、表达、创造的现状。

在演奏游戏中，幼儿根据乐曲规则或自主根据音乐，仿照打击乐器打击身边自制的或购买的材料，展现出不同音色、不同节奏、不同速度和强弱的音乐表达与创造。教师需要观察幼儿喜欢拿什么乐器演奏，幼儿演奏的动作、速度、力量、情绪、兴趣，幼儿演奏中的表达能力、与打击乐曲（也可能没有打击乐曲）的匹配情况，以及创造的形象等。通过观察，教师可以解读幼儿的音乐理解能力、演奏乐器的能力、利用身边材料表达和创造音乐的能力以及渲染和创造音乐氛围的能力等。

（四）要点4：情绪情感和情节故事的可视化表达

（1）教师可结合音乐与游戏的内容和形式，观察幼儿通过声音、表情和动作，塑造的音乐故事情节和音乐形象，想要表达的音乐情绪情感，这是一个孩子音乐表达与创造能力的最高层次的呈现。

（2）解读：教师可以在观察后进行适当的猜测和分析，也可以在记录后访谈幼儿，以更好地了解幼儿的想象与创造。

三、音乐游戏的指导要点

音乐游戏中，音乐与游戏是相辅相成的，音乐可以推动游戏的发生、发展，游戏可以促进幼儿更好地理解、表达与创造音乐。对幼儿园各阶段音乐游戏的指导，教师需要重点关注四大要点。

（一）从"儿童的视角"选择音乐

1. 根据幼儿年龄选择音乐

教师在为小、中、大班各阶段幼儿的音乐游戏选择音乐时，需要结合幼儿的年龄特点、兴趣、游戏主题或项目活动内容等，结合音乐要素（音乐的音调、节奏、长度、速度、情感表达、形象塑造、情节呈现），根据难易程度、游戏类型、拓展顺序等，提供适合不同年龄段幼儿的音乐。

欢乐火把节

2. 根据幼儿喜好选择音乐

对于歌唱曲目、韵律曲目、打击乐曲或生活中的一些其他乐曲，教师可以在生活环节将其播放给幼儿聆听，并请幼儿欣赏后发表意见。教师在为幼儿音乐游戏选择音乐时，应该选幼儿喜欢的，幼儿想听、想唱、想表达、想游戏的音乐，同时也应该欢迎幼儿和家长推荐不同类型的音乐。

3. 根据幼儿学习发展需要选择音乐

在音乐游戏的音乐选择中，教师要选择幼儿易理解的、各种风格的（不同音色、内容、民族文化等）、有生动幼儿故事情节的、以传递爱与快乐等正向情绪为主的、能链接或生成更多快乐游戏的、有利于幼儿全面学习与发展的音乐。

（二）建构幼儿音乐游戏资源库

1. 广泛收集音乐游戏

为了更好开展好音乐游戏，教师需要广泛收集各种民间的、国内外的优秀幼儿音乐游戏，以及幼儿园中受不同年龄段幼儿喜欢、幼儿与家长推荐的经典音乐游戏。教师还应在广泛收集的基础上，建立音乐游戏资源库，综合分析音乐游戏的类型、风格、难易程度，以及音乐游戏与幼儿生活、活动、游戏的关联性等。

2. 优化已有的音乐游戏

对于各种音乐游戏，一是要传承，二是可结合幼儿的兴趣需要、幼儿的最近发展区、时代背景、活动主题、教育目标等，老师、幼儿、家长积极互动，不断探索、优化已有的各类音乐游戏，让幼儿更喜欢音乐游戏、让教育价值更整合、让音乐游戏更有趣。

3. 鼓励幼儿创造音乐游戏

教师应该给幼儿提供丰富的、开放的、自主的音乐游戏空间，鼓励、支持幼儿围绕音乐的节奏、内容等音乐要素创造个体的、两人的、三人的、多人的音乐游戏；也可以给幼儿提供两个或多个剪辑音乐，鼓励幼儿多从大自然、生活中选择辅助游戏材料（也可选择自制的、购买的材料），不断丰富、拓展、创造音乐游戏。

（三）支持幼儿在游戏中学习与发展

1. 利用载体促进幼儿理解音乐游戏主题与规则

对于有音乐主题的规则游戏，教师可通过给幼儿看图片、看视频、讲故事、做示范、制作流程图等多种方式，帮助幼儿更好理解音乐游戏的主题和规则；同时，在游戏过程中，也可以和幼儿一起交流、讨论、答疑，帮助幼儿掌握规则。

2. 循序渐进推进音乐游戏规则难度的梯级递增

音乐游戏的规则，可以呈梯级推进，小、中、大班同类型的音乐游戏，规则的难易程度不一样。幼儿园班级里的某个音乐游戏，在开展中，规则可以从一个到两个等依次累加，难度逐渐加强，这样能使幼儿在游戏中更加清晰、更加轻松地游戏。

3. 及时发现规则执行与音乐表达中的问题并指导

音乐游戏的规则与音乐的元素密切相关，幼儿游戏的组织、玩法、规则等需要与音乐的主题、元素融合。教师应善于及时发现幼儿游戏中与音乐脱离的表现，用游戏的口吻，或通过示范和手势的暗示，愉悦地引导幼儿在规则的指引下参与并熟练掌握游戏。

（四）鼓励幼儿自主创造音乐游戏

1. 创设幼儿自主音乐游戏生发的环境

教师应该选用主题有趣、节奏鲜明、蕴含有趣故事或情节的音乐，提供丰富的音乐操作材料，通过作品欣赏、主题谈话、鼓励肯定、新游戏介绍、新游戏展演等多种方式，鼓励支持幼儿更积极地投入到自主音乐游戏中。

2. 充分发挥幼儿身边人群的资源力量

教师可以邀请音乐游戏专家、擅长音乐表演的家长，以及社区相关工作人员、文艺组织以及幼儿园的保教人员等给幼儿表演或与幼儿互动，拓展幼儿自主音乐游戏的经验，帮助幼儿萌发自由自发开展各种音乐游戏以及保持自主创造性游戏的主观能动性。

3. 给予幼儿自主音乐游戏的有效指导

在自主游戏中，幼儿通过声音、表情、肢体动作对音乐节奏、速度、情绪、内容的表达上会出现各种不同的问题。教师要善于发现问题，并有针对性地按问题类型、个体与小组结合式的进行指导；同时，根据问题可挖掘音乐背景下的主题活动推进，可寻找相关自发音乐游戏的范本、绘本故事、电影、戏剧表演等，供幼儿欣赏和讨论，从而潜移默化地给予幼儿指导。

四、案例介绍：音乐游戏活动案例

⊙ 案例名称：拍蚊子

音乐游戏"拍蚊子"是一个有主题、有规则、听辨类的韵律游戏，通过引发幼儿回顾已有的"拍蚊子"生活经验，鼓励幼儿在感知《七士进阶》（丹麦民间舞曲）乐曲选段的特点和了解游戏规则的基础上，尝试自主创编动作、多样化表现故事情节、增加多向互动形式，促进幼儿在音乐规则游戏中的充分感知、幽默表现、快乐创造、愉快互动。

游戏目的：

（1）感知乐曲轻松欢快、幽默诙谐的情绪，分辨音乐的节奏、重音、长音及结构变化，能结合故事情节用肢体动作表现与创造音乐情景。

（2）体验音乐游戏的快乐。

游戏准备：

（1）《七士进阶》乐曲选段。

（2）音乐游戏图谱1张（见图8-1）。

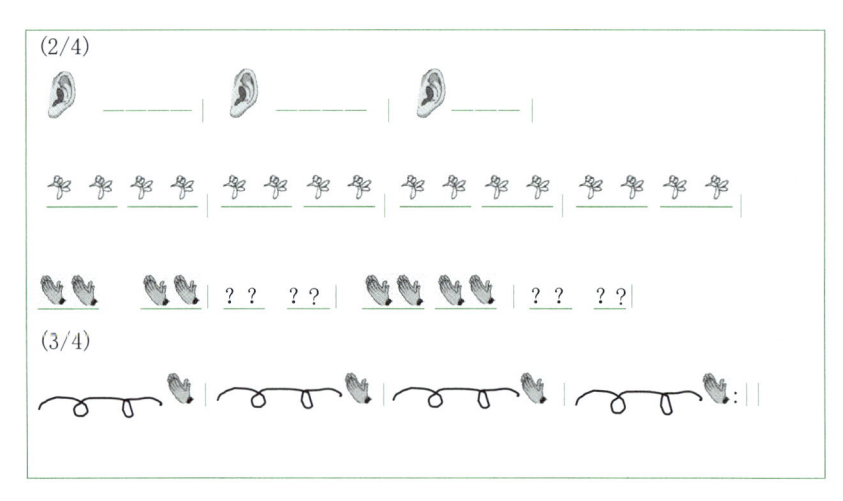

图 8-1　音乐游戏图谱

游戏规则：

（1）第一部分（引子）：第1~3小节，幼儿跟随音乐表现"听"的动作（跟随音乐表述从不同方向听蚊子嗡嗡来了，可以是左边或右边，上面或前面等）。

（2）第二部分（主旋律A）：第1~4小节，幼儿跟随节奏模仿小蚊子飞（可以用身体任一肢体模仿，可以是手指、手掌、手臂，或自己扮蚊子，空间方位自选，可以自己做，也可以和同伴互动做）。

（3）第三部分（主旋律B）：第5~8小节，幼儿跟随节奏用手在不同空间表现拍打蚊子，然后想象并创造动作（可以拍自己的身体，或两个小朋友互相拍，或几个小朋友互动拍。然后是表现情绪的肢体动作，如打到蚊子高兴或难过情绪的动作，完成后再重复一次）。

（4）第四部分（主旋律C，转3/4拍）：第9~12小节，幼儿跟随音乐表现手去追赶蚊子的动作（延长音，手运动着的直线），长音一停，重音部分就"拍打蚊子"，重复四次（四个小节空间位置自己确定）。

重复：接着跟随音乐返回主旋律，继续玩游戏。

特别强调：动作要跟随节奏和情节表达和创造，动作表现空间自选，要注重幼儿与同伴、材料及环境等互动。

游戏玩法：

（1）教师引发幼儿回顾并模仿夏天蚊子来的生活经验，结合图谱讲述故事情节：听—蚊子来了（3个小节）—看见并模仿蚊子飞（4个小节）—开始拍蚊子，没拍打到（4个小节）—安静追蚊子（延长音）—延长音一停，重音出现，做拍打蚊子的动作，重复4次。过程中老师一边讲故事，一边介绍规则，同时引导幼儿创编动作。

（2）音乐伴奏下，教师示范，并说明动作可以自己改变，每部分音乐规则都需要遵守。

（3）幼儿自主在规则下跟随音乐玩游戏。

（4）教师鼓励幼儿改变和创编动作情节，增加身体不同部位、同伴间、材料间的多向互动，改变游戏玩法。

（5）小结。

游戏延伸：

此音乐还可以玩其他游戏，如其他小动物的游戏、撕报纸游戏、打击乐配乐游戏，也可以围绕主题自创歌词，填词后进行说唱游戏等。

⊙ 单元小结

本单元在角色游戏、建构游戏、表演游戏和规则游戏之后，介绍了一些其他的游戏。这些游戏与上述游戏并非并列、平行，而是从另外的维度，揭示出游戏的丰富性、多样性。

亲子游戏是以血缘、亲情为基础的亲人与孩子之间的游戏。0~3岁的孩子，特别是0~1岁的孩子的游戏活动，大量是亲子游戏。幼儿园应该充分利用亲子游戏开展活动，也应指导家庭开展好亲子游戏。

手指游戏和音乐游戏是在没有其他物质性游戏资源的情况下，在条件非常有限的情况下（如大班额、混龄）都能开展的游戏活动。手指游戏和音乐游戏，对儿童具有很大的吸引力。幼儿园的工作人员掌握一定数量的手指游戏、音乐游戏，既是组织、开展活动的需要，也能使儿童的生活变得丰富多彩。

⊙ 拓展阅读

[1] 华爱华，茅红美. "聪明宝宝从这里起步"早教系列丛书：全八册 [M]. 上海：少年儿童出版社，2012.

[2] 李霞. 幼儿音乐游戏研究 [D]. 兰州：西北师范大学，2012.

[3] 蒋惠娟. 幼儿园开展创意手指游戏活动的策略 [J]. 学前教育研究，2018 (5)：61-63.

⊙ 巩固与练习

一、名词解释

1. 亲子游戏
2. 手指游戏
3. 音乐游戏

二、简答题

1. 简述亲子游戏的价值。
2. 简述手指游戏的价值。
3. 简述音乐游戏的价值。

三、论述题

结合实例，论述亲子游戏的特征。

四、案例分析题

分析以下游戏的价值。

亲子游戏"抽中指"：家长和孩子相对而坐，家长把一只手的五指捏在一起，另一只手横向把第一只手遮挡起来，露出指尖。让孩子猜哪一根手指是中指。家长可通过多种方法调整难易程度。也可以变换角色，即家长来猜。

五、实践题

在一次少数民族地区"村幼"志愿者(无幼儿教师资格证)培训方案制订讨论会上,有人提出每次上课前,先分享一下手指游戏或音乐游戏。一个游戏可以多玩几次,确保志愿者们能够完全掌握。这一方案得到大家的一致认同。现在假设你是培训方案的制订者,请分别列出5个手指游戏和音乐游戏(名称、玩法),并简要陈述理由。

参考文献

［1］教育部基础教育司．游戏·学习·发展：全国幼儿园优秀游戏活动案例选编［M］．北京：人民教育出版社，2020．

［2］鄢超云，余琳，文贤代，等．图解游戏：让幼儿教师轻松搞定游戏［M］．上海：复旦大学出版社，2021．

［3］鄢超云，余琳，文贤代，等．图解游戏：让家长秒懂游戏［M］．上海：复旦大学出版社，2021．

［4］程学琴．放手游戏 发现儿童［M］．上海：华东师范大学出版社，2017．

［5］刘焱．儿童游戏通论［M］．2版．北京：北京师范大学出版社，2008．

［6］KAMII C，DEVRIES R．幼儿团体游戏：皮亚杰理论在幼儿园中的应用［M］．高敬文，幸曼玲，译．台北：光佑文化事业股份有限公司，1999．

［7］HUBER M．儿童打闹游戏：激发孩子的信任与勇气［M］．郑菲，译．北京：中国轻工业出版社，2020．

［8］周淑惠．游戏vs课程：幼儿游戏定位与实施［M］．台北：心理出版社，2013．

［9］韦斯曼，亨德里克．幼儿全人教育［M］．钟欣颖，张瑞瑞，杜丹，译．南京：南京师范大学出版社，2015．

［10］瞿葆奎，吴慧珠，蒋晓．教育学文集：课外校外活动［M］．北京：人民教育出版社，1991．

［11］约翰森，克里斯蒂，华德．游戏、儿童发展与早期教育［M］．马柯，译．南京：南京师范大学出版社，2013．

［12］布拉德．0—8岁儿童学习环境创设［M］．陈妃燕，彭楚芸，译．南京：南京师范大学出版社，2014．

［13］刘焱．儿童游戏的当代理论与研究［M］．成都：四川教育出版社，1988．

［14］华爱华．幼儿游戏理论［M］．上海：上海教育出版社，1998．

［15］布朗，沃恩．玩出好人生［M］．李建昌，译．北京：中国人民大学出版社，2010．

[16] 佩利. 游戏是孩子的功课：幻想游戏的重要性[M]. 杨茂秀，译. 昆明：晨光出版社，2018.

[17] 塔索尼，哈克. 儿童早期游戏规划[M]. 朱运致，译. 2版. 南京：南京师范大学出版社，2009.

[18] 赫伊津哈. 游戏的人：文化中游戏成分的研究[M]. 何道宽，译. 广州：花城出版社，2007.

[19] 科恩. 游戏力：笑声，激活孩子天性中的合作与勇气[M]. 李岩，译. 北京：中信出版社，2018.

[20] 伍德. 游戏、学习与早期教育课程[M]. 李敏谊，杨智君，等译. 北京：教育科学出版社，2018.

[21] 詹金森. 玩耍成就天才[M]. 韩萌萌，译. 成都：四川美术出版社，2021.

[22] 海德曼，休伊特. 游戏：从理论到实践[M]. 邱学青，高妙，译. 南京：南京师范大学出版社，2015.

[23] 海德曼，休伊特. 当游戏不再有趣：帮助儿童解决游戏中的冲突[M]. 王雪菲，代亚梅，洪秋芸，译. 南京：南京师范大学出版社，2016.

[24] 海德曼，休伊特. 当游戏不再简单：帮助儿童参与并持续游戏[M]. 吴卫杰，译. 南京：南京师范大学出版社，2016.

[25] 欧. 我的游戏权利：有多种需要的儿童[M]. 侯怡，刘焱，译. 北京：北京师范大学出版社，2010.